智能体育训练

主　编　崔一雄　朱丽敏
副主编　于　成　沈燕飞　刘昊扬

天津大学出版社
TIANJIN UNIVERSITY PRESS

图书在版编目（CIP）数据

智能体育训练 / 崔一雄，朱丽敏主编 ； 于成，沈燕飞，刘昊扬副主编. -- 天津 ： 天津大学出版社，2024. 7. -- ISBN 978-7-5618-7772-2

Ⅰ. G808.1-39

中国国家版本馆CIP数据核字第2024Y7H425号

出版发行 天津大学出版社
地　　址 天津市卫津路92号天津大学内（邮编：300072）
电　　话 发行部：022-27403647
网　　址 www.tjupress.com.cn
印　　刷 北京虎彩文化传播有限公司
经　　销 全国各地新华书店
开　　本 787mm×1092mm　1/16
印　　张 15.75
字　　数 364千
版　　次 2024年7月第1版
印　　次 2024年7月第1次
定　　价 48.00元

本书编委会

主　编　崔一雄　朱丽敏

副主编　于　成　沈燕飞　刘昊扬

编　委　（按姓氏笔画排序）

王宇红　伍珈乐　李　昂　张开宇　张龙凤

肖品圆　宗寿鑫　曹　润　马　榕　倪铭泽

蒋进颖　焦芳钱　钱德省　臧　韦

前　言

当前，全社会正经历着比以往任何时候都更加迅速的智能化变革，这种变化贯穿于我们生活的各个方面，深刻地影响着我们的行为模式。体育作为一个充满活力的领域，正处在这一智能化浪潮的中心。近年来，中国经济的快速发展和人们生活水平的提高，使得体育逐渐成为社会关注的焦点，国家也出台了一系列政策，推动体育产业的发展，并鼓励科技创新在体育中的应用。在过去几年里，中国在体育科技领域取得了显著的进步，尤其是在2022年北京冬奥会期间，大量我国自主创新的智能训练系统、智能辅助设备和智能赛事管理系统的应用，为运动员提供了全方位的技术支持和保障。在这个背景下，《智能运动训练》一书应运而生，书中内容汇集了国内外学者、机构的研究成果和科技创新应用，深入探讨了各种科技在体育训练中的应用和潜力。期待本书能为广大热爱运动科学与体育科技的学习者提供一扇了解这一领域前沿动态的窗口，帮助他们掌握科学的训练方法和技巧，提高自身的科技应用水平、运动表现水平和执教管理水平。

国内外大量成功经验表明，大数据、人工智能和可穿戴设备在体育领域的应用，使得运动训练的科学化和智能化成为可能。在大数据方面，通过对运动员训练数据的收集和分析，教练可以制定更加科学和个性化的训练方案，提高运动员的表现；同时，教练和运动员可以将数据挖掘和视频分析技术结合，进行比赛技战术表现分析，以此提高比赛策略的制定和执行效果；此外，数据分析还可以帮助预防运动损伤，延长运动员的职业生涯。人工智能技术的发展，使得智能设备和应用程序可以实时监测和分析运动数据，为普通健身爱好者提供更加便捷和科学的健身指导。例如，智能手环、智能跑鞋等可穿戴设备可以实时监测用户的运动数据，并提供个性化的运动建议。

对于国内的读者来说，本书不仅是一本理论指导书，更是一本实践操作手册。本书将深入探讨智能体育的发展背景、基础和内涵，详细介绍智能科技在运动中的应用现状，并通过国内外实际应用中取得的成功案例，帮助读者了解智能科技如何在实际训练和比赛中发挥作用，提高运动员的整体水平。同时，书中内容将聚焦于智能运动员测评、运动负荷监控、比赛表现数据的智能化分析，详细介绍如何在运动训练中融入智能化、数据化应用，为科学制定训练计划提供依据。通过学习和实践这些技术和方法，读者可以更好地应对未来体育科技发展的挑战和机遇。

体育科技的发展，不仅是技术的进步，更是思维模式的转变。我们需要以开放的心态，积极接受和应用新技术，不断探索和创新，才能在激烈的国际竞争中立于不败之地。作为未来的体育科技人才，你们肩负着推动中国体育科技发展的重任。希望通过本书的学习，你们能够掌握最新的科技知识，培养创新思维，在未来的学习或职业道路上取得更加辉煌的成就，为中国体育事业的发展贡献自己的力量。

在此，特别感谢所有为本书做出贡献的作者和编辑，他们的努力使这本书成为广大读者学习体育科技，并将其融入运动训练实践中的重要参考。

最后，愿你们在《智能运动训练》的陪伴下，享受体育科技的乐趣，提升运动表现，迎接未来的挑战！

编者

2024 年 7 月

目　　录

第 1 章　智能体育的发展与内涵……1
1.1　智能体育的背景……1
1.1.1　智能体育发展的不断探索……1
1.1.2　智能体育发展的关键引擎……6
1.2　智能体育的发展基础……9
1.2.1　智能体育发展现状……9
1.2.2　智能体育发展的特征……10
1.2.3　科技助力运动训练的机理……12
1.3　智能体育的内涵……16
1.3.1　智能体育的概念及内涵阐释……16
1.3.2　体育与科技的深度融合发展……16
1.4　智能体育的相关技术介绍……24
1.4.1　数据采集技术……24
1.4.2　无线传输技术……30
1.4.3　大数据挖掘与云计算……35
1.4.4　人工智能技术……39
1.4.5　数据可视化与交互技术……42
第 2 章　智能科技在体育运动中的应用……48
2.1　智能科技在人体测量学中的应用……48
2.2　智能科技在生理指标测量中的应用……53
2.2.1　心率……53
2.2.2　血氧……55
2.2.3　血乳酸……56
2.3　智能科技在体能测评中的应用……58
2.3.1　智能化速度测评……59
2.3.2　智能化下肢力量测试……60
2.3.3　智能化动作评估测试……60
2.4　智能科技在体能训练中的应用……61
2.4.1　训练监控……61
2.4.2　运动能力评估……67
2.4.3　体能表现数据监测……72

2.4.4 专项辅助训练器材 ……76
2.5 智能科技在运动技战术分析中的应用 ……78
2.6 智能科技在技术动作分析中的运用 ……81
2.6.1 人体运动动作捕捉 ……81
2.6.2 动作模式评估与指导 ……91
2.7 智能体育中的虚拟现实技术 ……92
2.7.1 个人训练中的虚拟现实技术应用 ……93
2.7.2 多人训练中的虚拟现实技术应用 ……94
2.7.3 心理训练中的虚拟现实技术应用 ……96
2.8 智能科技在康复、体育观赛以及其他场景中的应用 ……96
2.8.1 运动康复 ……96
2.8.2 体育观赛 ……98
2.8.3 其他场景 ……98
2.9 智能科技的未来发展趋势分析 ……99
2.9.1 数据采集以及分析反馈 ……99
2.9.2 体育信息化数字化 ……100
2.9.3 数据驱动精准训练所需注意的问题 ……101
第 3 章 智能运动测评 ……103
3.1 运动测评的内涵与内容 ……103
3.1.1 运动测评的选择依据 ……103
3.1.2 运动测评的重要性 ……106
3.2 体能测评的分类及相关概念 ……106
3.3 智能化运动测评系统应用 ……113
3.3.1 分段计时测速系统 ……114
3.3.2 基于速度的力量训练系统 ……123
3.3.3 抗阻爆发力训练设备 ……129
3.4 运动测评与训练监控的联系 ……132
第 4 章 智能化运动负荷监控 ……133
4.1 运动员监控的形成与发展 ……133
4.2 运动员监控的概念与内涵 ……134
4.2.1 运动员对训练刺激的压力反应 ……134
4.2.2 运动员对训练计划的适应性 ……135
4.2.3 过度训练导致受伤生病的风险 ……135
4.2.4 个体化运动监控的必要性 ……136
4.3 运动员监控的负荷构成与量化 ……136
4.3.1 运动员监控的内部负荷量化 ……138

4.3.2 运动员监控的外部负荷量化 …… 143
4.4 智能化运动员监控系统应用 …… 146
4.4.1 运动训练监控应用范畴探索 …… 147
4.4.2 运动监控的信号类型 …… 150
4.4.3 运动员监控系统应用 …… 154
4.4.4 运动监控数据的使用与分析 …… 160
第 5 章 比赛表现数据的智能化分析 …… 164
5.1 运动表现分析的概念与目的 …… 164
5.2 运动表现分析的发展与分类 …… 165
5.3 比赛表现数据采集智能化 …… 168
5.3.1 Kinexon …… 168
5.3.2 鹰眼（Hawk-Eye） …… 170
5.3.3 足球大数据系统 …… 172
5.3.4 STATS Sport VU 比赛分析系统 …… 176
5.3.5 其他技术与应用 …… 180
5.4 大数据驱动的比赛表现分析现状 …… 183
5.4.1 足球 …… 183
5.4.2 篮球 …… 192
5.4.3 网球 …… 198
5.4.4 其他项目的数据网站 …… 201
第 6 章 智能体育运动的未来发展 …… 205
6.1 新材料的使用 …… 205
6.1.1 新材料技术对运动训练的影响 …… 205
6.1.2 新材料的使用与竞技体育的发展 …… 208
6.1.3 新材料在我国体育产业中的发展瓶颈分析 …… 209
6.2 多元数据融合 …… 210
6.2.1 信息融合系统 …… 210
6.2.2 运动员训练信息融合 …… 210
6.2.3 现代训练监控数据分析 …… 212
6.3 比赛感知与推演 …… 213
6.3.1 运动训练中的感知技术 …… 213
6.3.2 应用愿景 …… 215
6.4 数据与设备使用安全性 …… 219
6.4.1 运动员数据处理及其基本原则 …… 219
6.4.2 运动员数据处理中的问题 …… 222
6.4.3 数据处理与设备安全使用的经验策略 …… 223

6.5 我国智能体育的未来展望 ………… 226
6.5.1 我国智能体育发展趋势 ………… 226
6.5.2 我国智能体育发展逻辑与策略 ………… 229
结语 ………… 235
参考文献 ………… 236

第 1 章　智能体育的发展与内涵

本章主要梳理了智能体育的发展历程、相关概念及其依托技术，内容涵盖了智能体育产生的背景、发展基石、内涵，以及对大数据、云计算、人工智能、无线传输等关键技术的简要概述。

1.1　智能体育的背景

1.1.1　智能体育发展的不断探索

体育作为一种社会文化现象，伴随着人类社会的诞生而萌芽，随着社会的进步而不断发展演化。为了全面认识任何一门科学的发展规律和特色，深入研究其历史脉络是必不可少的。智能体育的发展历程，不仅深深植根于社会发展史、体育史之中，同时也与科技发展史紧密相连。智能体育从孕育、形成到发展，走过了一段漫长的岁月历程，如图 1-1 所示。

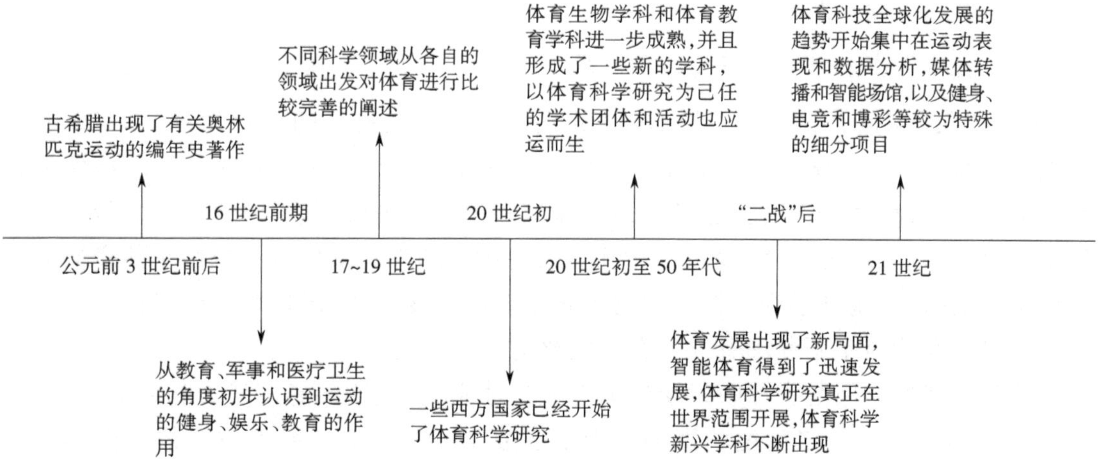

图 1-1　体育科学的发展历史

1. 智能体育发展历程探索

尽管在近代体育体系建立以前，体育尚未成为一种独立的社会实践活动，但在古代体育中已然蕴含了一些朴素的科学理念。特别是在对某些运动形态的认识以及身体运动效果的理解上，当时已达到相当高的水平。例如，古希腊时代，人们已经开始注重身体全面发展的观念，倡导青少年通过锻炼塑造匀称健美的体型；古罗马的医学家也针对运动和营养对健康的影响开展了深入研究。在中国战国时期的部分文献中,不乏对解剖学、生理病理学等方面的精辟见解,亦探讨了人体运动与气血运行对健康的影响。

古人对具体运动方法和手段的理解同样颇具深度。公元前3世纪左右,古希腊已有记载奥林匹克运动会历史的编年史作品,同时期,中国古代也出现了相关的体育著作。概言之,在16世纪前期,人们从教育、军事及医疗卫生等角度,已初步认识到运动对于健身、娱乐和教育的价值。然而,当时的认识仅停留在表面和局部层面,未能触及体育的本质和普遍规律。随着近代体育及近代实验科学的兴起与发展,人们对体育的认识和研究进入了崭新的历史阶段,开始运用各学科知识,从多元视角对体育进行系统、深入的探究,从而催生了众多体育学科分支。17~19世纪,来自不同科学领域的学者从各自专业出发,对体育进行了详尽的阐述,如1836年德国学者韦伯兄弟在其著作《人行走器官的动力学》中,通过对一些基本运动进行力学解析,开启了运动生物力学的研究领域。20世纪初,在一些西方国家中,体育科学研究已开始起步。现代奥林匹克运动创始人顾拜旦提出了运动心理学一系列全新研究课题,这些课题得到认可后,运动心理学在全球范围内广泛开展起来。

20世纪初至50年代,原有的体育生物学和体育教育学学科进一步成熟完善,同时,人们迫切需要从全新的视角去研究体育,由此又衍生出了一批新的学科。比如在德国,随着相关体育论文的陆续发表,体育社会学和体育经济学等新兴独立学科逐渐形成。随着人们对体育认识的日益深化和研究成果的不断积累,以体育科学研究为宗旨的学术团体和活动应时而生。

2. 智能体育在全球背景下的迅猛发展

"二战"结束后,随着各国政治经济的飞速发展以及科技的日新月异,体育事业展现出了全新的格局,智能体育也在这一背景下得到了迅猛发展,呈现出新的特性和趋势。战后,体育科学研究真正意义上在全球范围内广泛开展,其学科建设与发展大致经历了派生、叠加和综合三个阶段。举例而言,运动生理学是从生理学应用于体育研究中派生出来的,体育统计学则是统计学与体育结合的产物。体育科学中新学科层出不穷,这完全符合当代科学不断细分与融合的大趋势。

俄罗斯基本上保留了苏联时期的体育科研体系,但受困于经济压力和人员流失,体育科研工作遭受了一定程度的影响。为了备战1996年奥运会,俄罗斯体育部门高层多次发表讲话,积极倡导强化体育科研,并做出决策,全面恢复曾一度解散的运动队综合科研团队,旨在增强精英运动员训练的科学支撑。东西德统一后,德国体育科研体系在原西德体系基础上,巧妙融入了原东德体系的优势,使得体育科研体系得到进一步完善,构建了一个由政府、体育团体和高等教育机构三大体系构成,既明确分工又相互协作的机制;同时,体育科研的资金投入也在持续扩大。

美国奥委会在规划优秀运动员服务计划时设置了相关研究课题,这些课题的选择及其占比体现了美国对于奥运会的整体策略布局。这些课题除由奥林匹克中心的科研人员承担外，其它的均由高等院校的体育系科承担。尽管迄今美国尚未建立独立的体育科研院所，但全国高等院校中有400多个体育系、科承担体育科研工作。这些体育系、科，配备先进的科研仪器和人才，进行大量系统的研究。如美国威斯康星大学麦迪逊分校的运动学系，从其科研人才的配置、科研实验室的装备以及所承担国内外研究课题的数量和水平看，完全达到了颇具规模的体育科研所的水准。此外，近年来意大利、西班牙、希腊、澳大利亚、英国、法国、墨西哥等国家，也相继建立了体育科研专门机构。

纵观现代体育的发展历史，科技一直如影随形。从运动装备、场馆设施到电视转播，科技助推体育实现了全球化和商业化。许多科技也借助体育场景进行研发和试验，完成了技术演进，并在其他行业得以推广商用。然而，近年来体育产业的剧变让以往的积累相形见绌。在信息革命带来的计算力和存储力的巨大提升以及信息大爆炸的基础之上，产生了以人工智能、云计算和大数据为代表的技术大爆炸和大融合，第四次工业革命正在颠覆每个行业和领域，体育也不例外。正如科技发展存在指数增长的普遍规律一样，体育领域的科技发展也越发呈现出指数效应，并越发深刻地改变着体育的命运，典型的例子包括人工智能成为围棋世界冠军，电子竞技在全球的风靡。

体育科技的核心推动力主要源自科技与资本的结合，而非体育自身内在因素。这种科技利器通常掌握在大型科技企业及快速成长壮大的创新型公司之中，而北美和欧洲作为成熟的体育市场，已然成为全球范围内体育科技竞争的主战场。欧美各国依托其成熟的体育产业链、雄厚的资本实力以及深厚的技术底蕴，自然而然地占据了体育科技领域的主导地位，其中尤以美国和英国的表现最为突出，无论是在初创项目的数量上，还是在融资额度上，两国均展现出明显的竞争优势。鉴于体育市场的封闭特性和独特属性，那些取得成功的创新项目往往在其初创阶段即拥有一支深谙体育市场运作规律的团队。北欧四国挪威、瑞典、丹麦和芬兰凭借其独特而强大的教育科研体系和创新创业文化也孕育了大量的体育科技初创公司和项目；而以色列则将其在科技创新领域的优势拓展到了体育科技领域。来自这两个地区的公司往往先与本土体育领域合作进行研发和试验，在产品成熟后直接转战欧美顶级体育市场。

从各国案例我们不难看出一套成熟的技术-资本孵化模式和完备的产学研创新链，在信息技术产业中经过锤炼并成功移植到了体育行业，高校及高校运动队、科研机构、体育俱乐部和体育组织在创新技术的孵化过程中发挥了显著而重要的作用。这样的发展模式，特别是北欧四国和以色列在部分条件缺失状态下的创新模式对于中国而言颇具借鉴意义。虽然中国本土的体育市场仍处于发展初期，但凭借庞大的人口基数和巨大的市场规模，中国政府和资本已通过购置海外体育资产以及引进国际体育赛事等方式，在全球体育市场初步构建起战略布局，为新技术的试验和研发提供了顶级的试验田。因此，若能再聚焦符合中国国情的特殊市场需求，并把视野从本土放宽到全球市场，中国体育科技的机遇已然近在眼前。

3. 中国体育科技发展历程与现状

中华人民共和国成立以来，特别是改革开放以来，我国体育科技事业经历了5个重要发展阶段，如表1-1所示，时至今日，我国体育事业发展已经由经验驱动转变为科技驱动，体育科技成为引领体育强国建设的重要动力。体育科技成果方面，我国体育科技组织机构不断健全，体育系统专职科研机构已达60个，各省级体育行政部门均建立了体育科学研究所；高水平课题立项数量明显增加，近10年国家自然科学基金项目和国家社会科学基金项目体育类的立项数量分别为724项和1 118项；科技助力体育发展成效明显，体育科技解决竞技备战关键问题的能力逐步提升。

表1-1 我国体育科技事业发展的重要阶段

时间	标志事件	背景意义
1978年	党的十一届三中全会	重申“科学技术是生产力”观点，体育科技事业得到启动与发展
2001年	北京获得2008年夏季奥运会主办权	体育科技事业获得大量资源投入，为北京奥运会成绩的取得提供了坚实保障，并为体育大国建设贡献卓越力量
2012年	党的十八大	随着我国经济社会发展进入新时代，以及建设体育强国的需要，我国体育事业发展进入深化改革阶段，体育科技事业得到全面重视
2016年	“十三五”规划	将人工智能作为战略发展重点
2021年	“十四五”规划	提出到2035年要“建成体育强国”

国务院印发《新一代人工智能发展规划》，将人工智能上升到国家战略层面。此前，《“十三五”国家科技创新规划》《“十三五”国家战略性新兴产业发展规划》等文件都将人工智能作为战略发展重点。作为新动力，人工智能也在传统体育行业掀起了生产力的变革，为运动员竞技水平提升、职业体育商业化、全民健身等带来了翻天覆地的变化。体育强则中国强，国运兴则体育兴。我国“十四五”规划和2035年远景目标纲要明确提出，到2035年要“建成体育强国”。目前，人工智能服务于体育事业和体育文化等领域已有很多尝试，取得了丰富的成果，使体育领域不断走向“更快、更高、更强”，并且还诞生出一些体育新领域，如今智能体育的发展可以说是大势所趋。

现代体育比赛不仅是展示各国形象、各国运动员速度与力量的竞技场，也是世界各国顶尖科技与体育完美融合的大舞台。近十年来，各竞技项目的成绩已经接近人体能力的极限，要想进一步提高比赛成绩，哪怕是提高千分之一甚至万分之一，各国运动员和教练都要竭尽全力采用各种方式和技术去实现。2016年巴西奥运会上，英国自行车队取得了非常优异的成绩，这些成绩也得益于他们将大数据分析技术，以及空气动力学、材料学等理论应用于训练和比赛。赛后为了不将这些技术泄漏给其他国家，英国自行车队甚至现场销毁了部分设备。同样，2014年国际足联世界杯冠军得主德国国家足球队采用数学、统计学、计算机科学、管理学、医学和心理学等学科理论，通过视觉捕捉、动作捕捉、视频分析、大数据分析等技术，对球员、球队和竞争对手进行管理分析并最终帮助球队获得冠军。

在竞技体育的科技助力方面，以奥运会和世界大赛的参赛为目标，以青少年后备人才的培养为重点，以教练员培养和科学化训练为抓手，坚持科技引领训练，深化对项目特征和训练规律的科学认识和把握，不断引进和创新运动训练的理论与方法，高度重视运动训练生物和教育学基础理论的研究，高度重视体能和康复等新兴理论与方法的引进和二次创新，支持各类运动队的训练，取得了显著效果。

近年，在强化体能储备，坚持科技引领方面进行了诸多科学严谨的实践探索，例如，在运动员选拔方面探索了跨界、跨项选才；在训练理念上研究了雪上项目分段训练模型；在训练方法上应用了加压训练；在训练实验测试上引入了风洞测试等。

4. 我国智能体育发展面临的挑战与机遇

在科技助力竞技体育的发展方面虽然取得了一些成绩，但仍存在如下 10 个方面的不足。(1)科技助力整体供给水平无法完全满足竞技体育高质量发展的需要；(2)科技创新成果与运动员、教练员比赛训练实践需求匹配度不高；(3)训练、科研要素分离，融合不足；(4)以国际引进、行业跟随策略为主，自主创新能力不强；(5)科技助力政策供给不足；(6)科技助力人才存在数量不足、专业结构不合理、顶尖专家缺失、激励机制不健全等问题；(7)体育系统外部资源及国际资源整合不足；(8)高水平体育科技实验室缺失；(9)大数据分析、应用水平不高；(10)基础研究能力较弱。

我国智能体育的发展尚处于起步阶段，智能体育的概念、人工智能在体育中的具体应用、智能体育产业的发展规律等问题都尚未明晰。智能体育作为新兴业态的新式体育，在其发展初期，遇到了一些亟待解决的瓶颈：消费者因为对产品不了解，体验不佳，而缺少参与热情，不愿意消费；企业方面迟迟打不开市场，缺少足够的消费来源，影响到新产品的研发和产品的优化升级，缺少造血功能。我们应积极应对挑战，不断推进人工智能助力体育事业和体育文化良性发展，使科技更好地服务人类。

当前随着信息技术的迅猛发展，数字化技术已经深入到社会的各个领域，体育领域也不例外。体育承载的促进人全面发展和经济社会全面发展的责任进一步凸显，体育自身发展和通过体育促进的发展协同并重的要求更高，同时，少子化、老龄化也给体育发展提出了一系列不容回避的新问题、新挑战。而数字化技术的应用使得体育活动的传播、管理和观赏变得更加便捷和高效。同时，随着生活水平的提高，人们对于体育锻炼和健康生活的需求也越来越高。数字化技术的应用使得人们可以通过手机、电脑等设备随时随地进行体育锻炼，满足了人们对于便捷健身的需求。体育产业作为国民经济的重要组成部分，其规模不断扩大，产业链不断延伸。数字化技术的应用为体育产业带来了更多的商机和发展空间，推动了体育产业的升级和转型。因此，全力推动数字体育变革是未来体育高质量发展的重要途径。利用先进、适用的数字技术，实现体育运动线下与线上的融合、虚拟与现实的叠加。同时，借助多种移动互联网媒介（微博、微信、短视频、H5 等）与体育运动受众进行社交互动，推动体育运动与个体生活和社会生活的深度连接。在高度信息化的新时代，拓展体育运动的生存空间，激活体育运动的发展活力，体育数字化深度变革不可或缺。

1.1.2 智能体育发展的关键引擎

对体育智能化的研究分析表明，智能化的介入促进了体育运动向更高层次跃升，同时也使得对运动过程和结果的解析更为立体全面。无论是对指导人员提供更为科学的训练指导，还是对运动参与者实现更精确的运动控制，都赋予了明确的参照依据和实质性辅助，从而确保运动效果达到最优状态。长期以来，从运动装备、场馆设施直至电视转播，科技元素与体育活动始终保持紧密伴随，共同推动了体育的商业化和产业化进程。

在我国"体育与科技"的发展历程中，两者之间的关系经历了从强调科学技术整体概念，即所谓的"体育科技"，它指的是科技在体育领域的应用，基于体育这一载体形成的综合性与交叉性科学技术领域，旨在服务于"奥运争光计划"和"全民健身计划"的公益事业，到体育界开始从产业融合的角度探究二者间的互动关联。人们认识到，"体育与科技融合"是利用高新技术与体育各个业态环节进行交叉、重组和深度融合的过程，目的是"更好地满足人民群众观赏和参与体育运动的需求"，进而形成具有经营性质的产业。"体育与科技"的深度融合逐渐追求其在经济领域的延伸，"体育与科技"的融合发展成为智能体育发展的关键引擎，具体表现为以下 4 个方面。

1. 运动表现分析技术智能化

运动表现分析技术的智能化是指在技术特点及手段上实现对运动更科学的优化，同时更多地运用学科交叉的干预对运动表现进行深层次的改进。其目的是通过融合多学科领域的先进技术对运动过程进行分析，最终提高运动效果和运动成绩。在体育比赛和训练中，分析师借助先进的智能感知技术、数据分析算法与数据可视化技术，可实现心率、脑电、汗液、关节角度、肌肉活动度、运动轨迹等运动多维数据的实时采集。这些数据的采集为运动员训练过程提供了全面监测与分析，从而为技术动作的优化与战术设计提供了有效参考。基于这些数据，分析师可以帮助运动员调整训练计划和方法，确保训练的科学性和有效性。此外，利用虚拟现实（VR）和增强现实（AR）技术，运动员可以在模拟环境中进行训练，体验真实比赛场景。这种模拟训练有助于运动员更好地适应比赛节奏和环境，提高竞技水平。

2. 体育产品智能化

智能化潮流意味着高科技元素正逐渐融入各类运动产品之中，各大运动品牌纷纷以独特的创新功能来标识自家产品，这些革新的设计不仅提升了产品的效能，还拓宽了销售途径。例如，NIKE 推出的自动系带运动鞋，集便捷性与运动表现追踪功能于一体，既能实现舒适的穿着体验，又能记录用户的运动数据。众多国际知名品牌竞相推出高端精密的运动产品，以适应当前运动领域对更高、更快、更强的追求。

国内运动品牌也积极响应，如李宁与小米携手打造的赤兔系列智能跑鞋，内置芯片能在用户运动过程中实时反馈个人运动基本信息。在当前运动穿戴设备智能化的背景下，无论是普通运动爱好者还是专业运动员，都在积极接纳并配备智能运动装备。除运动服饰愈发注重人体工学设计与效能提升外，配饰类产品如运动手环等也越来越智能化。

在大众健身领域，智能化运动产品犹如一位贴心的健康助手，持续激发健身人群的热情，准确记录他们的运动数据，以便更好地调整健身计划，力求实现最理想的健身效果。而在专业运动层面，对可穿戴式智能化运动产品的应用早已普及，例如美国职业棒球大联盟（MLB）等早在多年前就开始运用此类智能设备收集、统计和分析专业运动数据，为制定更针对性地战略战术提供了可靠依据。总之，体育产品的智能化不仅有助于提升专业运动员的成绩，也为普通民众提供了更为科学的运动提升参考。

3. 体育传媒智能化

体育传媒智能化主要围绕互联网技术的应用展开，在“互联网+体育”的大背景下，旨在实现体育资源的有效共享。智能媒体系统旨在实现媒体策划、采集、编辑、播放、控制等各个环节及整体运营的智能化进程，它将智能技术、现代通信技术、计算机网络技术等与媒体业务紧密结合，通过对用户需求的敏锐感知和互动响应，为用户提供更优质的服务体验。当前，无人机、机器新闻生成、虚拟现实与增强现实技术、智能硬件以及大数据等前沿科技正不断渗透至媒体行业，体育领域自然也不例外。在诸如场地广阔的运动赛事中，无人机的应用对于赛事的录制与转播发挥着积极作用，同时也成了与观众进行良好互动的有效工具。

4. 体育场馆智能化

体育活动无法彻底转变为线上形态，人们仍然需要亲临现场观看和体验。场馆作为线下流量的重要入口，必须提升运营效率和使用率，以充分发挥其商业价值。对于举办赛事的场馆来说，智能化是其发展的重要方向。在体育场馆的智能化设计过程中，尽管重点偏向建筑领域，如网络布线和安保系统并非严格意义上的体育设施组成部分，但在人性化设计和体育竞赛过程中所体现的功能反馈，却与体育领域密切相关。例如，在赛事转播屏幕上采用更先进的智能化系统，提供多语言解说，确保了运动员在比赛过程中不受额外干扰。

目前，我国已出现了智慧场馆的典型代表——北京五棵松体育馆，如图1-2所示，它是中国首座由互联网企业冠名并进行全面智能化改造的顶级体育馆，在WiFi网络部署方面实现了重大突破，保证现场高达1.8万人的观众能够享受到高带宽无缝网络覆盖。观众在享受高速网络服务的同时，也为场馆提供了丰富的大数据采集契机。场馆可以根据采集的数据进行精准的用户识别，实现广告的个性化投放，同时还可通过开发的APP为现场观众提供一系列智能服务，如在线购票、电子票验票、场馆信息推送、室内导航、赛事数据分析与回放、与运动员互动、订餐送餐服务以及赛事竞猜游戏等。

图 1-2　冬奥会期间五棵松体育馆内部实现“冰篮转换”

现代体育已发展成为一个涵盖运动训练学、运动医学、运动康复学、体育产业研究、运动人体科学、智能体育工程等诸多专业的综合性学科体系，如图 1-3 所示。然而，当前多数研究往往局限在各个独立学科内部进行，或者是根据运动员和教练员的具体需求来进行，各学科之间交叉合作并不多见。从项目成绩提升、运动员职业生涯规划、社会效益最大化等多个维度考量，现代体育越来越需要集成多种技术手段，对传统体育研究进行整合与实践应用。随着计算机技术的迅猛发展，以数字化为基石、网络化为桥梁、智能化为核心的智能体育日渐成为焦点。这类智能体育通过收集和分析体育运动过程中的各项数据，能够辅助运动员进行科学训练，提升运动技能，同时也能协助教练员进行更精准的训练决策和管理活动，以适应竞技体育、全民健身、运动社交等多元化需求。

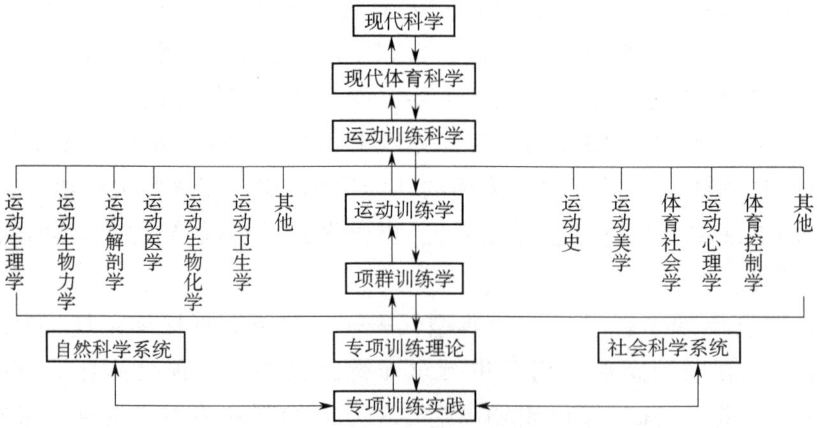

图 1-3　现代体育科学及相关学科

1.2　智能体育的发展基础

1.2.1　智能体育发展现状

当前，全球体育科技发展的主要趋势聚焦于多个热点领域，包括运动表现和数据分析、媒体转播和智能场馆、赞助营销和粉丝社交，以及健身、电竞和博彩等较为特殊的细分领域。在这些领域中，提升竞技表现无疑是体育科技最热门的焦点，而以人工智能、大数据和可穿戴技术为代表的融合性技术则是最关键的驱动力量。运动表现和数据分析面向体育参与者，通过研发先进的装备器材和深入分析数据，以辅助训练、提升竞技能力、优化竞赛策略，并预防减少运动伤病。

这些先进技术通过与穿戴式传感器的结合，将传统的体育专用鞋服帽及配件升级为智能装备，实现对人体及运动状态的实时监测和数据采集，进而辅助训练、预防伤病、优化比赛策略。在健康领域，与体育紧密相关的诊断治疗、伤病康复和营养保健等也是科技应用的重要方向，尽管这些应用更多依赖于医药科技的发展，但也有一些轻量级的应用，如智能护具、基于数据监测和分析的伤病预防技术，以及针对脑震荡的实时诊断技术等。

同样，这些技术也被广泛应用于运动器材的创新中。例如，内置传感器芯片的足球和篮球能够追踪球的轨迹、旋转和速度等参数；配备传感器的棒球棒、网球拍和高尔夫球杆则可以捕捉击球过程的轨迹、角度、速度和力量等数据，并智能识别各类击球动作，为技术动作的分析和评估提供数据支持，进而提供指导意见、训练计划和改善方案。

大多数可穿戴设备都配备了数据分析平台和多终端可视化应用，以便有效地存储和呈现数据。在这个领域，若要在竞争中脱颖而出，除了确保数据精确度和完整度处于领先地位外，还需在数据可视化和深度分析方面为用户提供卓越的支持。因为单纯的数据并不等同于有用的信息，信息也需转化为知识，而知识最终需升华为智慧。对数据的深入分析通常需要深厚的专业知识和经验，因此，目前大多数数据分析平台尚无法实现完全自动化分析。对于众多创新性的装备器材而言，数据质量和分析见解始终是其持续精进的核心目标。

当前，我国体育的信息化、数字化、智能化发展水平与党中央、国务院提出的要求，以及《体育强国建设纲要》《“健康中国 2030”规划纲要》等国家战略需求相比，仍存在一定差距。这主要是由于全行业对数字体育在建设体育强国进程中的关键作用认识不足，往往将数字体育建设简单视为一般的网络化、信息化建设，未充分意识到数字体育对体育治理体系和治理能力现代化的革命性影响，以及其在推动体育全领域质量变革、效率变革、动力变革中的关键技术支持作用。这种普遍存在的观念认识问题，导致全行业在数字体育建设的资金项目安排、人才队伍建设等方面重视程度不够、投入不足，进而在实践中表现为全行业信息化、数字化、智能化发展水平明显低于社会整体发展平均水平。

1.2.2 智能体育发展的特征

智能化作为一个随着现代科学技术发展不断更迭的动态概念，其实现通常依赖于各类集科技大成之智能的终端设备，旨在通过提供实时服务来促进人民生活各领域的便捷化。通过对我国智能体育发展历程的梳理，可以发现我国智能体育应用主要集中在智能体育教育、智能体育场馆、智能运动健康等领域，其展现出的特征与智能化总体发展特征基本保持一致。

（1）智能终端在智能体育发展中扮演着举足轻重的角色。

感知和解析各类体育数据是智能体育发展的基石，而智能终端在技术上的重大突破则是推动智能体育发展的核心驱动力。以智能运动健康领域为例，具有运动记录、生理指标监测等功能的手环于 2010 年左右正式问世，随着核心技术的逐渐成熟，智能手环于 2014 年左右进入爆发期，进而推动了整个智能运动健康领域的发展，诸如 Keep 等互联网运动健康企业也于 2015 年左右纷纷成立。

然而，近年来可穿戴设备除了在数据采集的多样性和准确性上略有提升外，并未取得更多突破性的进展。智能手环、智能手表等市场的增速逐渐放缓。因此，通过加强可穿戴设备相关数据与运动应用、大健康机构、医疗机构的共享，已成为提升体育消费者体验、在存量市场中获取竞争优势的主要途径。

与此同时，智能体育场馆的发展亦离不开物联网相关技术的日趋成熟。基于数字化平台的体育赛事管理基本模式也将在未来呈现出更多的变革与创新，如图 1-4 所示。例如，体育部门通过实时获取体育赛事的信息，可以在赛前、赛中、赛后实施不同的管理策略，实现对体育赛事的全过程管理。此外，体育部门还能及时了解办赛主体在赛事运营过程中遇到的困难与障碍，进而与相关部门进行有效沟通，协助办赛主体更好地举办赛事。体育部门信息平台与其他相关部门信息平台的互联互通也极大地提升了沟通效率。赛事活动信息的即时公开将进一步增强公众对体育赛事的关注度，为体育赛事的发展注入更多活力。

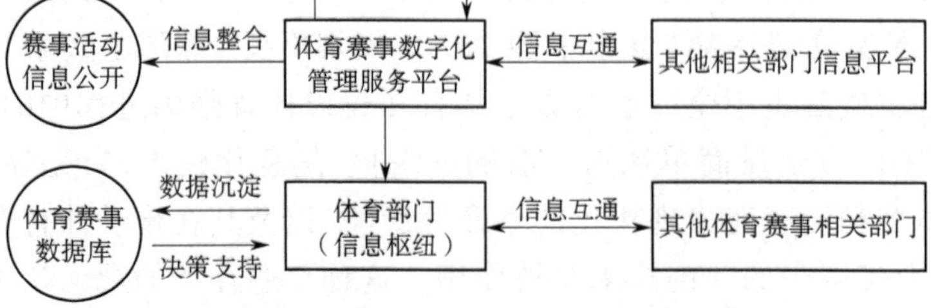

图 1-4 基于数字化平台的体育赛事管理基本模式

综上所述,数字化平台的应用不仅实现了从对体育赛事的单一管理向管理与服务融合的转变,更为各类办赛主体带来了降本增效的益处,同时也为体育赛事及相关产业的发展拓展了更广阔的空间。

(2)智能体育所提供的即时性体育服务,有效丰富了体育商业模式。

将人流、物流、信息流、资金流、交易流等在经济时空中进行重新组合,是数据驱动和互联网运行平台商业模式与传统商业模式的最大区别。通过对消费行为、商业模式的重塑,将释放更大的商业价值。5G 等基础设施的发展显著提升了各类体育信息即时传输的稳定性,使即时性体育服务成为可能,深刻优化并改变了体育商业模式。例如,即时上传、分析、共享运动健康数据使消费者更愿意购买运动健康指导、运动健康食品等各类增值服务,从而拓展了体育消费的广度;同时,数据在平台的积累也极大地增加了消费者的消费黏性,提升了体育消费的持续性。智能体育还能创造新的商业模式,例如有研究发现,使用智能化的虚拟现实设备可增强体育参与者的临场感,并深化他们对运动项目的认知,这显示了以智能设备作为入口培育体育消费意识、发展运动项目产业的巨大商业潜力。

(3)运动训练融合创新和精准个性化调控的时代趋势不可逆转。

运动训练过程控制亟需也必将会在数据驱动的支持下变得越来越精准和科学,如图 1-5 所示为数据驱动精准训练的服务运行模式。数据驱动精准训练作为运动训练理论与方法的新范式,是运动训练实践经验从量变到质变的必然转型,也是提升运动训练科学化水平、增强竞技体育综合实力、实现体育强国战略目标的必由之路。

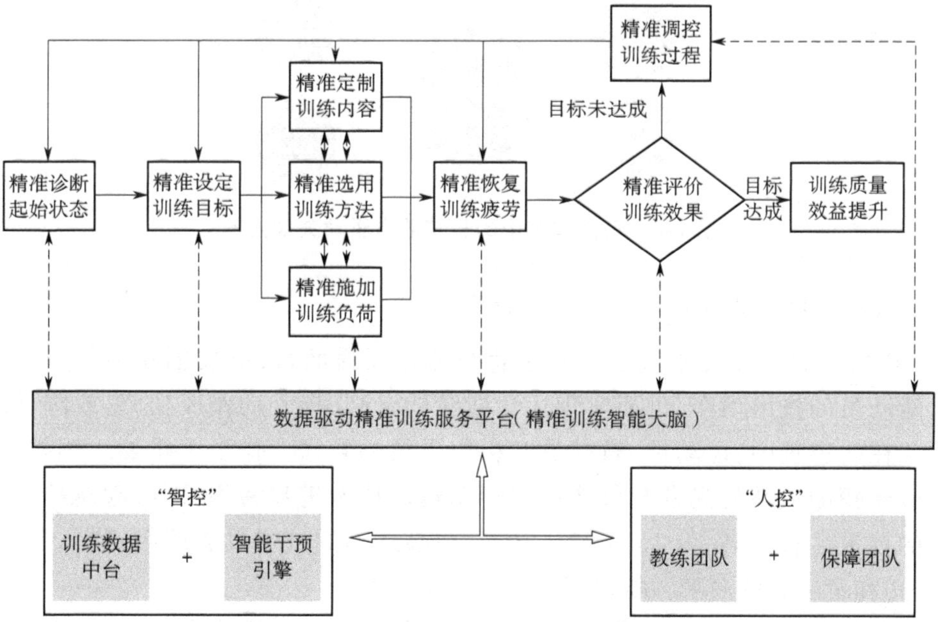

图 1-5　数据驱动精准训练的服务运行模式

1.2.3 科技助力运动训练的机理

创新作为第一动力，已成为世界性趋势。从全球视角来看，第三次科技革命带来的新兴科学技术已成为推动世界经济发展的主要引擎。进入新时代，从要素驱动转向创新驱动是高质量发展的必由之路。运动训练的主体是运动员和教练员，由于运动员的竞技能力巅峰时间有限且构成复杂，如图 1-6 所示。科技助力可从多个方面服务于运动员优异成绩的取得，如图 1-7 所示。

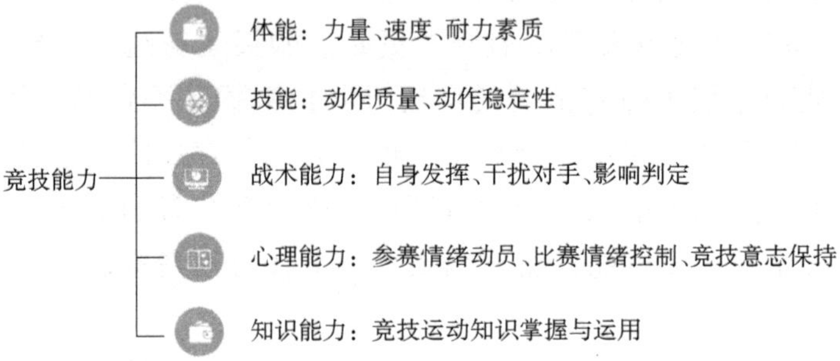

图 1-6 运动员竞技能力的构成（引自田麦久，2006）

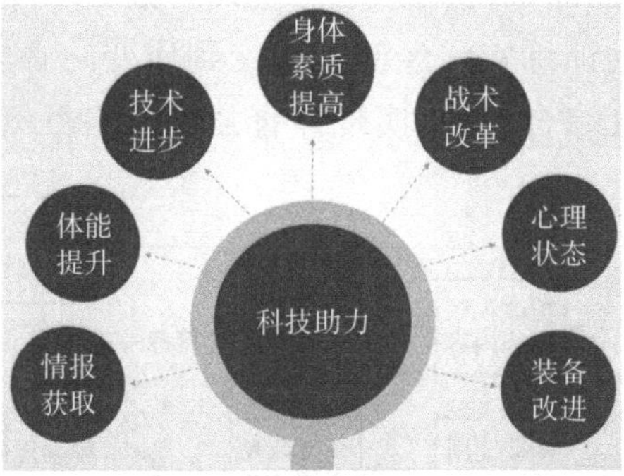

图 1-7 竞技体育中的科技助力驱动关键内容

1. 科技助力驱动竞技体育的全方位提升

（1）科技助力驱动技术进步。对于竞技体育项目而言，科技创新和科技服务能有效优化运动员的技术动作，进而实现运动成绩的突破，提升动作成功率，或降低运动损伤风险。在此过程中，运动员、教练员和科研人员的紧密合作至关重要。例如，近年来我国 100 米短跑成绩的提升与科技助力驱动运动技术进步密不可分，起跑技术和途中跑技术的改进显著提高了运动成绩。又如，跳高运动的技术发展历经跨越式、剪式、滚式、俯卧式和背越式的演变，跳高成绩得以不断提升。

（2）科技助力驱动战术改革。对于团队项目或计时较长的项目，战术水平在成绩取得过程中占据重要地位。随着现代科学技术的进步，视频分析、计算机仿真等技术为运动项目的战术改革提供了有效动力。在这一进程中，教练员、科研人员和专业分析人员的角色不可或缺。例如,篮球竞赛中,视频分析和数据分析技术的应用为教练员制定战术提供了重要参考。

(3)科技助力驱动身体素质提高及保持。利用科技手段监测运动员的生理生化指标,辅助运动员进行科学化训练,已成为竞技体育训练的日常工作。近年来,科技在康复和营养领域的作用日益凸显。这一过程中,运动员、教练员、科研人员和医务人员的协同合作至关重要。例如,加压训练能够显著提升运动员的肌肉力量和耐力。

(4)科技助力驱动心理状态调整。运动员和教练员的心理状态对竞技体育成绩的影响日益显著,尤其对于动作稳定性要求较高的项目。目前,科技助力依托心理量表和相关监测设备,从运动员赛前心理状态的监测到睡眠分析,全方位掌握并调整运动员和教练员的心理状态,以提升运动成绩。在这一过程中,运动员、教练员对科研人员的信任至关重要。例如,众多运动员开始使用高压氧舱以改善睡眠质量。

(5)科技助力驱动体能提升。体能是运动员在赛场上的基础,借助科技手段提升基础体能和专项体能已成为备战东京奥运会和北京冬奥会的共识。我们的运动员、教练员和科研人员为此投入了大量时间和精力。例如,引进、转化和应用国际先进的体能训练技术,有效提升了我国运动员的体能水平。同时,利用可穿戴设备、大数据技术构建运动员体能数据库,成为监测运动员体能状态的重要手段。

(6)科技助力驱动竞赛装备改进。可穿戴、数字化、智能化和快速反馈是训练装备的基本要求。运动员参与竞技体育离不开运动装备的支撑,尤其在冬季运动项目中,装备水平的改进在规则允许范围内能够直接促进运动员成绩的提升。在这一过程中,运动员、教练员、技术创新核心要素和技术支持要素共同发挥作用。例如,基于风洞研发的高性能服装在冬季项目中的应用,以及克莱普冰刀的发明,都显著提高了速滑运动员的成绩。

(7)科技助力驱动竞赛情报获取。获取竞赛对手信息和参赛地信息有助于提升运动成绩,特别是在对抗类竞技项目中。大数据收集和分析能够帮助运动员、教练员更好地了解竞赛对手状况,掌握比赛地的海拔、温度、湿度、公共环境等信息,进行模拟分析,制定参赛策略。科研人员的前期信息搜集工作为情报获取提供了重要基础。例如,在乒乓球、羽毛球等对抗项目中,对重点对手技战术特点的分析有助于运动员进行针对性训练。又如,对日本东京自然环境、人文环境信息的收集,有助于运动员、教练员开展适应性训练。

2. 竞技体育的科技创新要素构成

针对竞技体育领域,科技创新要素主要由核心要素、主体支持要素、技术支持要素、行业支持要素和政策支持要素构成。其中,核心要素处于竞技体育科技创新的核心地位,其他四类支持要素则协同核心要素共同推动科技创新,如图1-8所示。

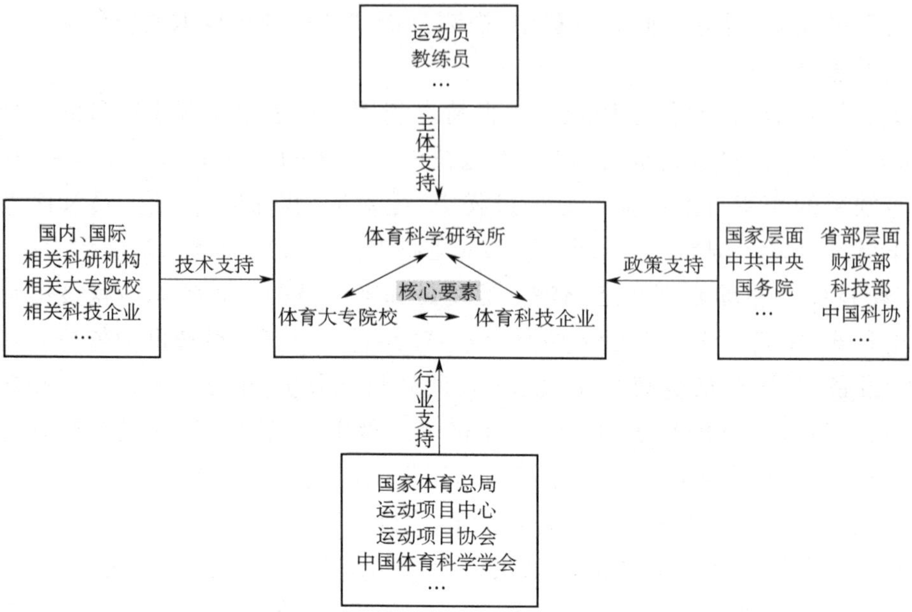

图 1-8　竞技体育科技创新要素架构

（1）核心要素涵盖了体育科学研究所、体育大专院校以及体育科技企业等。目前，以国家体育总局体育科学研究所为引领的体育科学研究所系列，构成了最为关键的核心要素；体育大专院校凭借人才、资源等综合优势，在科技创新中的地位日益凸显；而体育科技企业则作为新兴的科技创新力量，以其灵活的市场机制在科技创新体系中独树一帜。可以预见，这三种核心要素将共同服务于竞技体育的科技助力。

（2）主体支持要素包括运动员、教练员等。作为竞技体育的参与主体，他们在训练过程中实施有效的控制，如图 1-9 所示。在科技创新过程中，他们既是科技创新需求的提出者，又是科技创新成果的应用者，发挥着举足轻重的作用。

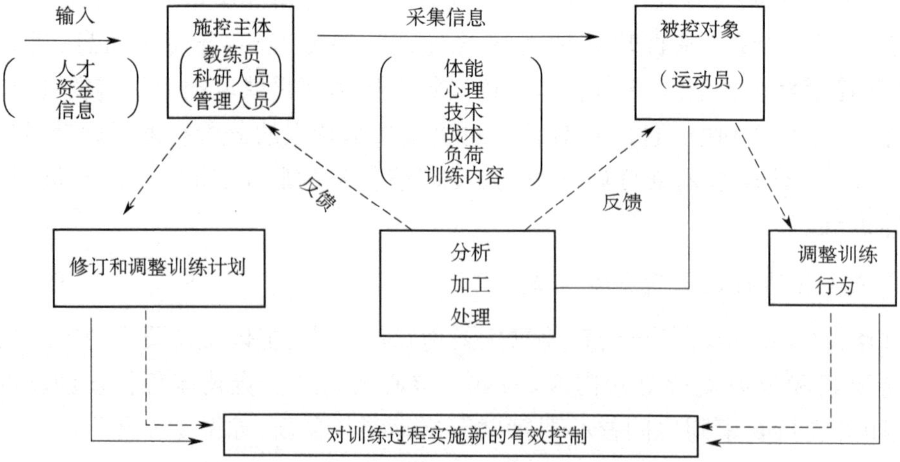

图 1-9　主体支持要素对训练过程的有效控制

（3）技术支持要素主要包括国内、国际的相关科研机构、大专院校以及科技企业等，它们虽非专门的体育科研单位，但凭借在各自领域的科研实力，协助核心要素攻克科技创新过程中的技术难题。随着国际化程度的提升，越来越多的国际高水平技术支持要素被引入。

（4）行业支持要素涵盖了国家体育总局、运动项目中心、运动项目协会以及中国体育科学学会等。这些要素对竞技体育科技创新的支持是全方位的，涉及人力、财力、物力等多个层面。竞技体育科技创新的成功离不开体育系统内部的协同合作，从体育总局的系统调度，到运动项目中心和协会的密切配合，再到中国体育科学学会等学术团体的支持，共同构成了推动科技创新的行业支持力量。

（5）政策支持要素则包括中共中央、国务院等国家级层面，以及财政部、科技部和中国科协等省部级层面的支持。党和国家高度重视创新驱动发展战略，相关部门出台了一系列支持科技创新的政策法规，并提供了丰富的科技创新资源。

3. 竞技体育的科技服务要素构成

竞技体育科技服务要素可分为直接服务要素和间接服务要素2类，如图1-10所示。直接服务要素包括体育科学研究所、体育大专院校和体育科技企业等，它们作为科技创新的核心力量，其成果直接服务于运动员和教练员。间接服务要素则包括中国体育科学学会和中介服务机构等，它们依托与科技创新资源的紧密联系，承接并完成由服务对象发布或委托的科技创新任务，进而服务于运动员和教练员。

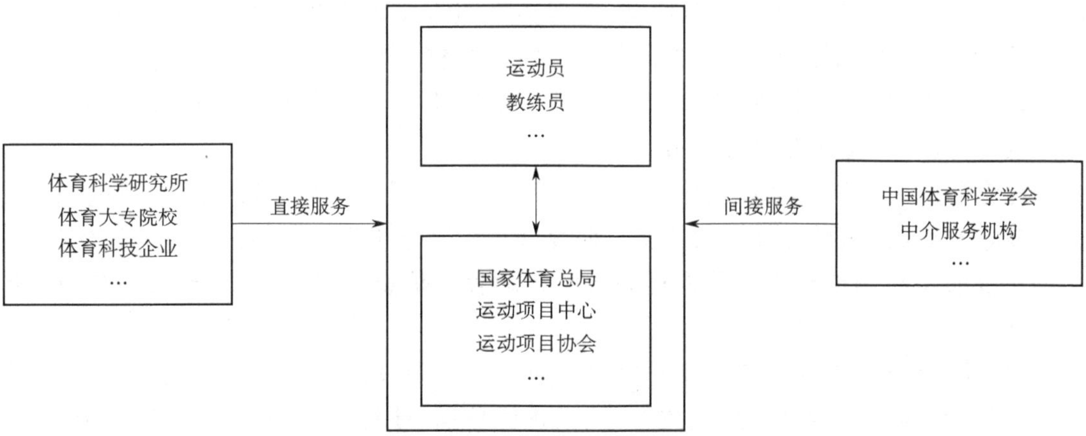

图1-10 竞技体育科技服务要素构架

4. 竞技体育的供给要素构成

竞技体育供给要素主要由技术、战术、身体素质、心理、体能、装备和情报等组成，这些要素共同构成了竞技体育科技创新的支撑体系。

人工智能技术和体育产业融合是智能体育实现的前提和基础，从技术角度讲，人们希望通过对人工智能的研究，模拟和扩展人的智能，在体育比赛、运动训练、大众健身等方面辅助甚至代替人们实现多种功能。目前,体育领域可穿戴设备、图像识别、自然语言处理等技术的应用,使得体育相关数据的采集相比以往具有更丰富的维度和密度。虽然很多类型的体育数据容量并不符合大数据标准,但在运动员选材、球员评估、伤病预防、赛事预测等方面可挖掘的价值仍然巨大。随着云计算的不断发展,数据的存储和传输更加便捷,为体育赛事数据的实时分析和反馈奠定了技术基础,数据的不断积累和丰富将使“人工智能+体育”的价值不断被重视。

1.3 智能体育的内涵

1.3.1 智能体育的概念及内涵阐释

智能体育是智能科学信息技术在体育领域的深度应用,涵盖了新材料、集成传感器、物联网、3D 打印、5G 通信、虚拟现实、大数据、云计算、智能机器人、AI 等前沿技术。它以信息科学技术为基石,以体育产业为主体,竞技体育、全民健身、体育产业等为其基本框架,并与教育、医疗、旅游、文化、金融等行业形成高度关联的生态系统。

智能体育的核心在于基于体育大数据,如运动员统计资料、战术信息、比赛天气信息等,利用深度学习算法挖掘有价值的信息,模拟并扩展人的智能,从而辅助或替代人类在体育活动中的识别、认知、分析和决策等过程。从狭义上讲,智能体育指的是人工智能技术与体育活动、体育产品的紧密结合;而从广义上看,它涉及将人工智能、物联网、VR、AR 等新技术融入体育活动、体育赛事和体育装备中,模拟人的思维活动和智能行为,旨在提升训练效率、增强观赏性、优化战略效果,并实现社会经济效应的最大化。这一过程中,视频识别、图像识别、姿势识别等技术产生的海量数据经过智能分析,形成理论、方法和技术的创新应用。

智能训练则是指利用智能化手段采集和捕获运动行为中的多源数据,通过先进的通信技术实现高效数据传输、大规模数据存储与深入分析评估。借助数字可视化技术,教练员能够更精确地获取并分析运动员的运动表现信息,从而提升运动水平并预防运动损伤。

智能体育产业是一个综合性的新兴产业,融合了物联网、云计算、大数据等技术与健身娱乐、竞赛表演、赛事运营、体育训练、媒体传播、体育器材制造、体育用品销售、智能硬件开发、体育场馆运营、体育旅游以及保险等多个领域。它与第二和第三产业紧密相连,展现出生态型和复合型的特征。

1.3.2 体育与科技的深度融合发展

体育与科技的融合不仅契合体育产业高质量发展的价值追求和核心理念,而且在实现体育产业高质量发展目标的过程中,能够催生出新的生产力和供给方式,满足人民群众日益增长的多元化体育需求,增强他们的获得感和幸福感。这种融合将深刻改变体育消费模式，优化体育产业供需结构，提升产业效率，并创造出巨大的经济和社会价值。

1. 体育与科技融合的纵深发展关系

体育与科技的融合遵循产业融合发展的普遍规律。这种融合是一个逐步深入的过程，其中科技的技术属性和体育的产业属性是融合发展的基石。随着融合的加深，体育与科技从最初的被动融合逐渐转向主动融合，从浅层次的融合向深层次的融合转变。我们可以将体育与科技的融合理解为 4 个层面的纵深发展关系，分别为技术融合、产品融合、市场融合和业态融合，如图 1-11 所示。

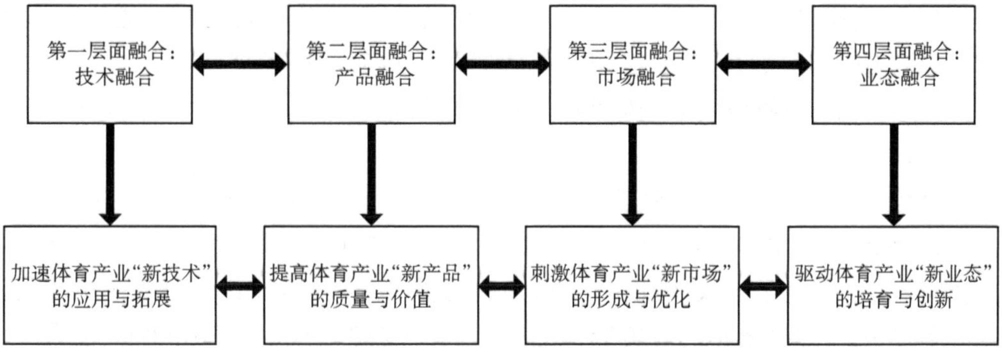

图 1-11　体育与科技融合助推体育产业发展的实践逻辑

（1）技术融合。

体育与科技在资产通用性和产业关联性方面具有共同特点，其生产方式相通且具有共享性。技术融合在其中扮演着基础性角色，它加速了体育产业中“新技术”的应用与拓展。这种技术融合表现为体育与科技在生产方式上共享相似技术或新技术、新材料等高新科技向体育领域的扩散，从而引发体育产业价值链的解构与重构，促进两者之间的深度融合，并最终推动体育产业“新技术”的广泛应用与形成。这些新技术主要应用于体育场馆的建设与管理、体育活动的组织与实施等领域。

根据融合方式的不同，技术融合可以划分为替代性融合、互补性融合和应用性融合 3 种形式。

①替代性融合表现为一种或多种技术取代另一种或多种技术。例如，自 2018 年 9 月起，浙江移动利用 5G 与无人机技术，成功取代了传统电视信号直播技术，与央视合作完成了全国首次大型户外 5G 高清视频直播、马拉松史上首次直播以及国际越野赛等多种场景的直播。

②互补性融合体现在两个或多个领域的技术共同使用，所产生的价值远超过单独使用。例如，VR 技术与传统赛事直播技术的结合，打破了传统赛事的时空限制，为观众提供了“沉浸式”体验，从而创新了赛事直播的形式。

③应用性融合则是指一个领域的技术被应用到另一个领域，产生更好的使用效果。

在体育科技融合中,这种融合表现为渗透性融合。比如，TrackMan公司将军用级别的多普勒雷达系统与测量球的旋转技术相结合,能够精细刻画高尔夫和棒球运动中击球那1/2000秒的瞬间,既有助于球员训练,又使球迷能够更清晰地观看比赛。除此之外,技术融合还加速了VR模拟训练、观众表情识别技术、体育数据分析技术、体育预测技术等的应用与发展,提升了体育产品的科技性、娱乐性和便捷性,成为推动体育产业高质量发展的“新动力”。

(2)产品融合。

体育和科技在产品的属性、功能和价值上实现统一,这种融合发展是体现产品价值的重要途径。产品融合提升了体育产业“新产品”的质量与价值。产品融合是通过技术融合等方式引起的产品功能的统一。这种融合形成的新产品(服务)在一定程度上对原有产品(服务)有替代或补充作用,从而扩展了原有的市场规模。

根据体育产品的使用场景,体育与科技产品的融合结果可分为参与型体育科技产品和观赏型体育科技产品。

①参与型体育科技产品主要通过场景模拟、虚拟对手、网络竞赛、线上远程、虚拟指导等方式,满足不同用户对运动项目、场地和竞赛的需求,帮助用户更好地参与体育运动。这类产品包括电子游戏的硬件仿真(如赛车模拟器)、健身器材的数字化和网络化(如基于跑步机和健身单车的智能线上竞速系统)、体感游戏(如Switch健身环、VR健身游戏FitXR)、仿真系统(如高尔夫仿真系统)、智能可穿戴设备以及智能指导和远程教学系统(如健身魔镜Mirror软件)等。

②观赏型体育科技产品则利用计算机视觉、可视化与人机交互、定位与追踪技术、电视转播虚拟图形插入技术以及VR技术等,满足用户对高清观赛的需求,提升观赏体验。例如,在新冠疫情防控期间,曼城俱乐部基于思科的视频协同平台WebEx,在其官方APP上推出了线上观赛派对、现场虚拟观众席等创新功能,使球迷能够在数字世界中与球队互动,享受独特的观赛体验。这些体育“新产品”打破了时间和空间的限制,让体育消费者能够享受到更高品质的体育服务。

(3)市场融合。

随着产品和服务共享空间的不断扩大,体育市场与科技市场的边界逐渐模糊,产业链持续延伸,市场要素的整合力度也在逐步增强。这种市场融合刺激了体育产业中“新市场”的形成与优化。市场融合是基于技术融合和产品融合的基础上,体育市场与科技市场突破传统单一的开发模式,打破市场壁垒,相互交叉、融合,共同开拓新的市场空间,进而形成一个统一的“体育科技”新市场。

市场融合通过组织合并、项目合作等方式,使体育产业价值链与科技价值链实现对接,市场与产业的边界逐渐模糊,进而形成新的市场边界。凭借其竞争优势,市场融合迅速对现有行业进行重组,催生出新兴的经济市场。在这个新兴市场中,科技有效地连接了线上、线下以及社群市场,为体育的发展提供了质量和容量的双重提升;而体育则为科技提供了新的平台和空间,二者相互协作、共同开发、实现互利共赢。最终,这不仅催生了体育科技企业、体育科技园区、体育科技孵化器、体育科技中介平台等市场主体和载体，还培育了更多的体育科技产品消费者，并催生了相应的市场规则和体系。这个新兴经济市场从以下三个方面对体育市场产生了优化作用：首先，通过新型体育产品淘汰传统体育产品，调整需求结构，带动体育消费的迭代升级；其次，以精品化、定制化的产品替代大众化的体育消费需求导向，促进利基市场和圈层经济的开发；最后，以扁平化的组织结构替代纵向的组织结构，推动体育企业组织结构的升级。

（4）业态融合。

云计算、虚拟空间、图像传输等技术不断与体育的各个环节实现交叉融合，进而形成新的业态。业态融合驱动了体育产业中"新业态"的培育与创新。科技为体育塑造了新的形态，而体育则为科技创新提供了丰富的内容，二者共同促进了科技含量高的体育"新业态"的涌现。

体育与科技的融合所创造的新业态，可以从国家体育产业的统计分类演化中看出一些端倪。与《体育及相关产业分类（试行）（2008）》相比，《国家体育产业统计分类（2015）》在体育与科技融合方面增加了体育数字内容服务、体育应用软件开发以及互联网体育出版等内容。而在《体育产业统计分类（2019）》中，属于体育与科技融合的业态则包括互联网广告服务、互联网体育服务、体育用品新材料制造、体育智能与可穿戴装备制造以及体育用品及相关产品的互联网销售等小类。与《国家体育产业统计分类（2015）》相比，体育用品新材料制造、体育智能与可穿戴装备制造以及体育用品及相关产品的互联网批发均属于新增的业态。然而，受现行统计分类的限制，一些新业态如在线体育培训、体育内容创意（包括电子竞技、比赛直播、体育影视、数字体育、体育新媒体及衍生节目等）、智慧体育场馆、在线体育博彩、体育软件服务、体育信息服务以及体育电子商务等还未能充分体现在现行的体育产业分类体系中。可以预见的是，未来体育与科技融合的程度将在体育健身休闲活动、体育竞赛表演活动、体育传媒与信息服务以及体育场地和设施管理等领域逐步加大。

通过技术融合、产品融合、市场融合和业态融合，体育与科技共同催生了新技术、新产品、新市场和新业态的出现，从而创造出新的供给，这将有助于扩大体育产业中的有效、高端供给，同时减少无效、低端的供给，如图 1-12 所示。

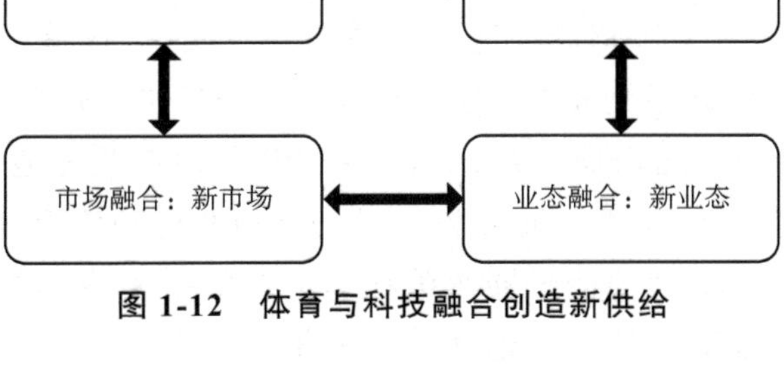

图 1-12　体育与科技融合创造新供给

2. 智能科技驱动体育产业升级

随着互联网、物联网、大数据、算法等新型计算机技术的完善和发展，给人工智能技术在体育产业的应用带来新的灵感和创新思路。从单一式可穿戴设备，到运动场馆、智能教学的延伸，从生理信息监测到具备一定主动感知、思考、反馈能力的人工智能系统，体育产业智能化不断革新，在智能体育设备、智能小镇以及智能体育场馆等多个领域，发挥其有效作用，造福人类。

（1）智能体育设备。

智能体育设备是体育用品和健身器材与数据、网络、智能、大众娱乐等元素的完美结合，体现了物联网时代对传统体育的继承与发展。这些设备巧妙地将大数据、网络、娱乐、社交和智能等特性融入体育和健身器材中，将科学运动在体育产业中演绎得淋漓尽致，展现了人工智能时代在传统体育产业中的新篇章。

随着智能体育产品的逐渐普及，可穿戴智能设备也受到了广泛关注。可穿戴设备指的是那些可以直接穿在身上，或者与用户的衣物或配件整合在一起的便携式设备。它们通过硬件采集和处理数据，支持云端数据交互，主要应用于健康领域，用于监测身体状况、统计运动数据以及改善健康状况。目前，全球可穿戴设备主要采用先进的封装技术以提高集成度，传感器材料具有良好的生物兼容性，能够实现数据同步和应用程序自动升级等功能。可穿戴设备种类繁多，包括智能手表、运动追踪器、头盔显示器、智能服装、智能饰品等。这些设备与相应的 APP 应用相结合，使得可穿戴设备在医疗、健康、体育、安保、军事等各个领域都有广泛的应用。

从体育产业融合的角度来看，运动健身类的可穿戴设备尤为引人注目。这类设备不仅可以量化运动动作，还能进行体能检测。它们能够无间断地实时收集运动过程中的时间、位移、频次、能量消耗、生物电阻等数据，进行矢量分析与张量计算，预测运动和体能发展趋势。根据消费群体，这类设备可分为面向专业人群和非专业人群两类。专业人群主要指运动员、教练员等运动领域的专业人士，他们需要通过可穿戴设备获取矢量运动数据，规范动作，提升竞技能力。非专业人群则主要面向大众健身，通过佩戴可穿戴设备监测心率、血压、步频以及卡路里消耗等基本健身数据，便于调整健身方案。如苹果、三星、Garmin 等巨头研发的智能手表基本上都涵盖了上述功能。近几年来，智能手环和手表备受瞩目，销量保持年增长趋势，热度不减。其他健康设备，如运动手表等的销量增长也十分明显，预计未来这种趋势将持续下去。

在竞技运动方面，由于传感器功能越来越精细灵敏，动作捕捉技术也越来越完善，用于竞技运动的可穿戴设备也被广泛应用。早在 2009 年，美国高尔夫、棒球、网球等智能硬件市场就有着出色的表现。2012 年，ZEPP 公司在北美地区发布了第一款用于高尔夫训练的智能传感器 Golf Sense；2013 年，ZEPP 运动传感器上市，可用于高尔夫和网球等球类运动中。将运动传感器佩戴在运动员的手腕或脚腕等活动部位，可以捕捉其动作并进行矢量分析与计算。运动数据分析结果会上传至云端，帮助教练为运动员提供针对性的科学训练建议。Kickstarter 推出了面向滑雪的可穿戴设备 Carv,如图 1-13 所示,该设备能够帮助滑雪者更好地学习滑雪技术。它集成了多种传感器,可以实时采集运动中的双脚压力数据、速度和方向,并将数据实时传输至云端,通过 APP 展示给用户。Carv 还可以分析滑雪者的滞空时间、转体角度等信息,完整记录并分析运动过程,实时自动上传至云端,实现教练和运动员共享数据,也可以方便教练远程指导运动员训练动作。

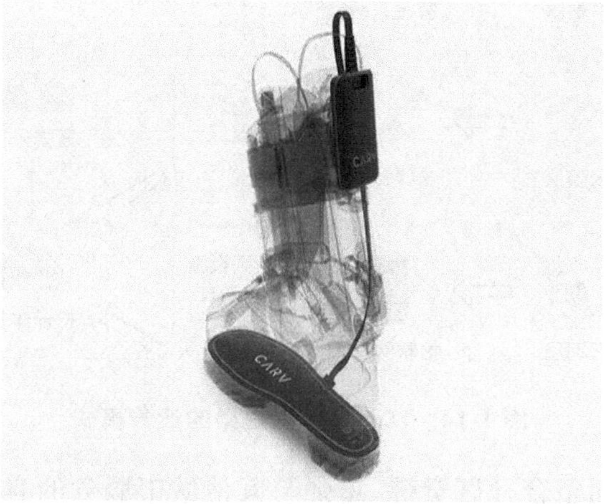

图 1-13　Carv 智能滑雪鞋

(2)智慧小镇。

随着住房和城乡建设部、财政部关于特色小镇培育的通知,以及国家发改委关于加快建设美丽小镇的指导意见等文件的发布,国内大量特色小镇项目如雨后春笋般涌现,各种新兴体育产业也随之孕育而生。2017 年 5 月上旬,国家体育总局发布了关于推动运动休闲特色小镇建设工作的通知,标志着建设运动休闲小镇的工作正式启动。以其独特的社会、经济功能定位,可以预见,智能特色小镇将在我国体育产业未来的发展中扮演举足轻重的角色。

智慧小镇,也可以称作 iTown,是指在建设特色小镇的过程中,深度融合云计算、人工智能、大数据等新一代信息技术,通过数据挖掘和信息流动与小镇基础设施、资源环境、人文环境、社会民生、生态产业等领域实现不断迭代和更新,达到对小镇生活各方面的普惠化、便捷化和精细化管理,有助于提升小镇产业的综合竞争力,保证小镇的可持续发展。

基于 iTown 的规划理念,其智能架构通常包括三个主要的架构系统,分别为云网络、云大脑、云引擎。它们依次对应决策、中枢、动力三个体系,彼此相互融合、有机协调,实现特色小镇运营系统的自动迭代,如图 1-14 所示。云网络部分负责搭建基础硬件设备;云大脑部分接收、联结、共享小镇各部门、产业的数据,并依靠大数据平台构建量化运行指标体系;云引擎部分则促进小镇智慧运营,实现科学有效的产业服务和便捷服务。这三个系统有机联结,为小镇的智慧管理提供科学的决策支持,并不断创新迭代运营体系。

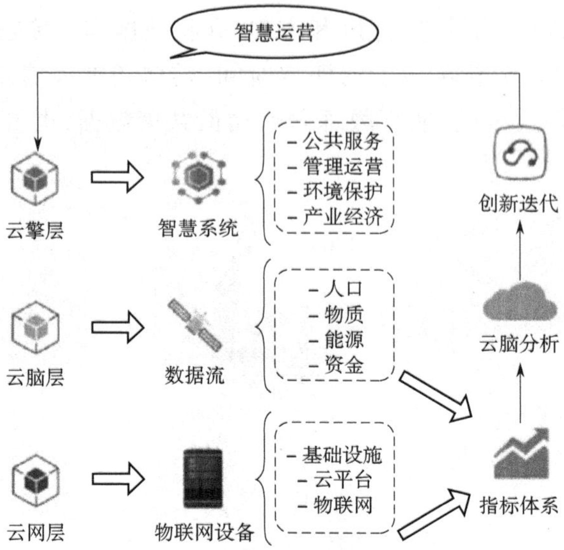

图 1-14 iTown 智慧框架的运营模式

智慧小镇建设全面整合社区资源，增强与其他城市服务的有机融合，提升小镇与社会的协同化水平，推动生产经营智能化形态的形成。这是小镇经济转型、支撑国家战略小镇计划的关键项目和基础工程。智能特色小镇聚焦特色产业和新兴产业，融合多种发展元素，涵盖生物医药、文体教育、金融商贸等领域，打造了以政府为主导、企业为主体的新型小镇发展形态。在深化供给侧结构性改革的同时，它旨在实现城乡统筹发展、经济转型升级的目标。

智慧小镇依托云计算、大数据等新一代信息技术，并与各行业领域实现交叉融合。以战略性新兴产业、特色产业、现代服务业为主导，它引领带动全国小镇经济转型，不断提高其建设水平和发展质量，成为当地经济增长的新引擎。目前，各级政府积极响应国家号召，纷纷出台相应的智能体育政策。首批特色小镇顺势而起，试点遍布全国，其中杭州人工智能小镇更是智慧型特色小镇的风向标。未来，“特色小镇+AI”将完美结合，为加快建设创新型国家和世界科技强国贡献力量。

（3）智能体育场馆。

近年来，随着智能建筑的深入开发，体育场馆的智能化和数字化研究得到了进一步发展。在体育场馆的门禁、监控、体育器械、照明、声控以及管理平台系统等方面，智能化正在逐步推进。

智慧体育场馆依托大数据、物联网、云计算、区块链、人工智能以及数字孪生等现代信息技术，通过感知、收集、计算和分析各项数据信息，实现了体育场馆即时感知、科学决策、主动服务、高效运行、智能监管等多种功能于一体的新型建设和运行管理模式。以西安奥体中心为例，作为全运会的主竞赛场馆，它的“一场两馆”的智能化工程是国内首座“5G+智慧”场馆，将体育竞技、观赛体验、媒体转播、全程服务以及智慧安保等元素完美融合。

通常认为，智能体育场馆是各子系统功能的集成，主要涵盖智能监控系统、应急指挥系统、智能停车系统以及门禁票务系统等。目前，智能体育场馆利用系统集成方法，将大数据、无线通信、多媒体等技术与现代建筑有机结合，提升了信息服务质量并优化了建筑环境，是对传统体育场馆的一次重要升级。基于物联网技术的智能场馆建筑，包括建筑设备监控系统、火灾自动报警系统、安防自动化系统、温度自动调控系统、场地照明及控制系统以及通信网络系统等。

RFID 射频技术和人脸识别技术的应用，有效地构筑了场馆安防的第一道防线。高清智能视频监控和语音识别技术的有机结合，构建了现代智能监控系统。从前端监控设备到网络云端解码器的多层部署，使得监控系统具备主动预警、监控画面智能切换等功能，实现了更加准确、智能的监控效果。公共安全信息系统则能够过滤、筛选报警信息，对下属单位进行指令下达与行动调配，达到统一指挥、快速联动的目的。这些智能化管理手段不仅扩展了安全防范系统的功能，也为其全面提升奠定了基础，为体育场馆的运作、管理、发展及安全提供了坚实保障。

照明设计在现代化多功能体育场馆中占据重要地位。作为城市地标性建筑，体育场馆的夜景照明设计是现代建筑与光电技术的完美结合，也是城市形象的一张名片。为了满足各类体育比赛对场地的照明要求，如眩光、散射光、光分布均匀性等，智能照明系统展现了其灵活多变的特点。它可以根据不同的照明标准调整比赛场地的照度，确保照明质量符合比赛需求。对于新闻工作者而言，智能防眩光照明系统能够帮助摄像机精准捕捉赛场和观众席等区域的画面，满足国内外赛事高清转播的需求。此外，体育场馆还需要承接大型展会、演出活动等多功能活动。因此，多种照明模式、灯光场景与娱乐、音响系统的融合成为首选。智能体育场馆不仅能够满足复杂的舞台灯光需求，还能快速检测定位故障，从管理和维护层面实现了整个中心照明的智能化。

声学管理也是现代化体育场馆不可或缺的一部分。借助 BIM（Building Information Modeling）建筑信息模型技术，将声学设计与空间设计紧密结合，以改善和美化背景噪声、混响时间、低频振动、驻波和声聚焦等声学缺陷。智能化扩声系统通过搭载功率放大器、数字调音台等控制器来改善声场环境。主要从最大声压级、传输频率和声场分布均匀度等方面着手优化声学性能，以创造优良的听音环境。

随着对智能建筑的深入研究以及信息技术的快速发展，智能体育馆融合了大数据、自动化、云架构和可视化等技术手段。这使得数据实时抓取、秒级响应成为可能，并且数据流更加安全、运营方式更高效智能。为社会提供了一个投资合理、功能齐全且绿色高效的场馆环境的同时，智能体育馆也展现了智能建筑时代的独特魅力。

1.4 智能体育的相关技术介绍

计算机技术的引入对体育赛事的发展产生了重大影响，特别是在体育比赛中的应用。它不仅能满足观众欣赏体育赛事的需求，还能客观公正地评价体育比赛，减少比赛场上的裁判纠纷。例如，现在的鹰眼系统通过不同角度的高速摄像机捕捉网球或排球的飞行轨迹，判断其精确落点，辅助赛事执裁。而在足球运动中的电子即时判断系统则能精准判断比赛过程中的越位或疑似进球情况。智能技术的引入使执裁变得更加主动与精彩，同时也更加公平公正，极大地削弱了人的主观性，将比赛的客观性体现得更加淋漓尽致。特别是在武术、花样舞蹈、跳水、体操等比赛中，智能技术将对竞技运动产生革命性的影响，极大地提升比赛的公平性、公正性和流畅性。这将削弱人的主观情感对比赛的影响，为辛勤付出的运动员带来极大的公平，消除比赛黑幕，并最优化人们对比赛的客观判断和喜好。

在运动训练中，引入智能设备并添加智能成分，可以采集运动员的身体成分信息和运动成分指标等数据。众多运动的各种信息汇成信息资源库，大量的数据通过信息系统进行储存、分析和共享。这不仅可以用于追踪运动员的成长轨迹，还可以揭示优秀运动员的人格特质和共同品质。例如，Sport VU 系统，最初用于军事领域，如今逐渐被引进到一些职业体育赛事领域。该系统通过一组固定摄像机完成对运动员数据的追踪和采集，然后根据每场比赛的数据及时进行分析和识别，并建立起不同的战术模型。

智能体育的发展以多学科理论及不同新技术为驱动。下面将简要介绍智能体育中涉及的最主要的 5 项技术，包括数据采集技术、无线传输技术、大数据挖掘与云计算、人工智能技术、数据可视化与交互技术等，如图 1-15 所示。

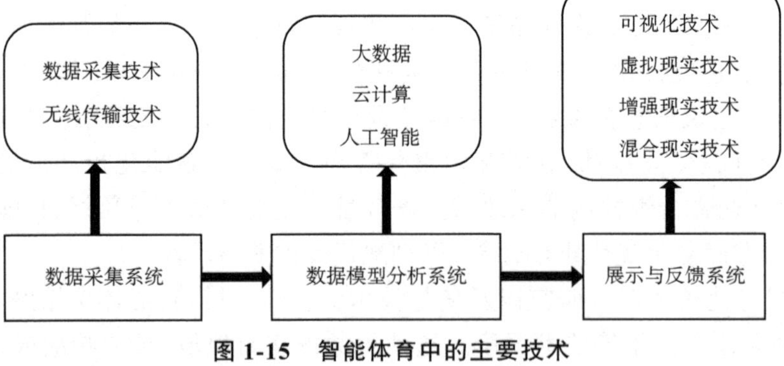

图 1-15 智能体育中的主要技术

1.4.1 数据采集技术

1. 运动相关数据的分类

智能体育技术中，数据是以数字形式客观记录事物的一种方式，它有助于描述事物的性质、状态和相互关系，同时也有利于我们更好地认知、理解和分析外部世界。在体育科学领域，与运动相关的数据可以分为人体测量学数据、生理数据和运动数据，而运动数据又可进一步细分为运动学数据、技战术表现数据和技术动作数据。

人体测量学数据涉及日常生活中的健康检查、肌力测量、循环机能测量、运动能力测定以及综合性标准化测量等多个方面。生理数据则可以揭示人体机能活动的基本规律，探讨体育运动对人体机能发展变化的影响，并阐明体育教学和运动训练过程的生理学原理。同时，它还能够反映不同年龄、性别以及参与不同运动项目、具备不同训练水平的运动员的生理特点，从而帮助教练员科学地组织体育锻炼和运动训练。智能体育技术使得教练员能够定量地确定运动过程中的运动负荷强度和量，了解运动员的身体反应程度，以满足科学训练的要求。比赛中的技术，通常指的是运动员个体在融合了所练习的技能、体能、生理、动作、意识、观察等各种因素后所展现出来的综合比赛能力。

技战术数据则同时涵盖战术和技术两个层面。战术是指运动员自身或多名运动员之间的战术配合。通过深入分析运动员所执行的技能、动作发生的位置、时间和参与者之间的关系，我们可以揭示比赛的模式，并详细描述运动员所采用的策略。技术动作数据与运动生物力学紧密相关，它主要反映的是运动员在完成各种动作时所包含的技术信息。生物力学方法可以用于收集和分析这类数据，帮助我们确立动作的技术原理、建立动作技术模式、并指导技术教学和动作学习。结合个人的身体形态、机能和素质等特点，这些数据还可以被用于研究适合个人的最佳运动技术动作方案，从而提升动作技术的效率和运动表现的水平。通过掌握技术动作相关数据，并结合人体的形态、结构和机能特征，我们可以为运动装备公司提供有力支持，以设计并改进运动器械、设施、服装和用具等。

2. 运动数据采集技术

智能体育以采集运动过程中的数据为基础，通过对采集的数据进行深入分析与评估，旨在有效提高运动者的运动水平。数据采集技术用于感知并收集运动员、运动器材（如球、球拍、球杆、滑板等）在训练与比赛中产生的各类数据。随着智能可穿戴设备、物联网、云计算等数字技术在训练实践中的广泛应用，各种基于生物学、心理学、营养学、环境学等多维度的训练指标数据得以被连续动态采集，并逐步形成了训练大数据。这些数据在训练的各个环节不断产生并形成闭环运行，从而构建了具有自我修正功能的正向反馈机制，使运动训练过程的精细化控制得以实现。

针对身体成分、体格特征、心肺功能、血氧、血乳酸等生理数据，科研人员和分析师可以借助人体成分分析仪、超声波系统、人体扫描系统、心率监控系统、心肺功能测试系统以及血氧计等相关仪器设备进行采集。在运动数据方面，利用动作捕捉技术以及相关专项动作分析系统，可以通过惯性、光学、视觉等手段，获取研究对象在整个运动过程中的详细数据。例如，短跑运动员起跑瞬间的姿态角度、足球运动员整场比赛的跑动路线以及棒球运动员从准备击球到击中目标整个动作过程中的动力链序列、角度、速度等都可以被精确捕捉和分析。

传统的运动训练过程往往更依赖于运动或执教经验,而较少对生理生化指标进行测量。尽管经验的重要性不容置疑,但生理生化指标对于评估运动员的训练状态和身体健康状况更具客观性和可量化性。目前,已有部分生化指标的采集不再需要大型复杂设备,且能实现实时监控,从而真实反映运动员的临场生理情况,这为运动员的科学训练和健康评估提供了新的可能性。

3. 心率数据采集技术

心率监测在日常训练和比赛中是使用最频繁的生理指标。从技术原理上划分,心率的采集方法主要有光电容积脉搏波描记法(简称光电法)、心电信号法、压力振荡法以及图像信号分析法等4类。

光电容积脉搏波描记法(简称光电法)的原理相对简单,它基于物质对光的吸收原理来测量心率。智能穿戴设备通过绿色LED灯搭配感光光电二极管照射血管一段时间,由于血液的红色可以反射红光而吸收绿光,因此,在心脏跳动时,血液流量增多,绿光的吸收量会随之变大;而在心脏跳动的间隙,血流减少,吸收的绿光也会随之降低。由此,根据血液的吸光度即可测量出心率。

心电信号法是医疗级别中常用的最准确的测量心率方法。对于智能穿戴设备而言,其配备的传感器可以通过测量心肌收缩的电信号来判断使用者的心率情况,原理与心电图类似。这种方法的准确度非常高,但缺点是电路比较复杂,占用的PCB空间较大,且易受电磁干扰。同时,传感器必须紧贴皮肤,放置位置相对固定,因此,采用这种测量方式的智能穿戴产品并不多见。

压力振荡法主要应用于电子血压计。血压计通过袖带给手臂加压,并利用薄膜压力传感器探测动脉血管的搏动振幅,进行AD转换,从而测量出血压与脉率(根据一定时间内脉搏波的数量计算出心率)。

图像信号分析法则主要利用脸部图像来估测心率。其原理在于,心脏跳动会引起人脸上的颜色产生细微的变化,同时胸口和肩膀也会有细微的动作。通过对采集到的图像进行分析处理,可以估测出心率和呼吸频率。然而,这两种方法对使用者的要求较高,仅适用于人体相对静止的情况。如果使用方法不当,结果可能会产生较大误差。

4. 技术动作数据采集技术

运动数据的采集可以通过动作捕捉技术来实现。数据采集系统的核心是利用采集设备将运动员运动过程中的身体姿态等数据进行收集并保存。目前,针对动作捕捉的数据采集方式主要有3种,分别为视频拍摄设备采集、光学捕捉设备采集和惯性传感器设备采集。

视频拍摄设备采集的优点在于设备易获取、操作简单且不需要特别穿戴。然而,其缺点在于运动模型分析结果可能不准确。因为拍摄得到的是二维画面,所以同一时间帧的动作角度可能因拍摄位置不同而产生差异。为了提高视频分析的准确性,需要提供多台不同角度的摄像机进行拍摄，并对拍摄图像进行算法优化和数据分析。但这无疑增加了采集方式的成本。

光学捕捉设备采集则是通过光学摄像头（如红外摄像头）对已经用光点标记过的运动员进行运动数据采集。然而，光学动作捕捉技术对运动项目和环境的要求非常严格。在许多项目中，运动动作和运动距离具有强相关性，因此需要研究各个阶段的数据关系。但是，由于设备搭建和有效测量距离的限制，加之环境干扰和动作遮挡等因素的影响，光学定位可能无法使用，或会严重影响数据获取和数据精准度。光学动作捕捉技术在网球动作分析中的应用如图 1-16 所示。

图 1-16　光学动作捕捉技术在网球动作分析中的应用

惯性传感器设备采集，如图 1-17 所示，是通过将若干个集成了加速度计、陀螺仪和磁力计的单元穿戴在运动员身上，从而获取运动过程中的身体姿态变化信息。这类设备对运动环境和使用场所没有严格要求，使用方式简单，无需进行复杂的校准等准备工作，能够利用惯性传感器获取的数据精准还原人体动作的三维姿态。然而，惯性传感器设备在使用过程中可能会产生累计误差，因此需对设备进行定期重新校准，或采用智能化的自动标定方法。

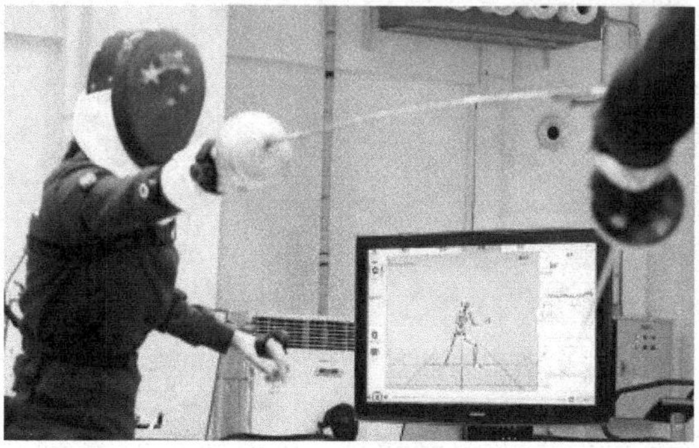

图 1-17　现代五项击剑项目中惯性传感动作捕捉设备的应用

5. 运动学数据采集技术

运动学数据主要通过各类定位技术进行采集。其中，卫星导航技术是使用最早、应用最普遍的技术之一。全球导航卫星系统（GNSS）是能在地球表面或近地空间的任何地点为用户提供全天候的三维坐标、速度以及时间信息的空基无线电导航定位系统。目前，全球四大卫星导航系统有美国的全球定位系统（GPS）、俄罗斯的全球卫星导航系统（GLONASS）、欧盟的伽利略卫星导航系统（Galileo）、中国的北斗卫星导航系统（BDS）；区域系统有日本的准天顶系统（QZSS）和印度区域导航卫星系统（NAVIC）。当前，大多数的智能可穿戴设备都会利用 GNSS 技术来对用户运动的轨迹进行监控。

全球导航卫星系统应用于体育领域已经有二十多年的时间，涉及的运动项目主要包括：足球、沙滩足球、橄榄球、澳式足球、滑轮运动、田径、马拉松、越野定向运动、板球、网棒球、曲棍球、高尔夫球、冲浪、风筝冲浪、自行车、越野滑雪、高山滑雪、皮划艇、帆船和赛艇、赛马、游泳、摩托车等。位置和速度数据是卫星导航系统可直接获取的物理量数据，基于 GNSS 可获取运动员、运动器械等在运动中的位置和速度数据，进一步可分析并评估用户的运动轨迹、位移、运动距离、运动位置分布、速度区间分布、冲刺速度、重复冲刺速度、瞬时速度、加速度、步态（包括步频、步速、步长等）、跳跃性能（包括跳跃水平距离、垂直高度、落差、跳跃空中时间等）、碰撞检测、变向次数等，再结合运动学理论即可对运动员的体能情况、移动模式、技战术、高强度运动进行量化评估以及对能耗情况开展分析，还可以在运动负荷、比赛需求、运动训练监控、伤病预防和康复、选材、青训等方面起到重要作用。图 1-18 为网球运动员佩戴基于 GNSS 的可穿戴设备进行训练的场景。

图 1-18　网球运动员佩戴基于 GNSS 的可穿戴设备进行训练

采集到的数据质量受多种评价因素影响，其中最重要的三个因素是准确性、完整性和一致性。然而，在实验所用数据集中，往往存在不正确、不完整、不一致的数据，因此，需要对数据进行预处理，以提高数据质量，从而提升数据挖掘结果的质量。

6. 赛事气象数据采集

除了运动员相关的数据之外，户外运动项目中的气象数据采集也很重要。气象保障主要包括两个层面：其一是赛事举办方基于办赛期间的气象情况做好赛事的气象预案；其二是参赛运动员、教练员团队在赛前训练、备战和比赛时要针对气象情况制定训练计划和比赛技战术。比赛时风力的大小、雪面的状态如何，都直接影响比赛成绩，乃至选手的生命安全。许多户外运动项目受气象状况影响很大，比如短跑项目，在顺风和逆风的情况下，成绩就会有很大的差异。运动员需要根据不同的气象情况调整技战术安排。因此，教练团队和科技保障团队会为运动员有针对性地准备比赛时的气象报告。在越野滑雪、冬季两项等雪上冬季项目中，体育科研人员可根据场地往年的风速风向参数来预测比赛时的气象条件，进而制定相应的战术，以有效利用和应对这些气象因素。以高山滑雪为例，选手需沿高山赛道进行高速滑降和回转，比赛时间仅为一到两分钟。在这期间，运动员的速度最高可达每小时 140 千米。一旦赛场风速超过每秒 18 米，比赛必须立即停止。因此，可以说天气预报和赛场气象实况对于雪上项目而言就如同发令枪一般至关重要。

激光雷达的工作原理是向目标发射探测信号(激光束)，然后接收从目标反射回来的信号(目标回波)，并将其与发射信号进行比较。经过适当处理后，可以获得目标的有关信息，如距离、方位、高度、速度、姿态甚至形状等参数。这使得激光雷达能够对飞机、导弹等目标进行探测、跟踪和识别。它由激光发射机、光学接收机、转台和信息处理系统等组成。激光器将电脉冲转换为光脉冲并发射出去，而光接收机则将从目标反射回来的光脉冲还原成电脉冲，并传送到显示器上。

北京冬奥会对气象保障的要求极高，需做到“一场一策，一项一策”，时间精确到分钟级，空间精准到百米级。为此，科研人员使用了三维扫描型测风激光雷达。这种雷达通过测量发射激光与空气中微粒反射回来的激光的频率差来观测空气的流动情况，即利用多普勒效应。它能够实现对 40~6 000 米范围内风廓线的实时探测，获取高时空分辨率的大气风场信息。这被公认为精确测量三维风场的有效手段。图 1-19 展示了激光雷达测风系统。

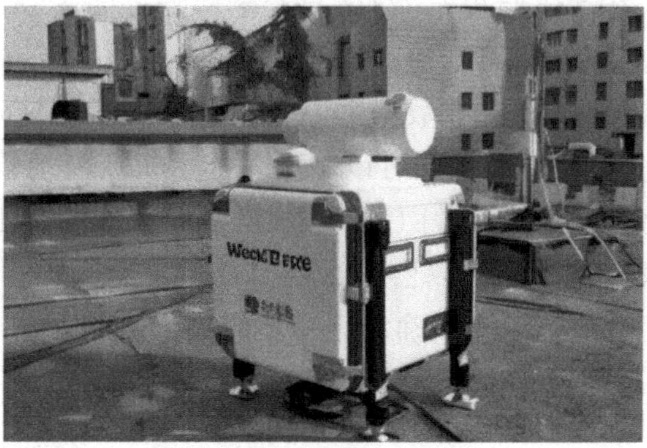

图 1-19　激光雷达测风系统

在第 32 届东京奥运会中，中国气象局首次成立了奥运会气象服务保障专家组，全程为在东京、札幌、神奈川和静冈等四个主要比赛城市的中国代表团提供精细化气象服务保障。在这次保障过程中，针对气象信息的预报工作，我们首次尝试并检验了使用卫星数据同化技术后的资料效果。在缺少全球观测资料的情况下，卫星反演资料未来可望成为一种重要的补充手段，为赛事的气象保障提供更为全面和准确的信息支持。

1.4.2 无线传输技术

无线传输技术在智能体育中的应用极为广泛。该技术利用电磁波信号在自由空间中传播的特性进行信息交换，是一种颇具优势的通信方式。它不仅不妨碍运动，而且成本较低，无需铺设物理线路，从而节省了大量人力和电缆成本。同时，它不受工业环境的限制，对环境变化具有较强的适应能力，且故障诊断相对容易。因此，在智能体育领域，无线传输技术发挥着举足轻重的作用。

常见的无线传输技术主要分为近距离和远距离两类。在智能体育领域，近距离无线通信技术得到了广泛应用，主要包括蓝牙技术、ZigBee 技术、无线局域网（Wi-Fi）技术、超宽带（UWB）技术等。而远距离无线通信技术则主要包括 4G/5G 移动通信技术和卫星通信技术。这些技术各有特点，为智能体育的发展提供了强有力的支持。

1. 蓝牙技术

蓝牙技术诞生于 1994 年，当时 Ericsson（爱立信公司）决定开发一种低功耗、低成本的无线接口，以用于手机及其附件间的通信，实现在近距离范围内的相互通信或操作。蓝牙技术的传输频段为全球公众通用的 2.4 GHz ISM 频段，提供 1 Mbps 的传输速率和 10 m 的传输距离。随后，该技术陆续获得了 PC 行业巨头的支持。1998 年，Ericsson、IBM、Intel、NOKIA、Toshiba 等五家公司达成一致，共同制定了蓝牙协议的标准版本 802.15.1。蓝牙技术具有一系列显著的特点，包括功耗低、通信速率高、传输距离短、工作频段不受限制、可靠性高、可灵活组网、自动搜索、成本低廉、技术成熟以及应用范围广等。

蓝牙技术在智能体育中的应用广泛且深入，涉及实时数据监测与传输、运动员位置追踪与团队协作、观众互动体验提升、健康与安全保障等多个领域。通过蓝牙技术，智能体育设备，如智能运动鞋、手环、眼镜等，可以实时监测并传输运动员的心率、步数、速度、体温、位置等关键数据。这些数据可以实时显示在教练或运动员的终端设备上，便于他们进行即时分析和调整。观众可以利用智能手机或其他设备与蓝牙连接的屏幕互动，获取比赛统计数据、观看实时回放、参与投票和社交媒体互动等，从而提升观赛体验。此外，蓝牙物联网设备还可以监测运动员的健康状况，如体温、血压、血氧等，并在出现异常情况时提供实时警报，以确保运动员的安全。

2. ZigBee 技术

ZigBee 技术是一种新兴的短距离、低复杂度、低功耗、低数据速率、低成本的无线网络技术。该技术采用 IEEE 802.15.4 标准的物理层和链路层，并在此基础上增加了网络层、安全模块和应用支持子层模块，从而实现了广泛的网络覆盖。由于 ZigBee 具有低功耗、低复杂度、自组织等优势，它逐渐成为无线传感器网络的首选通信协议。例如，在日常生活中，人们可以利用 ZigBee 信号轻松控制智能家居电器，如图 1-20 所示。

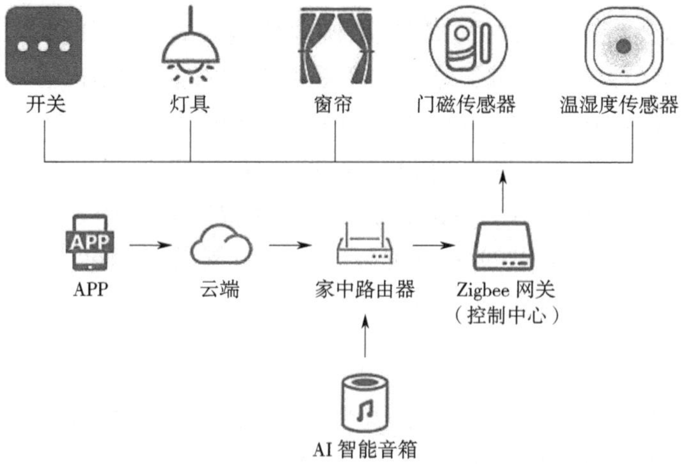

图 1-20　通过 ZigBee 信号控制智能家居电器

ZigBee 的基础是 IEEE 802.15.4，这是 IEEE 无线个人区域网工作组制定的一项标准，被称为 IEEE 802.15.4（ZigBee）技术标准。ZigBee 协议由五家公司共同提出，分别为 Honeywell、Invensys、三菱电气、摩托罗拉和飞利浦。IEEE 802.15.4 工作组为 ZigBee 定义了三个免授权频段，分别为 2.4 GHz（全球通用）、915 MHz（美国）和 868 MHz（欧洲）。ZigBee 采用 DSSS（直接序列扩频）技术，与蓝牙等无线通信技术相比，具备以下四个特点：（1）功耗更低；（2）可接入设备更多；（3）成本更低；（4）传输速率较低。由于 ZigBee 注重低功耗特性，因此其传输速率相对较低，在 2.4 GHz 频段下，原始数据吞吐速率为 250 kbps；在 915 MHz 频段为 40 kbps；在 868 MHz 频段为 20 kbps。传输距离范围一般为 10~100 米，具体取决于环境和发射功率。

3. 无线局域网（Wi-Fi）技术

无线局域网（Wi-Fi）技术是一种无线电技术，用于在电子设备之间建立无线连接和进行通信。它的全称是无线保真（Wireless Fidelity），是一种基于无线电技术的局域网通信协议。Wi-Fi 技术基于 IEEE 802.11 无线局域网标准，通过将数据转换为无线信号，允许设备之间进行高速、可靠的通信。

Wi-Fi 的工作原理主要依赖于无线电波传输数据。在家庭、商业、教育、医疗和交通等多种场景中，Wi-Fi 都发挥着重要作用。该技术相对于传统网络技术具有诸多优点。首先，它提供了灵活性，设备之间无需布线，使得网络部署变得非常容易。其次，Wi-Fi 技术可以实现设备之间的高效数据传输，其传输速率随着技术的更新而不断提升。再者，对于手机、笔记本电脑等便携设备来说，Wi-Fi 技术是一种理想的连接方式，提供了强大的实用性和灵活性。最后，Wi-Fi 技术的应用成本相对较低，有助于节约资源投入。

Wi-Fi 技术在智能体育中的应用已经日益广泛，其高速、稳定的数据传输特性为智能体育设备提供了强有力的支持，在实时数据传输与监控、高清视频传输、智能设备连接、无线智能化控制等方面都起到了重要作用。Wi-Fi 技术可以确保实时采集和监控的运动员心率、速度、位置等数据，实时、准确地传输到教练或分析人员手中，以便他们进行实时分析和调整。同时，对于体育比赛或训练的直播，Wi-Fi 技术能够实现高清视频流的稳定传输，确保观众能够清晰地看到每一个动作和细节。此外，Wi-Fi 技术使得智能手环、运动相机、智能运动鞋等设备能够无缝连接，形成一个统一的智能体育系统，从而提供更全面、更精准的数据支持。在一些智能体育场景中，如无人机航拍、智能机器人辅助训练等，Wi-Fi 技术为设备的无线控制提供了可能，这使得操作更加便捷、灵活，同时也降低了布线的成本和复杂度。

4. 超宽带（UWB）技术

超宽带（UWB）技术是一种新型的无线通信技术，其工作频带范围由美国联邦通信委员会（FCC）规范为 3.1~10.6 GHz，并免授权使用。该技术与现有的带宽资源互不干扰，因此被视为未来发展的热门通信技术之一。超宽带技术通过直接调制具有陡峭上升和下降时间的冲激脉冲，使信号具有 GHz 量级的带宽。如图 1-21 所示，比较了几种典型定位技术的应用范围与精度，可以明显看出 UWB 技术在室内定位中具有最佳的分辨精度。

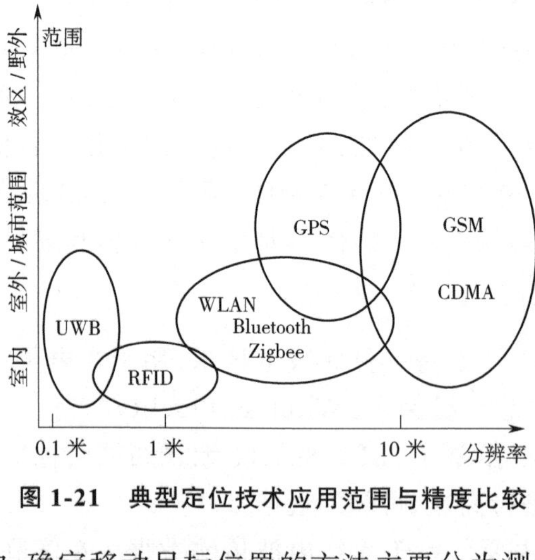

图 1-21 典型定位技术应用范围与精度比较

在室内定位系统中，确定移动目标位置的方法主要分为测距和非测距两大类。基于 UWB 的室内定位系统通常由定位平台和定位设施两部分构成。为了确定移动目标的位置，常采用三种定位算法，分别为双向测距定位算法（Two Way Ranging，TWR）、基于到达时间的定位算法（Time Of Arrival，TOA）和基于到达时间差的定位算法（Time Difference Of Arrival，TDOA）。表 1-2 对这三种定位算法进行了详细比较。

表 1-2　三种定位算法的比较

定位方式	TWR	TOA	TDOA
测距方式	TWR（双向测距）	TWR（双向测距）	到达时间差计算距离差
对基站同步的要求	无	一般	高
同步方式	无	服务器时间进行同步	UWB 信号进行基站同步
定位精度	高	一般	高
标签功耗	高	高	低
成本	低	低	高

超宽带（UWB）技术在智能体育中的应用涉及高精度定位与轨迹追踪、运动员训练分析、球类运动战术分析、赛事人员管理、数据传输与安全性等多个方面。该技术定位精度较高，能够实时追踪运动员和球类运动中的物体（如足球、篮球等）的精确位置和运动轨迹。这使得教练和分析师能够获取运动员和球类的实时数据，通过分析这些数据，可以为科学训练和战术指导提供有力支持。此外，利用 UWB 技术，赛事组织者可以对办赛相关人员实现精准定位，帮助管理人员高效统筹调度和分配人员，提升治安防控能力，确保赛事的安全有序进行。在无线物联网数据通信方面，UWB 技术相比蓝牙等其他技术，在频率、抗干扰、抗多径等方面具有优势。该技术还引入了新的通信标准，如 STS 等链路层安全通讯机制，从而确保了数据传输的安全性和稳定性。

5. 4G/5G 移动通信技术

4G 和 5G 移动通信技术代表了移动通信的不同发展阶段和不同标准，它们在速度、容量和延迟等方面存在差异，且每种技术都有其独特的技术原理。

4G 移动通信技术采用了全新的无线接入技术和网络架构，其中最显著的技术是 OFDM（正交频分复用）技术。该技术将数据流分成若干个较窄的子载波，每个子载波被调制为低速的数据流，然后这些子载波被合并起来，形成高速的数据流。这种技术能更有效地利用频谱资源，从而提高传输速率。此外，4G 还采用了多天线技术，如 MIMO（多输入多输出）技术，这进一步提升了网络容量和覆盖范围。

5G 移动通信技术则基于更高频段的毫米波（mmWave）和具有更高带宽的频谱。该技术使用更复杂的波束成形和波束跟踪技术，以提升信号覆盖范围和传输速度。利用网络切片技术，它可以根据不同应用的需求对网络进行定制化配置，提供更灵活、可靠的连接。5G 的特点包括超高速率、低延迟、大容量和高密度连接。

在智能体育领域，4G 技术的应用使得高清视频流的传输成为可能，从而提升了比赛直播和录制的质量。此外，运动员和教练可以借助 4G 网络实时传输和接收大量数据，为训练和分析提供更为丰富和准确的信息。而通过 5G 技术，超高清视频传输、全景式交互、无人化管理等应用场景得以实现，这极大地提升了体育赛事的办赛、参赛、观赛和安全水平。无论是运动员的实时数据监测，还是观众的高清观赛体验，5G 技术都为智能体育的发展提供了强大的支持。

6. 卫星通信技术

卫星通信技术是利用人造地球卫星作为中继站来转发无线电波，从而实现两个或多个地球站之间的通信。自 20 世纪 90 年代以来，卫星移动通信的迅猛发展推动了天线技术的进步。由于卫星通信具有覆盖范围广、通信容量大、传输质量好以及便于实现全球无缝链接等众多优点，它被视为建立全球个人通信的一种重要手段。其全球覆盖且不受地形限制的特性，使得在体育赛事转播中，能为全球观众带来身临其境的观看体验。图 1-22 为北斗短报文在应急无线通信中的应用。

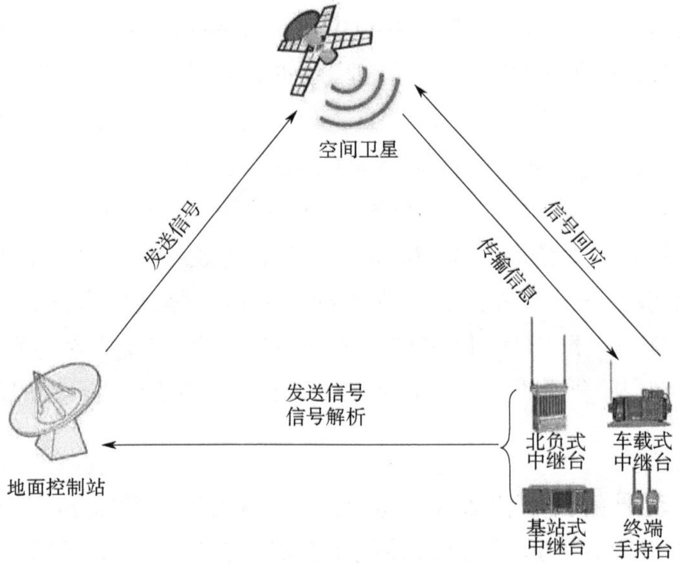

图 1-22　北斗短报文在应急无线通信中的应用

1964 年的第 18 届东京奥运会首次通过卫星实现了全球直播。这一技术的运用，使得奥运会的观众数量从数十万激增至数亿，人们因此能够在第一时间了解比赛的进程和实况。

在 2021 年 7 月举行的第 32 届东京奥运会中，中星 6A、中星 6B、中星 6C 和中星 9 号等卫星共同承担了奥运比赛节目在中国的传输任务。它们为电视观众带来了奥运会的盛况，让全国人民共同见证了奥林匹克精神和中国奥运健儿的风采。随着通信卫星技术的飞速发展，奥运转播从最初的黑白信号已经发展到如今的 8K 高清直播。更高的分辨率和视觉冲击力能够展现更多的比赛细节，极大地增强了观众的观看体验。在 2021 年东京奥运会的转播中，中央广播电视总台启动了“5G+4K/8K 超高清制播示范平台”项目，并应用了 4K/8K 超高清转播系统等新技术。同年 9 月 9 日成功发射的中星 9B 卫星特别设计了专门用于开展直播业务的转发器，支持 4K、8K 高清视频节目的传输，并具备为北京 2022 年冬奥会等大型活动或体育赛事提供高质量直播传输服务的能力。

当前，随着各类体育赛事不断涌现并扩大其影响力，越来越多的无法到现场的观众期望获得更个性化、更沉浸式的比赛观看体验。因此，结合卫星通信与虚拟现实、AI 等技术提升电视观众的体验，成了近期的发展趋势。而我国北斗卫星导航系统已经开通全球化服务。借助北斗卫星导航系统所特有的北斗短报文功能，我们可以在移动网络覆盖不到的户外极限赛事中提供紧急救援服务，从而提升赛事的安全性。另外，目前在体育领域应用卫星导航高精度技术的案例还相对较少，未来可以在此方向上进一步探索和应用。虽然卫星技术看似与体育运动并不直接相关，但实际上它已经广泛应用于体育的各个领域。展望未来，“卫星+体育”的模式将展现出巨大的潜力，卫星技术结合各类科技将为体育行业提供强大的支持。

1.4.3　大数据挖掘与云计算

智能体育本身是一个突破物理空间和时间限制的，体育与科技交叉融合的领域。它可以为体育科学研究、运动训练、竞赛参赛、体育社交、健身锻炼带来创新性的发展。在这个过程中，大数据挖掘和云计算技术的应用可以进一步提升智能体育的智能化水平和服务质量。大数据挖掘可以应用于运动员的训练数据、比赛数据、大众健身数据、观众互动数据等多个方面。通过对这些海量数据的深度挖掘，可以揭示运动者的体能状况、技术特点、比赛策略等信息，为教练的训练指导和战术安排提供有力支持。同时，还可以分析观众的喜好和行为模式，为赛事推广和市场营销提供精准的数据支持。云计算的分布式计算架构可以确保数据的快速处理和存储，同时提供高可用性和可扩展性，满足智能体育领域不断增长的数据处理需求。

1. 大数据概念及特点

大数据是当前信息技术产业中最受瞩目的热点领域之一。大数据并非仅仅指海量数据或超大规模数据，从规模上看，它已远超 GB 级别或 TB 级别的数据范畴。通常，大数据是指那些大小超出了常用软件工具在运行时间内所能承受的收集、管理和处理数据能力的数据集，尤其指的是在 PT 规模以上的数据量。

与传统的海量数据相比，大数据具有一些独有的特征，这些特征通常用 5 个 V 来概括：Volume（数据量大）、Variety（多样性）、Value（价值密度低）、Velocity（速度快）和 Veracity（真实性），如图 1-23 所示。

（1）数据量大。大数据的起始计量单位至少是 PB 级别，已跃升至更高的数据量级。

（2）多样性。非结构化数据的种类繁多，包括社交网络日志、图片、视频、地理位置信息等，体现了大数据的丰富多样性。

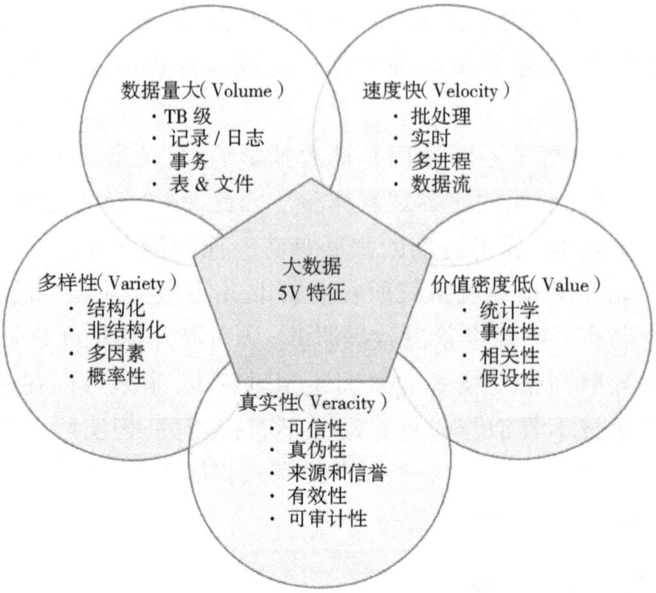

图 1-23　大数据的 5 V 特征

(3)价值密度低。以常见的视频监控为例,在连续不间断的监控中,有价值的数据可能只有一两秒,显示了大数据中信息价值的高度稀疏性。

(4)速度快。数据的增长速度和处理速度都非常快。由于用户基数庞大,设备数量众多,实时生成的海量数据呈现指数级增长,这与传统数据挖掘技术处理数据的速度有显著不同。

(5)真实性。尽管大数据在数量和速度上具有显著优势,但数据真实性和准确性的问题也随之而来。由于数据量庞大,可能导致数据不完整、不一致和不确定性增加,从而影响数据的准确性。

数据挖掘这一概念于 1989 年 8 月在第十一届国际联合人工智能学术会议上被首次提出。数据挖掘是指从数据库的大量数据中揭示出隐含的、先前未知的并具有潜在价值的信息的过程。这一过程主要依赖于人工智能、机器学习、模式识别、统计学、数据库及可视化等技术,实现对体育训练、比赛中产生的大量数据的高度自动化分析。通过归纳推理,数据挖掘能够帮助教练员发现潜在的模式和规律,从而调整训练和比赛策略,降低风险,并做出更为明智的决策。数据挖掘是知识发现过程的一个关键环节,它能够从海量、复杂、模糊和随机的数据中提取出有价值的、之前未知的信息和知识。

2. 数据挖掘

随着训练数据的不断累积,常规的统计分析技术在处理这些数据时可能会显得力不从心,难以找到恰当的模式来描述数据间的相关性。而数据挖掘技术的出现,为在庞大且复杂的训练数据中发现科学规律和相关性提供了有力的工具。数据挖掘技术融合了统计学、人工智能、决策树、数据仓库以及信息论等多个学科的知识,对运动训练指标进行综合深入的分析。

数据挖掘的对象广泛，包括关系数据库、数据仓库、时空数据库、事务数据库、多媒体数据库以及文本数据库等。数据挖掘的过程通常遵循一定的顺序进行，如图 1-24 所示。

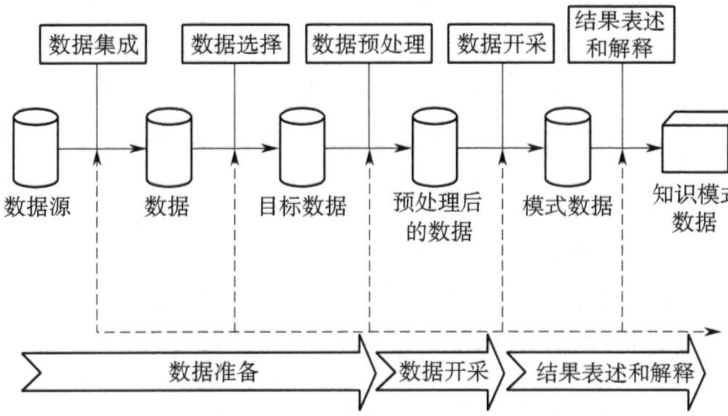

图 1-24　数据挖掘的过程图

数据挖掘处理分析分为数据集成、数据选择、数据预处理、数据开采、结果表述和解释五个步骤。数据选择主要是从数据库中提取相关数据，形成目标数据集。数据预处理是对提取的数据进行清洗、整合和格式化等操作，以使其符合后续分析的要求。数据转换则是通过降维、特征提取等技术手段，减少数据的维度和复杂性，从而更方便地进行数据挖掘。

作为一种跨学科应用的技术，数据挖掘技术涵盖了统计学、人工智能、模糊分析等多个领域的内容，形成了针对具体问题进行数据分析并获取知识的完整体系。根据具体问题的不同，数据挖掘技术的常用方法可以分为以下 4 种。

（1）聚类分析（Cluster Analysis）。聚类分析法是一种探索性的识别方法，用于在不知道具体模式类型的情况下进行分类。它是根据模式间的相似程度自动地进行分类，或者更准确地说，是利用某种相似性的度量方法将相似度大的模式聚为一类。

常用的聚类技术包括分裂算法、凝聚算法、划分聚类和增量聚类等。聚类方法适用于探讨样本间的内部关系，从而对样本结构做出合理的评价。此外，聚类分析还广泛应用于孤立点的检测。有时，聚类的目的并不是简单地将对象聚集在一起，而是为了更容易地将某个对象从其他对象中分离出来。目前，聚类分析在经济分析、模式识别、图像处理等多个领域都得到了广泛的应用。

（2）遗传算法（Genetic Algorithms，GA）。遗传算法借鉴了生物界的自然遗传机制，是一种模拟生物进化过程的计算模型。它通过复制（选择）、交叉（重组）和变异（突变）这三个基本算子来优化求解问题。该方法通过模拟进化过程，产生一系列解，并根据一定的筛选原则去除相关度较低的解，如此迭代，最终找到最优解。在工业工程、交通运输、经济等多个领域，遗传算法在解决优化问题方面得到了广泛应用。

在实施遗传算法时，首先需要对待求解的问题进行编码，生成初始群体。接着，计算个体的适应度，根据适应度进行染色体的复制、交换和突变等操作。这一过程中，遵循着“优胜劣汰、适者生存”的原则，直到出现最佳方案为止。在遗传算法的执行过程中，每一代都同时存在许多不同的种群个体。这些个体的保留与否取决于它们对环境的适应能力，适应性强的个体有更多机会被保留下来。

（3）决策树法（Decision Tree）。决策树法是一类分析预测模型，它以树枝状的形态展示已有数据，并建立一棵决策树，用于进行下一步的预测。该方法根据不同的特征，以树型结构表示分类或决策集合，从中产生规则并发现规律。它利用信息论中的互信息（信息增益）来寻找数据库中具有最大信息量的字段，然后建立决策树的一个节点，再根据该字段的不同取值建立树的分支。在每个分支子集中，重复建立树的下层节点和分支的过程，最终构建出完整的决策树。

这一方法有助于决策者更好地理解和分析问题。决策树通过一系列规则对数据进行分类，能够从一组不规则元素中推断出由决策树表示的分类规则。通常情况下，决策树采用自顶向下的递归方法，比较内部节点的属性值，并根据属性值的不同向下分支。其中，叶节点表示要划分的类别。因此，从根节点到叶节点的路径对应着一个分类规则。图 1-25 展示了一个典型的决策树结构，主要由决策节点、分支节点和叶节点三个部分组成。每个节点对应一个非类别属性，每个分支对应该属性的一个可能值，而树的每个叶节点则表示一个类别。在图中，决策树的中间节点通常用矩形表示，而叶节点则用椭圆表示。

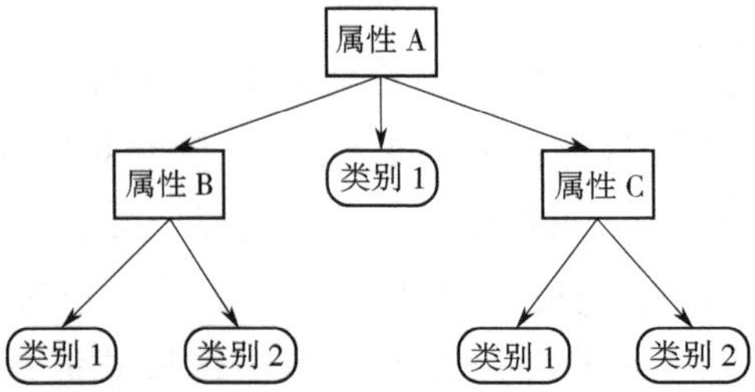

图 1-25　典型的决策树的构成

决策树的主要优点在于其描述简单、分类速度快，特别适合处理大规模的数据。然而，当在信息缺乏的情况下使用决策树时，可能会导致大量主要的潜在规则在训练文件中未被考虑，从而可能漏掉一些有价值但未被发现的规则。

（4）神经网络（Neural Network）。神经网络是由大量简单神经元通过极其丰富和完善的连接而构成的自适应非线性动态系统。它具有分布存储、联想记忆、大规模并行处理、自组织、自学习、自适应等功能。该网络能够模拟人类大脑的结构和功能，采用某种学习算法从训练样本中学习，并将获取的知识存储于网络各单元之间的连接权中。与基于符号的传统 AI 技术相比，神经网络具有直观性、并行性和抗噪声性。目前，已出现了许多网络模型和学习算法，主要应用于分类、优化、模式识别、预测和控制等领域。在数据挖掘领域，主要采用前向神经网络来提取分类规则。

神经网络是数据挖掘中的重要方法之一，其优势有以下 4 点。①神经网络可以以任意精度逼近任意函数；②神经网络方法本身属于非线性模型，能够适应各种复杂的数据关系；③神经网络具备强大的学习能力，使其能够比许多分类算法更好地适应数据空间的变化；④神经网络借鉴人脑的物理结构和机理，能够模拟人脑的某些功能，具备“智能”的特点。

3. 云计算

云计算是分布式计算的一种形式，它通过网络“云”将庞大的数据计算处理程序分解成无数个小程序。随后，这些小程序由多个服务器组成的系统进行处理和分析，最终将结果返回给用户。在云计算的早期阶段，它主要被用于简单的分布式计算，负责任务的分发以及计算结果的合并，因此也被称为网格计算。这项技术能够在极短的时间内（几秒钟内）处理数以万计的数据，从而提供强大的网络服务。然而，现阶段的云服务已经远不止是一种简单的分布式计算，它是分布式计算、效用计算、负载均衡、并行计算、网络存储、热备份冗杂以及虚拟化等多种计算机技术的混合演进和跃升的结果。

云计算是一种基于互联网的计算方式，它以低廉的价格提供强大的计算能力。通过这种方式，共享的软硬件资源和信息可以根据需求提供给各种计算机终端和其他设备。未来，数据和应用将成为推动创新的主要动力，因此，分析大数据的技术将成为大数据时代最重要的需求。

随着大数据、人工智能等新一代数字技术的飞速发展，数据驱动的精准训练所覆盖的运动项目日益增多，并且将从竞技训练领域延伸到全民健身领域。多源数据采集将变得更加丰富和便捷，能够实现训练学、动力学、生理学、心理学等结构化、半结构化及非结构化数据的动态采集、无线传感、同步显示和即时分析。从机器学习到深度学习，从一般数据解释到可视化分析，智能分析理论与模型的应用将日益完善和科学。同时，与运动训练实践需求的联系也将日益紧密，从仅关注运动训练中动作模式改善、动作技术优化、训练负荷监控、疲劳损伤预警等单维问题向关注“运动中的人”的多维综合分析发展。

需要注意的是，当前数据驱动在运动训练中的应用还主要集中在对“小数据”和“局部信息”的挖掘上。虽然这类“小数据”驱动能对精英运动员的运动表现提升起到积极作用，但从全局和长远的角度来看，由训练大数据生成智能科学训练决策的数据驱动精准训练范式无疑对竞技体育生态圈的健康可持续发展具有重要战略意义。

1.4.4　人工智能技术

人工智能（Artificial Intelligence），英文缩写为 AI，是研究、开发用于模拟、延伸和扩展人类智能的理论、方法、技术及应用系统的一门新兴技术科学。它融合了自然科学、技术科学以及社会科学的多个领域，其本质可视为计算机科学的一个重要分支。自二十世纪七十年代以来，人工智能一直被誉为世界三大尖端技术之一，与空间技术、能源技术齐名。同时，它也被视为二十一世纪三大尖端技术之一，与基因工程、纳米科学并列。近三十年来，人工智能获得了迅猛的发展，广泛应用于多个学科领域，并取得了显著的成果。如今，人工智能已逐渐发展成为一个独立的分支，无论在理论还是实践层面都形成了完整的体系。

"人工智能"一词由"人工"和"智能"两部分组成。"人工"指的是相关技术前期的人力操作，而"智能"则涉及更为复杂的概念，如意识、自我、思维等。普遍认为，人类智能是我们唯一真正了解的智能形式。然而，我们对自身智能的理解仍然非常有限，对构成人类智能的必要元素也知之甚少。因此，定义什么是"人工"制造的"智能"变得相当困难。人工智能的研究往往与对人类智能本身的研究紧密相连。此外，关于动物或其他人造系统的智能也被视为人工智能领域的相关研究课题。

在计算机领域，人工智能受到了越来越广泛的关注，并在机器人技术、经济政治决策、控制系统以及仿真系统等方面得到了广泛应用。尼尔逊教授将人工智能定义为"关于知识的学科——研究如何表示知识、获取知识并使用知识的科学"。而麻省理工学院的温斯顿教授则认为，"人工智能是研究如何使计算机去完成以往只有人类才能完成的智能工作"。这些观点都反映了人工智能学科的基本思想和核心内容，即研究人类智能活动的规律，构建具有一定智能的人工系统，并探索如何让计算机完成以往需要人类智力才能胜任的工作。

人工智能致力于研究如何使用计算机软硬件来模拟人类的某些智能行为，如学习、推理、思考和规划等。它涉及计算机实现智能的原理以及制造类似于人脑智能的计算机，旨在使计算机能够实现更高层次的应用。人工智能的研究领域广泛，包括计算机科学、心理学、哲学和语言学等多个学科，其范围已远远超出了计算机科学的范畴。人工智能与思维科学的关系是实践与理论的关系，人工智能处于思维科学的技术应用层次，是其重要的应用分支。

从思维的角度来看，人工智能的发展不仅限于逻辑思维，还需要考虑形象思维和灵感思维等因素，以促进其突破性进展。数学作为多种学科的基础科学，在人工智能领域也发挥着重要作用。数学工具不仅应用于标准逻辑、模糊数学等领域，还深入到人工智能的各个分支中，推动它们相互促进、共同发展。

人工智能是一门正在快速发展的前沿学科，其应用领域广泛，包括知识表示、自动推理和搜索方法、机器学习和知识获取、知识处理系统、自然语言理解、计算机视觉、智能机器人以及自动程序设计等。根据不同项目和需求，智能体育可以涉及人工智能各个分支领域的技术应用。随着理论和技术的日益成熟以及应用领域的不断扩大，可以预见未来人工智能带来的科技产品将成为人类智慧的"容器"，虽然它不是人的智能，但却能像人一样思考，甚至在某些方面超越人类的智能。

1. 人工智能对竞技体育的影响

在体育领域中，人工智能对竞技体育产生了深远的影响，主要体现在以下 4 个方面。

(1)提高技术动作水平。运动技术是完成体育动作的关键,也是决定运动员竞技能力的重要因素。通过视频分析与模式识别技术,结合运动员身上的传感器捕获的运动数据,我们可以分析并提供数据可视化的方式,帮助教练和运动员更细致地观察动作细节。通过将计算的技术动作指标与专家系统数据进行比较,我们能够为运动员提供个性化的改善方案,从而提升他们的运动水平。

(2)提高战术准确性。在比赛中,战术选择往往决定着胜负。通过采集各种比赛数据并建立相应的数据模型,我们可以利用神经网络来计算分析对手下一步动作的概率,以及采取各种应对战术的胜算概率,从而提取出最优的比赛战术。例如,著名的Alpha Go通过大量棋谱训练,利用深度卷积神经网络计算出人类高手的落子概率分布,再通过强化学习寻找赢棋的走法,结合蒙特卡罗算法实现走一步看多步的可能性。

(3)提高裁判准确性。在竞技比赛中,裁判的公正性至关重要。AI技术的引入使得评分更加公正、准确。例如,在网球比赛中应用的"鹰眼技术"可以精确跟踪球的运动轨迹,将赛场分割成以毫米计算的若干测量单位,生成网球飞行轨迹的三维图像,并在大屏幕上实时呈现。这不仅提高了裁判的准确性,也增强了比赛的公正性。

(4)科学训练,维护运动员健康。通过围绕生理指标建立数据模型,并利用模糊决策理论来判断训练参数,我们可以确定运动员是处于有效训练状态还是过度训练状态。通过整合各项指标并进行综合分析,我们能够在训练中更好地控制运动员的健康状态与疲劳状态,从而有效提高训练水平,并评估运动员的健康状况。

2. 人工智能对群众体育的影响

在群众体育层面,人工智能也产生了积极的影响,主要表现在以下2个方面。

(1)提高大众参与健身的体验度和健身效果。通过智能匹配运动资源、智能指导健身以及提高参与运动的兴趣等方式,人工智能让大众能够更便捷地获取适合自己的运动资源和健身指导,提高健身效果并享受运动的乐趣。例如,利用大数据可以动态智能匹配运动人群和运动资源,解决资源不足和分布不均的问题;人工智能还可以通过行为算法跟踪和预测运动者的健康状态、判断锻炼方式,并提供个性化的健身指导;同时,全景拍摄技术、VR直播等智能化场馆的应用也让人们能够从更多角度感受、体验竞技之美和体育运动的乐趣。

(2)利于监护大众健康。大众在健身活动中使用的智能设备可以收集大量个人运动数据和健康数据。这些数据不仅对个人健康管理有重要意义,还可以为国民体质现状评估、体育政策的制定提供重要的参考依据。

3. 人工智能对体育产业的影响

在体育产业方面,人工智能也发挥了重要作用,主要表现在以下2个方面。

(1)促进体育产业向高新科技发展。随着运动手表、智能环、人机互动训练系统、VR虚拟现实技术应用以及智能场馆等高新科技产品的不断涌现,体育产业与科技的结合日益紧密。这些高新科技产品的应用不仅提升了体育产业的科技含量和竞争力,也为消费者提供了更多元化、个性化的产品和服务选择。

（2）为体育产业提供巨大市场。人工智能技术的应用推动了传统运动装备向人性化、智能化、信息化、高端化升级转型。随着消费者对智能运动产品的需求不断增加，体育产业将迎来更加广阔的市场空间和发展机遇。

此外，在促进运动损伤恢复方面以及运动员心理调整方面，人工智能也发挥着重要作用。智能康复机器人的辅助可以确保运动能力的恢复以正确的运动模式得到保障；同时我们还可以通过人工智能模型了解、控制和及时调整运动员的心理状况，为避免或减少赛前紧张带来的比赛失误提供技术支持，从而提高运动员参加体育比赛的信心。

1.4.5 数据可视化与交互技术

在数据挖掘领域，用户往往需要对挖掘结果或过程进行理解、检测和验证。因此，可视化逐渐成为一种辅助数据挖掘的重要手段。基于可视化的数据挖掘方法应运而生，旨在增强数据挖掘的可理解性和可交互性。数据可视化技术利用计算机图形学和图像处理技术，将数据转换为图形或图像，并在屏幕上进行显示和交互处理。这一领域涉及计算机视觉、计算机辅助设计以及人机交互技术等多个方面。数据可视化的核心在于将已有数据进行图形化、图表化展示，从而以更加生动、直观的方式揭示数据间的关系。图 1-26 展示了数据可视化技术应用的总体框架。作为当今时代发展的产物，数据信息可视化不仅面临着人们审美能力提高带来的挑战，也要求设计师在功能与设计之间寻求平衡。

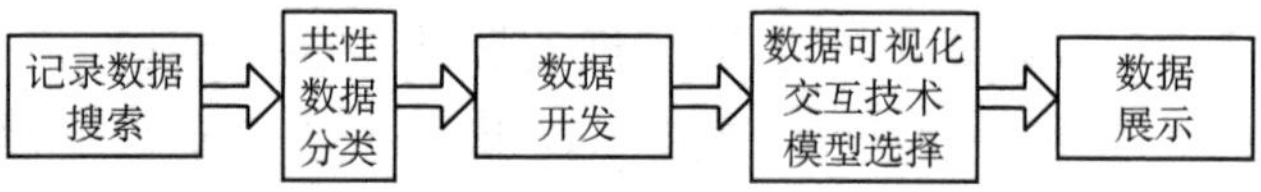

图 1-26 数据可视化技术应用总体框架

数据可视化在帮助人们快速分析海量数据方面发挥着重要作用。同时，它还能够展示巨量数据，辅助人们理解数据之间的内在联系。在图表表现形式上，除了传统的饼状图、折线图等，还可以运用瀑布图、面积图、漏斗图以及地理信息系统（GIS）等多样化图形，以满足不同目标群体的需求。设计师在设计之初就应考虑元素的多样性，以实现数据多样性的协调发展。

随着信息时代的到来，数据可视化成为我们从海量数据中筛选有用信息的重要工具，同时也有助于加强公众对信息的认知和理解。然而，传统的单一可视化方法已无法满足时代发展的需求。因此，我们迫切需要更加多样化的交互方式来处理海量数据。在大数据时代的发展背景下，数据可视化与交互技术既迎来了发展机遇，也面临着诸多挑战。下面介绍三种常见的交互技术，分别为虚拟现实技术、增强现实技术和混合现实技术。

1. 虚拟现实技术

虚拟现实(Virtual Reality, VR)概念早在 70 多年前就已提出。随着科学技术的发展,在 20 世纪 70~90 年代间,以美国为主的科技公司设计和开发了各种各样的虚拟现实设备。美国国防部和美国宇航局在 20 世纪 90 年代就已将虚拟现实技术应用于战术模拟、战后心理干预和科学操作模拟等领域。

虚拟现实,也称虚拟环境,是利用电脑模拟产生一个三维空间的虚拟世界,提供用户关于视觉等感官的模拟,让用户感觉仿佛身临其境,可以即时、没有限制地观察三维空间内的事物。广义上的虚拟现实技术包括一切使用计算机技术对现实世界的环境和物体进行的模拟;狭义上的虚拟现实技术则指通过计算机技术生成的、可以让个体通过可穿戴设备进行与虚拟环境交互的技术。虚拟现实技术综合利用了计算机图形系统和各种现实及控制等接口设备,在三维空间中产生一个虚拟世界,为使用者提供视觉、听觉、触觉等感官的模拟,让使用者仿佛身临其境,能够即时、无限制地体验三维空间中的内容。

近年来,虚拟现实技术不断发展与完善,逐步应用于建筑、规划、教学以及军事等行业,对这些行业的发展起到了极大的促进作用,如图 1-27 所示。如今,运动训练也开始引入这项技术。虚拟现实技术在运动训练中创新了训练模式,打破了原有训练模式的限制,解决了高危险性、高难度动作的训练难题,深化了运动员在训练过程中的动作表象。在提高竞技能力的同时,也稳步提升运动员的心理承受能力,有助于运动员的心理发展。

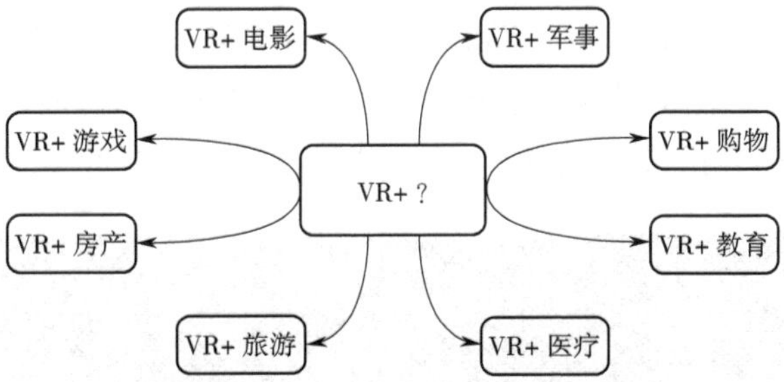

图 1-27　虚拟现实技术常用领域

从 2014 年开始,随着计算机软硬件技术的飞速发展,虚拟现实技术迎来了一个发展高潮,相关技术迅速成熟。意识到这其中的巨大机遇,体育运动的教练员及科研团队也开始利用这项高科技手段来帮助训练,以期提高运动成绩。

里约奥运会女子铁人三项世界冠军约根森是这个方面的先行者。借助于虚拟现实眼镜,约根森可以对里约的自行车赛道进行 360° 无死角观察,熟知赛道的每个角落以及每一个转角。她说:“无论我到世界上的哪个地方比赛,我都会戴上这副眼镜来浏览赛道,观察我的左侧、后面和右侧,了解每一处细小差异。”从某种程度上说,虚拟现实训练的效果甚至优于在真实世界的试骑。虚拟现实训练的目的并不仅仅是让选手简单熟悉赛道,更重要的是让选手获得近乎肌肉记忆的赛道信息,包括了解哪些路段具有挑战性,进而帮助选手有针对性地制定比赛策略。约根森说:“这款虚拟现实装备增强了我的信心,帮助我在最大程度上做好备战工作,以应对比赛当天可能发生的任何情况。”

虚拟现实技术的基础包括计算机图形学、智能接口技术、网络技术、多传感技术等。其主要技术涵盖动态环境建模、实时三维图形生成、立体显示、多种系统合成以及应用系统开发工具。虽然操作具有一定的复杂性,但同时也具有很大的便利性。虚拟现实的实现依赖于一系列传感器来追踪监测用户的头部活动;然后,计算机将这些被传感器精准捕捉到的指令(如头部活动)以虚拟现实图景的形式映射到设备展示上,从而为用户提供身临其境的感觉。例如,如果用户在现实中将头部向左转动,计算机就会在虚拟世界中精确地模仿这个动作,从而匹配出相应的视觉和其他感官信息。当这个过程被完美执行时,虚拟现实技术就成功欺骗了用户的大脑感官,使其意识和潜意识都以为所见所感是真实的。

虚拟现实技术可以用于训练模拟、技战术分析演练、临战心理训练、体育教学等诸多方面。在教学中引入虚拟仿真技术可以使教学平台、模块的建设模拟现代运动人体科学的实际理论知识,同时兼顾传统的实验教学过程;设置相对简化的、逼真的虚拟实验教学布局和实际人体运动场景。

在运动训练中,根据训练目标的不同,通常需要教练员、运动员与虚拟现实内容设计开发团队密切沟通,设计满足训练需求的交互场景;例如技战术训练场景、比赛场地模拟或心理训练等。使用虚拟现实技术可以实现大空间、多人实时交互的场景模拟;这不仅能让多用户在大空间中自由活动并进行自由交互,如图 1-28 所示,还解决了真实物体和虚拟空间的虚实结合问题。基于这类解决方案可以开发出更贴近真实训练场景的应用;从而进一步提升沉浸式的体验感并提高模拟训练效率。

图 1-28 大空间多人互动虚拟现实

德国足协则利用虚拟现实技术来帮助守门员提升技能;特别是在面对点球时。在虚拟现实的场景中守门员可以体验不同对手的点球处理方式。从球员的起点到真正踢出球需要多少步?他的技巧有多流畅?他是开始还是停止还是在一个动作中做出尝试？他在接触球之前是否舒展开身体？他在把球踢向一个方向或另一个方向之前有什么表现能够进行预示吗？而这一切在虚拟现实中都是可视化且可重复的。在虚拟现实的练习中一个进球可以不断地被重复；守门员可以进行针对性的反复训练。相信随着计算机软硬件技术、定位追踪技术的不断发展；虚拟现实技术也将进一步完善；为运动训练中的应用创造越来越好的条件。

2. 增强现实技术

增强现实技术（Augmented Reality，AR）利用视觉、听觉等手段构建了一套感觉统合刺激模式。它源自虚拟现实技术，将虚拟信息叠加到真实环境中，实现了虚拟对象与真实环境的结合。将增强现实技术与体育相结合，在体感游戏（Active Video Gaming）的基础上，对身体活动的目的、形式和内容进行科学设计，便形成了增强现实体育游戏（Activity-promoting Video Games）。这类游戏不仅被视为体育运动的参与手段，而且通过不断的发展，逐渐被认为是一种促进健康的手段，尤其成为儿童参与和了解体育的主要途径。其核心在于通过无线传感器网络技术，更多地促使游戏参与者加强身体活动，即重点不再是通过技术来反映人体运动，而是人借助技术手段去参与运动。这类体感游戏包含四个层面的要求，如图 1-29 所示。

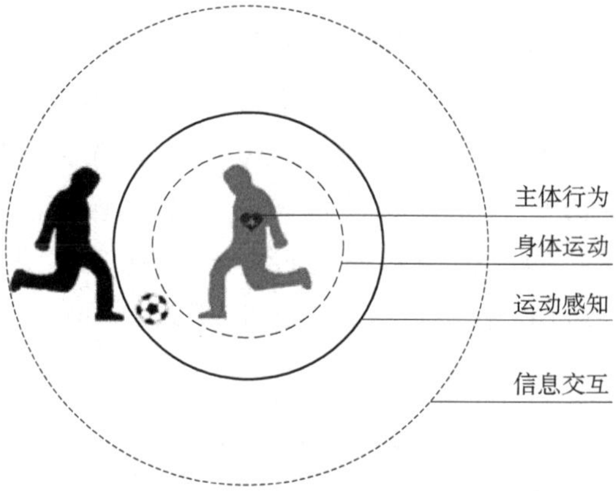

图 1-29　增强现实体育游戏框架

（1）主体行为是增强现实体育游戏的控制源头和身体活动的适应目标，涉及主体（人）对身体行为的感觉或身体短暂变化的感觉等。人体对运动的反应在于维持机能状态的平衡或稳定，例如心率突然增加、呼吸加快或出汗等。人体处于不断“适应—调整—再适应”的状态，使运动能力的发展成为一个动态过程。由于人通过主体行为实现外在控制和内在适应的统一，因此通过增强现实技术强化引导主体行为，可以影响主体的行为模式并促进运动习惯的形成。

（2）身体运动为增强现实技术感知体育活动提供参数和接口，涉及身体运动所引发的身体各部位的变化。身体运动能引发人体的主体行为，尽管主体行为不仅来源于身体运动。它注重运动特征参数的选取，如强度、距离、时间、体重等。同时，由于肌肉神经系统控制着人体的运动效能，因此身体活动是评价增强现实体育游戏锻炼效果的主要途径。

（3）运动感知是借助传感器实现身体活动的量化描述，涉及增强现实信息数字化采集的最佳技术与方法。运动感知衔接虚拟运动和真实运动，是对身体活动的物理实现。为了能让增强现实技术再现的虚拟运动真实反映人体运动，一方面感测方法和设备不能影响人体运动；另一方面，数据采集和处理的高精度要保证人体运动的准确识别。因此，运动感知是增强现实体育游戏发展的主要技术要求。

（4）信息互动是由体育和游戏所具备的社会属性决定的。任何一个游戏参与者都必须根据规则和方式来进行，并据此产生互动。例如，在一场网球比赛中，一方运动节奏加快必然导致对方相应的节奏变化，这一变化可以通过网球接发球速度加快来观测。体育活动正是通过对抗来吸引人的身心参与，而增强现实技术降低了体育参与的门槛，在深度和广度上实现了体育活动在虚拟空间上的泛化。

增强现实体育游戏有利于生理和心理健康，是活跃身心、激发参与和促进认知的有效手段。将增强现实体育游戏融入体育教育课程，能够提升儿童体质健康水平，这也必将成为未来重要的研究领域。

3. 混合现实技术

混合现实技术（Mixed Reality，MR）是虚拟现实技术的进一步发展，该技术通过在虚拟环境中引入现实场景信息，在虚拟世界、现实世界和用户之间搭起一个交互反馈的信息回路，以增强用户体验的真实感，如图 1-30 所示。混合现实（MR）的实现需要在一个能与现实世界各事物相互交互的环境中。如果一切事物都是虚拟的，那就属于 VR 的范畴；如果展现出来的虚拟信息只能简单叠加在现实事物上，那就是 AR。MR 的关键点在于与现实世界进行交互和信息的及时获取。

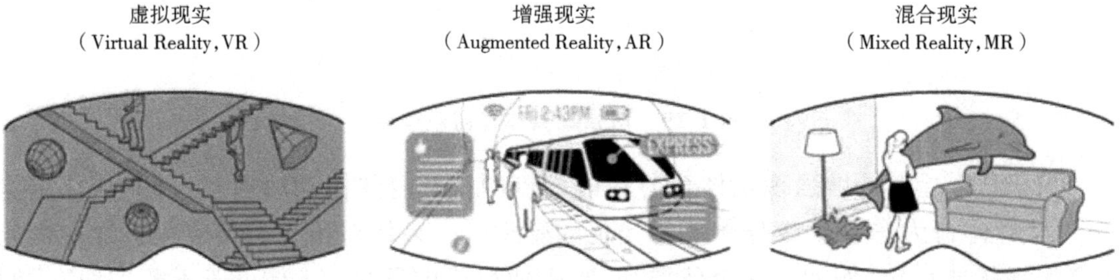

（1）（2）（3）

图 1-30 VR、AR、MR 的概念对比

（1）100%完全虚拟的数字环境 （2）以现实世界为主，叠加数字环境能明显区分出真实物体和虚拟物体
（3）物理世界和虚拟环境互动和操作理想状态下，无法区分真实物体和虚拟物体

混合现实技术融合了虚拟与现实，能够模拟人眼、耳等感官来再现真实环境。在运动训练中，它可以使运动员通过视觉沉浸于“真实的”虚拟训练环境，模拟出各种训练

场景，如泳池、跑道等，让运动员在心理上和体感上都能获得与真实训练环境相似的感受，从而达到训练的要求和目的，最终提高训练水平。

全新的互动交互应用难度集中在训练、实战的模型构建和智能数据制作。交互性的设计和三维的模拟场景能够虚拟出一个更加智能的对手，模拟出真实比赛的场景以及可能出现的各种实战状况，为运动员提供智能的训练方案，进而提高他们的实战能力。

虚拟环境的真实感取决于建模过程中的真实感渲染效果。水上项目的浪花、水流、波纹等渲染效果对“真实”的实现至关重要。无论是人物还是物体的渲染，都会影响到虚拟环境的真实性，进而直接影响运动训练的成效。因此，在虚拟建模中，渲染效果的重要性不言而喻。只有具备高超的虚拟渲染手段，才能完成符合训练和实战要求的虚拟环境建模，这也是竞技体育虚拟现实应用的最高境界。

智能数据制作能够模拟运动项目训练内容和实战环节，而智能交互则通过与视觉、听觉等多通道的交互来完成运动员在虚拟环境中对物体的操作。这是交互的关键所在，通过输入和输出设备，运动员可以与虚拟境界中的训练内容和实战演练进行高效交互。

混合现实技术将虚拟世界与现实世界高度融合，摆脱了虚拟事物在现实世界的空间束缚。它既有虚拟现实技术的“虚中有实”，又有增强现实技术的“实中有虚”，追求虚拟境界的真实感是其核心所在。MR 技术中的增强现实能在现实事物上叠加任意虚幻物体，实现移动及显示设备终端上多元化多媒体数字化内容的展示，从而增强了数字化训练手段。这使得运动训练中关键性技战术的展示变得更加便捷、随处可用。

混合现实技术应用能够满足竞技体育训练过程中的各项要求，并能充分发挥科学化、数字化运动训练的优势。无论是哪个竞技体育项目，MR 技术都有其用武之地，尤其在对训练环境有特殊要求的项目中，如游泳、划船等水上项目，该技术更是显得尤为重要。通过模拟出逼真的水上环境，虚拟训练环境为运动员提供了一个极具价值和意义的训练平台。展望未来，随着高敏度传感器、人工智能、深度学习等先进技术的融入，混合现实领域将迎来前所未有的发展机遇。这些高科技、黑科技的加入，不仅将推动混合现实技术的革新，更将引领运动训练领域迈向一个全新的时代。混合现实技术为运动训练带来的，远不止是训练手段和模式的简单变革，而是一场深刻的理念革命。它有望彻底颠覆百年来传统的训练理念，为运动员提供更加科学、高效、个性化的训练方案，从而推动竞技体育的蓬勃发展。

第 2 章　智能科技在体育运动中的应用

本章将结合前一章节所介绍的科学技术，对智能科技在当前体育各领域中的应用现状、特点和发展趋势进行详细阐述。具体将涵盖以下场景中智能科技的应用实例，如人体测量学，生理指标测量，体能测评，体能训练，运动技战术分析，技术动作分析，虚拟现实，康复、体育观赛及其他场景等。

2.1　智能科技在人体测量学中的应用

运动项目与运动员的形态特征之间存在着密切的依存关系。通过运用人体测量法，我们可以从各运动项目优秀运动员的测量数据中，大致确定各运动项目运动员的形态特征。运动员在多年的系统训练中，会逐渐形成特定的体型。研究运动项目体型变化的年龄趋势和规律，有助于预测运动员未来的体型，使运动员选材更加科学。同时，这些数据还可以为运动员的服装、鞋袜和运动器材的设计制作提供有价值的参考。

人体测量学数据涵盖多个方面，包括身高、体重、臂长、体脂、身体成分、体格以及大脑结构等。其中，身体成分是指体内各种成分的含量，如肌肉、骨骼、脂肪、水和矿物质等，是反映人体内部结构比例特征的重要指标。它通常用体内各种物质的组成和比例来表示。人体成分的均衡是维持健康状态的基本条件之一。对于青少年来说，他们的健康状况将直接影响他们能否长期从事运动训练。

随着科学技术的进步和医疗器材的改进，身体成分的测定方法也得到了迅速的发展，包括精密型、普及型和简易型等多种类型，各具特色。这些方法一般分为全身测量和局部测量两种，测试内容主要包括脂肪含量、去脂体重、体脂百分率、皮褶厚度以及身体密度等。局部测量可采用目测法、皮褶厚度法、超声波法、CT 法以及核磁共振成像（MRI）法等；而全身测量则包括生物电阻抗分析法（BIA）、双能 X 线吸收测量法（DEXA）法、水下称重法、3D 人体扫描法、总钾量推算法、体水分法、近红外光谱法、空气置换法、脂肪溶解气体法、红外线法以及人体测量估算法等。这些身体成分的测量评价方法各具特色，多样且全面。随着技术的不断发展，新型的测量方法也不断涌现，趋向于安全可靠、简单易行、经济精确且无副作用的方向发展。下面介绍一些常用的方法。

1. 生物电阻抗分析法（BIA）

生物电阻抗分析法（BIA）是一种简单易行且非侵入性的测试体脂百分比的方法。它通过测量身体对小电流的阻抗来计算体脂百分比和体内水的含量。这种方法基于机体的导电性与非脂肪组织的含量成正比的原理进行。

目前市场上主流的体成分测试仪大多采用被行业普遍认可的多频生物电阻抗分析法(DSM-BIA)。由于四肢与躯干的横截面积不同，且躯干占据体重的很大一部分(约50%)，因此准确测量躯干部分的阻抗对于整体身体成分的评估至关重要。一些先进的设备，如 InBody 和 ACCUNIQ BC360 等，能够通过分别测量四肢和躯干的阻抗来精确计算出全身的人体成分，为运动员和教练提供更准确、更全面的身体数据，有助于制定更有效的训练计划和饮食调整方案。同时，这些数据还可以用于评估运动员的体能状况和训练效果，为比赛选拔提供参考依据。表 2-1 中人体生物电阻阬数据。图 2-1 为生物电阻抗体成分测试仪，图 2-2 为人体成分测试报告。

表 2-1　人体生物电阻抗

Z(Ω)	右上肢	左上肢	躯干	右下肢	左下肢
1 kHz	379.6	392.7	26.8	306.8	316.1
5 kHz	373.1	385.4	25.7	303.0	314.1
50 kHz	337.2	352.5	23.0	282.3	289.8
250 kHz	307.9	322.9	20.4	263.3	272.7
500 kHz	297.4	311.5	19.1	258.1	267.8
1 000 kHz	286.4	297.4	17.0	254.5	264.0

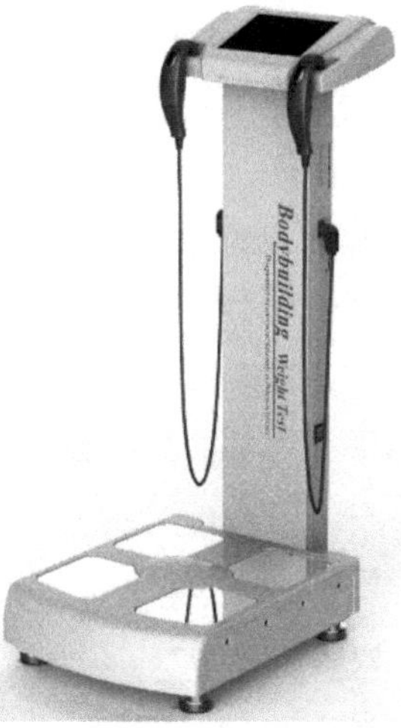

图 2-1　生物电阻抗体成分测试仪

2. *超声测量法*

超声测量的基本原理与回声相似。当声音在空气中传播并碰到墙壁或山体等障碍物反射回来时，我们就能听到回声。如果测量出声音发出到回声返回所需的时间，便可以计算出反射物体的距离。类似地，BodyMetrix 系统发射超声信号，该信号穿透组织，并记录下反射回来的信号，如图 2-3 所示。超声波在组织内传播时，会在不同组织类型的交界处，例如在脂肪与肌肉、肌肉与骨骼的交界处，产生强烈的反射。

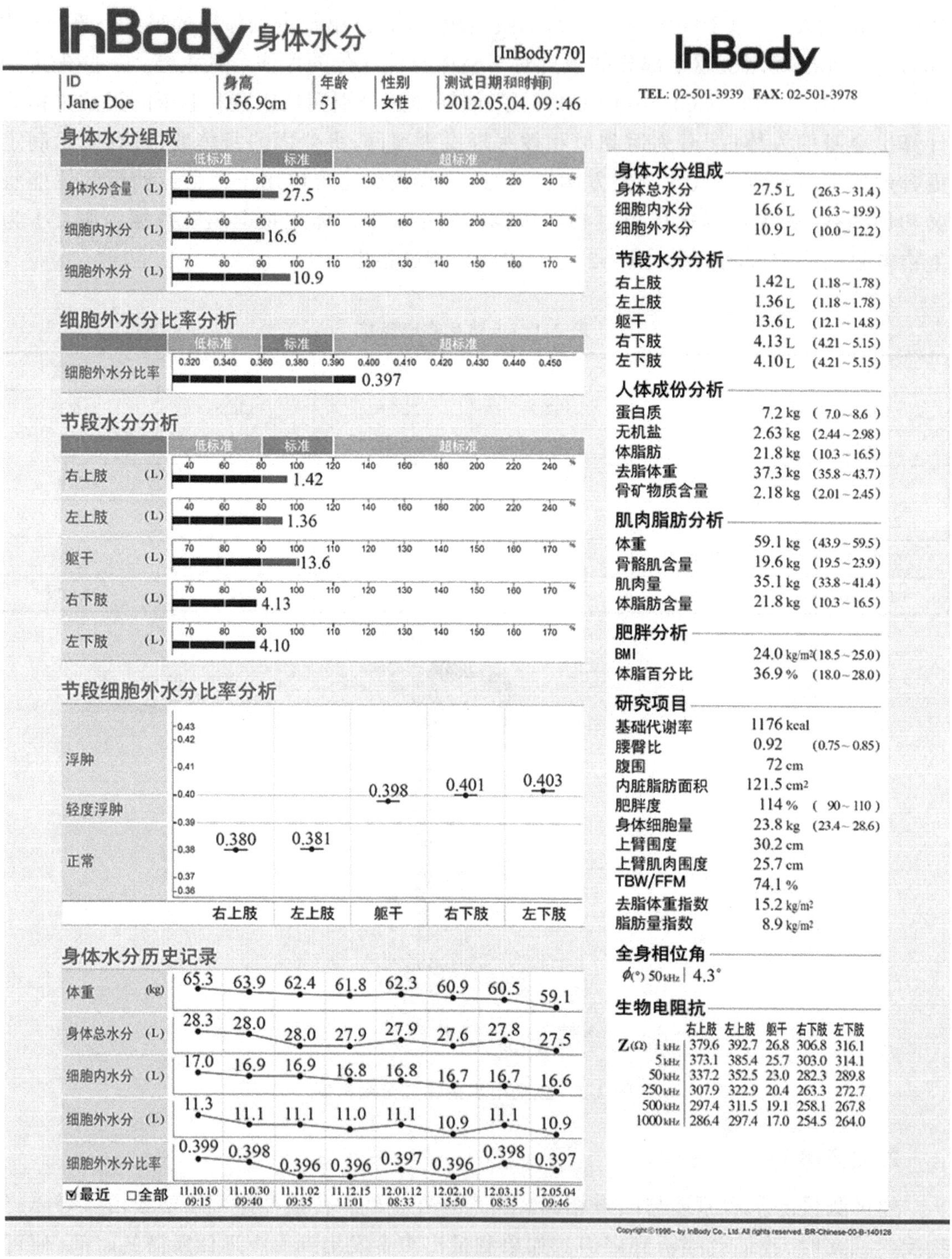

InBody身体水分 [InBody770]

InBody

TEL: 02-501-3939 FAX: 02-501-3978

ID	身高	年龄	性别	测试日期和时间
Jane Doe	156.9cm	51	女性	2012.05.04. 09:46

身体水分组成（低标准 / 标准 / 超标准）

项目	数值
身体水分含量 (L)	27.5
细胞内水分 (L)	16.6
细胞外水分 (L)	10.9

细胞外水分比率分析

项目	数值
细胞外水分比率	0.397

节段水分分析

项目	数值
右上肢 (L)	1.42
左上肢 (L)	1.36
躯干 (L)	13.6
右下肢 (L)	4.13
左下肢 (L)	4.10

节段细胞外水分比率分析（浮肿 / 轻度浮肿 / 正常）

右上肢	左上肢	躯干	右下肢	左下肢
0.380	0.381	0.398	0.401	0.403

身体水分历史记录

项目	11.10.10 09:15	11.10.30 09:40	11.11.02 09:35	11.12.15 11:01	12.01.12 08:33	12.02.10 15:50	12.03.15 08:35	12.05.04 09:46
体重 (kg)	65.3	63.9	62.4	61.8	62.3	60.9	60.5	59.1
身体总水分 (L)	28.3	28.0	28.0	27.9	27.9	27.6	27.8	27.5
细胞内水分 (L)	17.0	16.9	16.9	16.8	16.8	16.7	16.7	16.6
细胞外水分 (L)	11.3	11.1	11.1	11.0	11.1	10.9	11.1	10.9
细胞外水分比率	0.399	0.398	0.396	0.396	0.397	0.396	0.398	0.397

☑最近 □全部

身体水分组成

身体总水分	27.5 L	(26.3～31.4)
细胞内水分	16.6 L	(16.3～19.9)
细胞外水分	10.9 L	(10.0～12.2)

节段水分分析

右上肢	1.42 L	(1.18～1.78)
左上肢	1.36 L	(1.18～1.78)
躯干	13.6 L	(12.1～14.8)
右下肢	4.13 L	(4.21～5.15)
左下肢	4.10 L	(4.21～5.15)

人体成份分析

蛋白质	7.2 kg	(7.0～8.6)
无机盐	2.63 kg	(2.44～2.98)
体脂肪	21.8 kg	(10.3～16.5)
去脂体重	37.3 kg	(35.8～43.7)
骨矿物质含量	2.18 kg	(2.01～2.45)

肌肉脂肪分析

体重	59.1 kg	(43.9～59.5)
骨骼肌含量	19.6 kg	(19.5～23.9)
肌肉量	35.1 kg	(33.8～41.4)
体脂肪含量	21.8 kg	(10.3～16.5)

肥胖分析

BMI	24.0 kg/m²	(18.5～25.0)
体脂百分比	36.9 %	(18.0～28.0)

研究项目

基础代谢率	1176 kcal	
腰臀比	0.92	(0.75～0.85)
腹围	72 cm	
内脏脂肪面积	121.5 cm²	
肥胖度	114 %	(90～110)
身体细胞量	23.8 kg	(23.4～28.6)
上臂围度	30.2 cm	
上臂肌肉围度	25.7 cm	
TBW/FFM	74.1 %	
去脂体重指数	15.2 kg/m²	
脂肪量指数	8.9 kg/m²	

全身相位角

ϕ(°) 50kHz | 4.3°

生物电阻抗

Z(Ω)	右上肢	左上肢	躯干	右下肢	左下肢
1 kHz	379.6	392.7	26.8	306.8	316.1
5 kHz	373.1	385.4	25.7	303.0	314.1
50 kHz	337.2	352.5	23.0	282.3	289.8
250 kHz	307.9	322.9	20.4	263.3	272.7
500 kHz	297.4	311.5	19.1	258.1	267.8
1000 kHz	286.4	297.4	17.0	254.5	264.0

图 2-2 人体成分测试报告

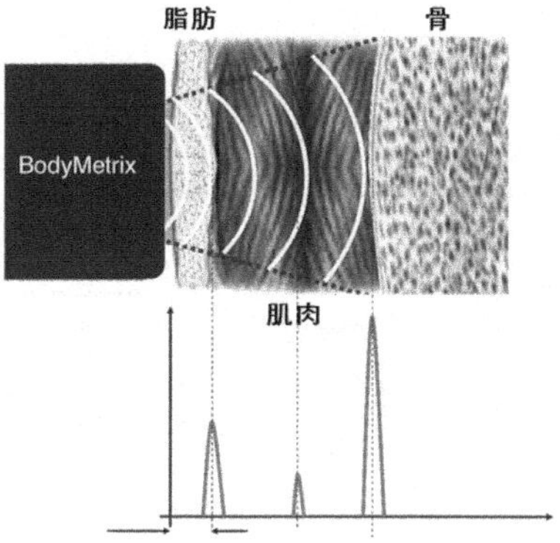

图 2-3　BodyMetrix 系统工作原理

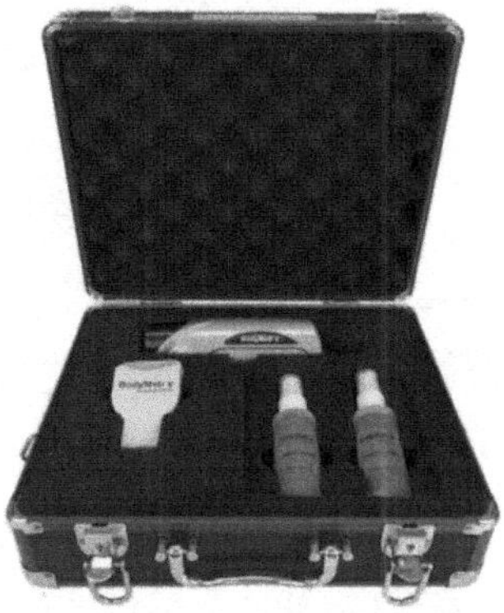

图 2-4　BodyMetrix 系统：手持超声波探头、超声波凝胶、周长测量带

BodyMetrix 系统由手持超声波探头、超声波凝胶、周长测量带以及 BodyView-ProFit 软件四个部分组成，如图 2-4 和图 2-5 所示。该系统提供了两种评价体成分的方法。第一种是通过采集身体多个部位的体成分数据，最终汇总得到全身各部位的身体成分信息。测试部位包括肱二头肌、肱三头肌、胸部、腋下、肩胛骨下方、下背部、腹部、髂前上棘、大腿以及小腿等多个区域。第二种方法则是通过扫描特定的解剖位置，使用户能够直接观察到脂肪和肌肉层的分布情况。此外，该系统还支持对个人身体成分进行纵向对比，帮助用户清晰地掌握自己体成分的变化趋势，如图 2-6 所示。

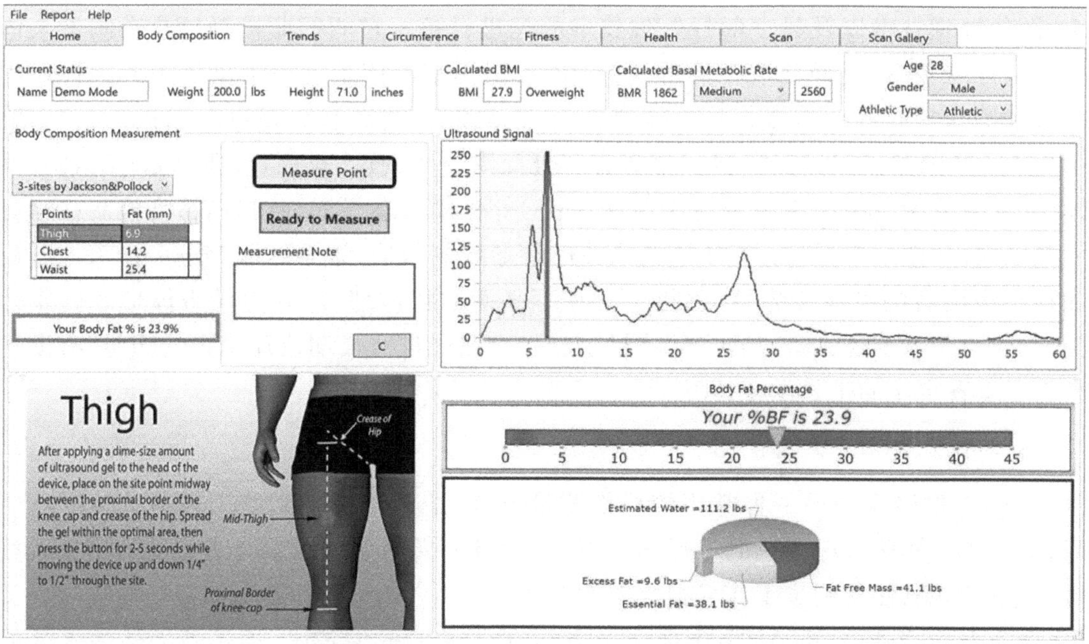

图 2-5　BodyViewProFit 软件显示

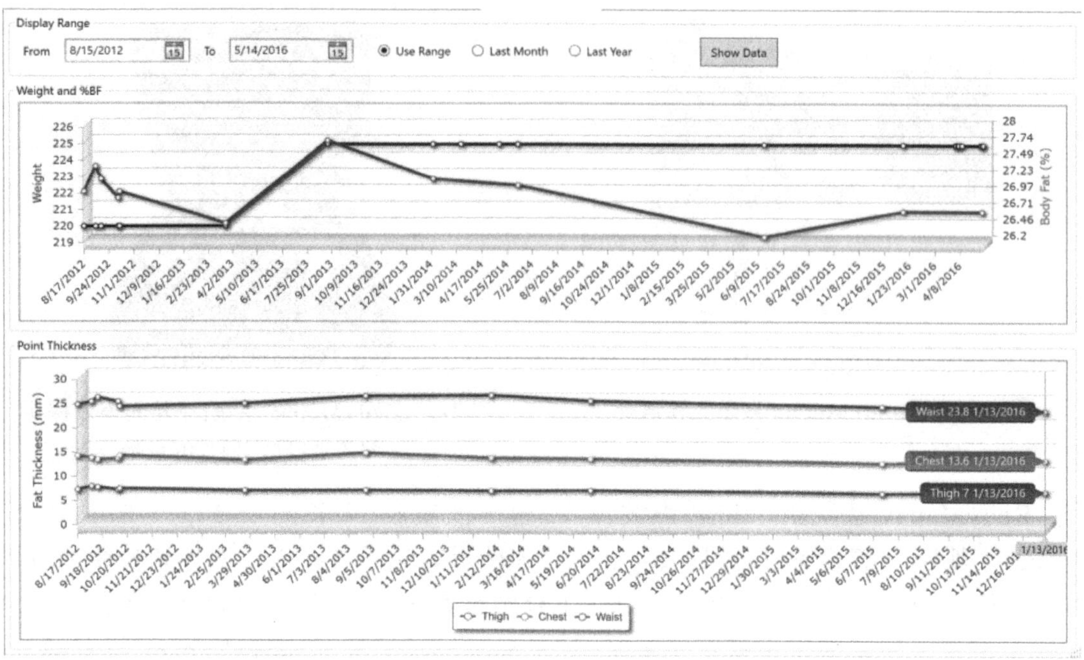

图 2-6　体成分长期变化趋势

3. 3D 人体扫描法

3D 人体扫描系统，亦称为人体三维扫描仪，是一种融合了光学测量技术、计算机技术、图像处理技术以及数字信号处理技术的先进设备。它能够非接触地自动测量人体表面的三维轮廓，进而获取精确的人体 3D 数据模型。该系统由带摄像头的圆柱形扫描仪和圆形旋转平台构成，可在 35 秒内对人体腰部、胸部和手臂进行扫描，并在电脑中生成可旋转操控的 3D 模型。测量值涵盖身体围度、肢体长度、体重指数（BMI）、身体成分（如水分、脂肪、蛋白质等成分的比例）等身体形态指标，且扫描精度控制在半英寸范围内，如图 2-7 所示。基于这些人体解剖参数的数值，该系统能够进一步深入分析和评估被测者的身体姿势，明确指出存在不平衡的身体部位，并提供身体形态健康评分。此外，该系统还具备对青少年体格生长发育状况进行长期追踪调查的功能，有助于全面了解青少年的生长发育情况。

4. 其他主要测量方法介绍

（1）皮褶厚度法是一种常用的局部测量方法，适用于皮下脂肪层较薄的情况。然而，如果皮下脂肪层厚度达到 5 厘米或以上，测量结果的重复性就会明显受到测量者技能水平的影响，使得测量工作变得相对困难。

（2）核磁共振成像（MRI）法则是一种非侵入性的成像技术，通过映射体内水分的分布来预测全身的数值，为身体成分的测量提供有力的支持。这种方法能够清晰地显示出体内的各种组织结构，包括肌肉、脂肪和骨骼等。

（3）双能 X 线吸收测量法（DEXA）是一种精确的测量方法，它通过两种不同能量的 X 射线来测定骨矿物质含量、瘦体重和脂肪组织的重量。DEXA 不仅可以对全身进行测量，还可以对特定部位进行精确的测量和分析。

图 2-7　3D 人体扫描系统

（4）水下称重法是一种通过计算身体密度来估算总体脂的方法，基于阿基米德原理实现。这种方法要求被测者完全浸没在水中，通过测量其在空气中的质量与在水中的质量之差来确定身体的体积，进而计算出体脂百分比。与水下称重法相比，空气置换法则更为简便，它通过测量腔室内压力的变化来确定空气量，并进一步确定人体的体积和体脂百分比。

2.2　智能科技在生理指标测量中的应用

生理测量涵盖的数据种类繁多，包括心率、训练冲量、最大摄氧量、体温、血氧、血乳酸、尿十项、皮肤电以及肌电等。通过这些生理数据，我们可以更深入地了解人体机能的基本活动规律，探究体育运动对人体机能发展的影响，并阐明体育教学和运动训练中的生理学原理。这些数据还能帮助我们掌握不同年龄、性别以及参与不同运动项目和训练水平的运动员的生理特点，从而使教练员能够更科学地组织体育锻炼和运动训练。

当前，运动员的训练在很大程度上仍依赖于运动经验，而对生理生化指标的测量关注相对较少。尽管运动经验的重要性不容置疑，但生理生化指标为评估运动员的训练状态和身体健康状况提供了更为客观、可量化的依据。值得一提的是，目前部分生化指标的采集已不再依赖大型复杂设备，而且能够进行实时监控，从而真实地反映运动员的临场生理状况。下文将以心率、血氧以及血乳酸等 3 个重要指标为例进行简要介绍。

2.2.1　心率

心率监测在日常训练和比赛中是使用最为频繁的生理指标之一。随着科技的不断发展，基于各种技术的智能穿戴心率监控设备得到了广泛应用。从技术原理上来看，心率监测主要分为光电容积脉搏波描记法、心电信号法、压力振荡法以及图像信号分析法等 4 类。

1. 光电容积脉搏波描记法

光电容积脉搏波描记法，简称光电法，其原理相对简单，主要是基于物质对光的吸收原理来进行心率测量。具体来说，通过智能穿戴设备上的绿色 LED 灯搭配感光光电二极管照射血管一段时间，由于血液的红色对红光的反射和对绿光的吸收作用，当心脏跳动时，血流量的增多会导致绿光的吸收量增大；而在心脏跳动的间隙，血流量减少，绿光的吸收量也会随之降低。因此，通过测量血液的吸光度变化就可以计算出心率。

光电法分为透射式心率监测和反射式心率监测 2 种类型。透射式心率监测。透射式心率监测由于其信噪比高、信号稳定等特点，除了可以测量心率外，还能够通过波形分析获取心搏功能、血液流动等更多心血管生理信息。然而，透射式心率监测的理想测量位置如耳垂、脚趾等部位在实际应用中可能会因为穿戴不舒适而受到限制。相比之下，反射式心率监测的优点在于其简便性和对测量部位要求的灵活性，只要选择组织平滑且皮下脂肪较少的部位（如额头、手腕等）即可进行测量。因此，大多数智能手环、智能手表等穿戴设备都采用了反射式心率监测，如图 2-8 所示。但需要注意的是，反射式心率监测在设备佩戴位置不当时（如手腕末端随使用者运动而摆动）可能会因为离心运动和血管收缩压的交互作用而导致心率数据准确度下降。此外，穿戴设备的松紧度和人体皮肤血流量的大小也会对监测准确度产生影响。

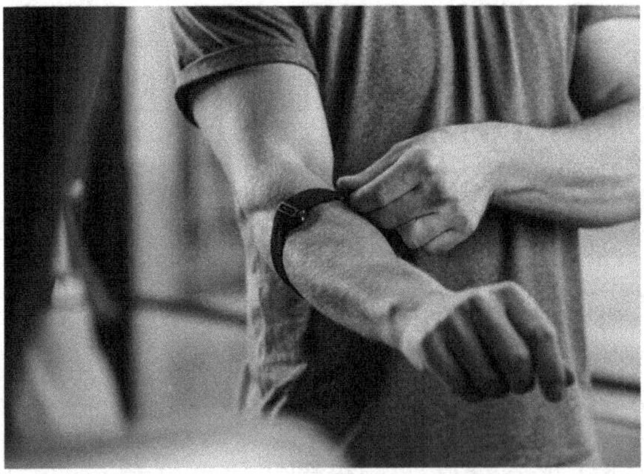

图 2-8　Polar 光电法心率监测示例

2. 心电信号法

心电信号法是医疗领域常用的、准确度极高的心率测量方法。智能穿戴设备若配备相应传感器，便可通过测量心肌收缩产生的电信号来判断用户的心率状况，其原理与心电图相似。这种方法虽准确度高，但也存在一些缺点，如：电路相对复杂，占用 PCB 空间较大，且易受电磁干扰。同时，传感器必须紧密贴合皮肤，且放置位置需相对固定，因此采用此种测量方式的智能穿戴产品并不常见。然而，在医疗与专业运动员监测领域，由于其高精度特性，该方法应用较广。为获取精准数据，需进行心电信号的监测、波形识别、去噪处理等步骤。此类设备中，12 导联心电信号测量系统颇具代表性，其中的心电图（ECG）信号测量系统通过捕捉活组织表面电位来记录心脏的电活动情况。具体操作时，将生物电位电极置于人体特定部位以捕捉心脏信号，两个电极间的差分电压或某一电极与多电极平均电压之间的差分电压经测量后，可显示为 ECG 输出上的一个通道，其采集频率范围可达 0.05~150 Hz，如图 2-9 所示。

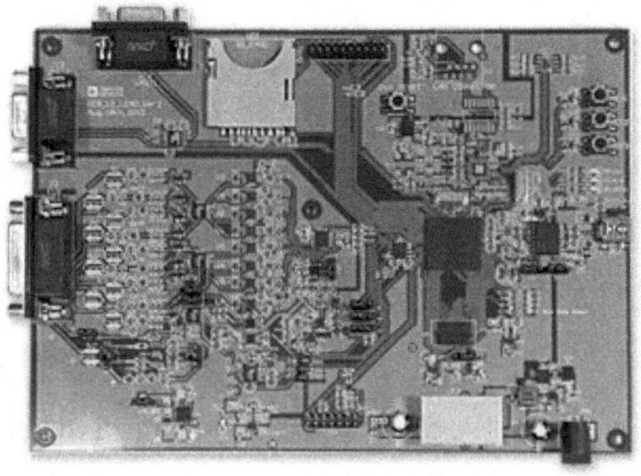

图 2-9　心电信号测量系统硬件示例

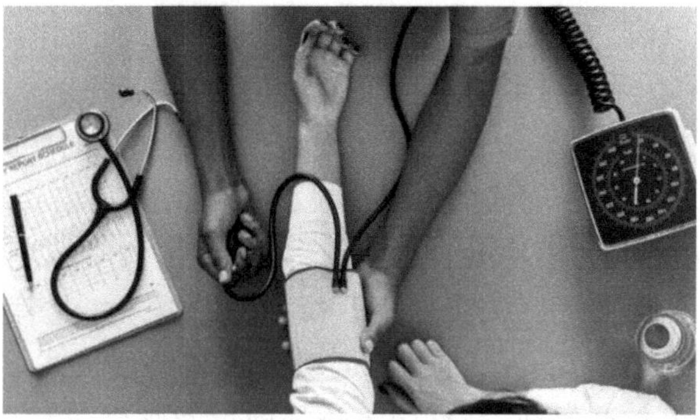

图 2-10　电子血压计示例

3. 压力振荡法

压力振荡法主要应用于电子血压计上，如图 2-10 所示。在使用血压计时，袖带会给手臂施加压力，并通过薄膜压力传感器来探测动脉血管的搏动振幅，进而进行 AD 转换，从而准确地测量出血压与脉率（脉率是根据一定时间内出现的脉搏波数量来计算出心率的）。

4. 图像信号分析法

图像信号分析法主要通过分析脸部图像来估测心率。其原理在于，当心脏跳动时，人的脸部颜色会产生细微的变化，同时胸口和肩膀也会有细微的动作。通过对这些采集到的图像进行分析处理，便可以估测出心率和呼吸频率。然而，这两种方法都对使用者有一定的要求，通常仅限于在人体相对静止的情况下使用。如果方法使用不当，得到的结果可能会存在较大的误差。美国麻省理工学院推出的 Vital-Radio 则采用了一种不同的技术。它利用路由器发出的 Wi-Fi 信号，在信号遇到周围的人或物体时会立即反弹回来。通过特殊的算法，Vital-Radio 可以计算出每次信号的反射速度，并据此判断是否存在生命物体。如果检测到的是生命体，这款产品便能记录下人体的心率和呼吸频率。

2.2.2　血氧

传统的电化学血氧浓度测试法无法进行连续监测，且属于有损伤的血氧测定方法。

相比之下，光学法则是一种新型的无损伤血氧测量方法，它克服了电化学法的缺点，实现了连续且无损伤的血氧测量，非常适合用于便携式监测产品中，以满足训练和比赛中的监测需求以及其他应用场景。光学法的测量原理是通过检测血液对光吸收量的变化，测量氧合血红蛋白（HbO2）占全部血红蛋白（Hb）的百分比，从而直接计算出血氧浓度。

尽管光学法的测量精度相较于传统电化学法略低，尤其在血氧值较低时产生的误差较大，但随着技术的不断进步，已经出现了多种改进产品，如耳式血氧计、多波长血氧计及脉搏式血氧计等。目前最新的脉搏式血氧饱和度测量误差已经可以控制在1%以内，完全能够满足运动中的监测需求，如图2-11所示。

此外，中国科学院自动化研究所发明了一种可穿戴式脑血氧监测头带设备，如图2-12所示，该设备可实现脑血氧饱和度的实时监测。这款脑血氧监测头带最关键的部件是位于前部的封装模块，主要由光源、探头和处理器等几部分组成。使用者只需佩戴头带，将模块贴合在额头部位，即可实时检测脑血氧饱和度和心率信号，并通过手机或任何蓝牙终端实时查看和浏览数据采集过程。这款产品提供了四种采集模式供选择：睡眠模式、深蹲模式、运动模式和普通模式。在睡眠模式下，设备可以连续24小时采集被试数据，完整记录睡眠前后及睡眠过程中脑血氧饱和度的变化过程。深蹲模式则可用于评估使用者的心脑血管功能，即观察人体在体位变化引起剧烈的血氧变化时脑氧的恢复能力。运动模式则能让运动员及时获知自己的脑血氧饱和度，在出现不适时提醒运动员注意调整状态。

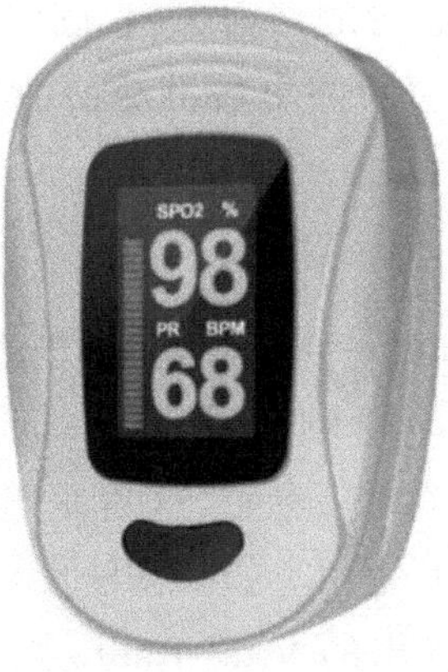

图2-11 血氧饱和度仪

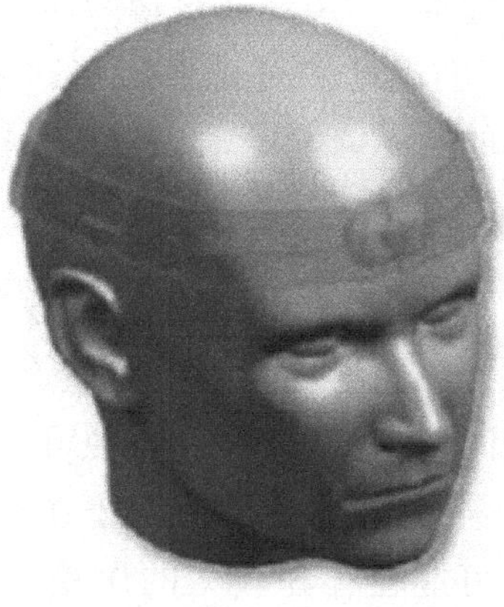

图2-12 头戴式血氧监测带

2.2.3 血乳酸

目前，血乳酸的监测主要应用于指血和耳根血的检测。皮肤采血法（skin puncture for blood collection）则主要用于仅需微量血液的检查项目。所采集的末梢血实际上是微动脉、微静脉和毛细血管的混合血，且根据采血时挤压的力度不同，可能含有少量细胞间质和细胞内液。在采血部位的选择上，手指指端或耳垂是常用的部位。耳垂采血相对痛感较轻，操作简单，但血液循环较差，受气温影响较大，因此检查结果可能不够稳定。手指采血操作方便，可获得相对较多的血量，检查结果也比较稳定。世界卫生组织（WHO）曾推荐，在必要时可使用左手无名指指端内侧的血液进行一般的血液检验。在采血时，必须使用特制的三棱针或专用的“采血针”，严禁以注射针头代替采血针。为避免交叉感染，必须严格实行一人一针一管（毛细吸管）的操作规程。

Lactate Scout+掌式血乳酸仪，如图 2-13 所示，采用干片法快速检测末梢血液中的血乳酸浓度，其紧凑的设计使得野外场地的移动检测变得轻松可行。仅需 0.5 uL 的末梢血标本，配合血乳酸检测片，即可在 10 秒内实现血乳酸浓度的快速检测，检测范围为 0.5~25.0 mmol/L，充分满足比赛和训练的需求。此外，该仪器还内置了分步测试模式和计时器，能够分步记录不同训练阶段的血乳酸值，为运动员的训练强度制定和训练效果评估提供了有力支持。

图 2-13　便携式血乳酸分析仪

随着传感器技术的持续进步，多家机构与大学正致力于研发智能可穿戴血乳酸监测设备。例如，加州大学圣迭戈分校的工程师和科学家们正在研制一款能同时监测血乳酸和心率的可穿戴智能设备。此外，乳酸浓度还可以通过汗液来进行测试。目前，国外已成功开发出一种乳酸脱氢酶（LDH）传感器，该传感器使用特殊墨水在碳纳米管电极上“打印”LDH 酶。当 LDH 分解汗液中的乳酸时，会产生电流，此电流随后被电极读取。为提高实用性，研究人员将传感器安装在运动胶布上以保持其弹性，并覆盖医用纱布以吸收汗液进行测定，如图 2-14 所示。这类传感器不仅能测量乳酸，还能同时测量包括葡萄糖、钠、钾在内的多种元素。尽管目前相关研究仍在努力提升设备的稳定性，且尚未开始大规模生产，但相信在不久的将来，这项技术将为运动员的训练监测提供有力支持。

图 2-14 可穿戴的汗液传感器

2.3 智能科技在体能测评中的应用

竞技体育作为一种高度社会化的实践活动,涵盖了运动员选材、运动训练、运动竞赛以及竞技体育管理四个核心环节。无论是对于专业运动员、职业运动员,还是青少年运动员,这四个部分都至关重要。

在竞技体育中,所有的运动训练都以提升运动员的竞技能力为目标。运动员参加比赛,都力求创造优异的成绩。而运动员的竞技能力,是决定其运动成绩的主导因素。这种竞技能力由两部分组成:先天遗传的竞技能力和后天训练获得的竞技能力。运动员能否取得优异成绩受多种因素影响,这些因素之间相互交织、相互影响。长期从事某项运动会产生特定的生理适应,例如,前巴塞罗那足球队球星兼主教练恩里克,他的马拉松成绩为 3 小时 14 分;丹麦女子网球运动员沃兹尼亚奇的马拉松成绩为 3 小时 26 分。这些成绩解释了为何他们在足球和网球比赛中能展现出如此出色且持久的奔跑能力。

在青少年选材方面,仅仅依靠一两次的比赛成绩或测试成绩是远远不够的。我们可以从 NBA 选秀、NFL 选秀等活动中汲取经验,既要看到运动员的优点,更要深入了解他们的缺点和不足。全方位地掌握青少年运动员的相关信息,是科学选材的基石。同时,选材时还需考虑不同运动项目的特点,以及集体项目中具体位置的要求,从而提高选材的成功率。这需要我们准确识别具体项目和位置中的决定性因素。例如,在足球和篮球等项目中,不同位置的运动员需要具备特定的能力。通过针对性地分析青少年运动员的不足和提升空间,选材过程将更具针对性。这可以通过提炼和归纳正式比赛的大数据来实现,以确定影响比赛结果的各个因素所占的比重。身体成分、体格发育特征、基础动作模式、各项基本运动素质(如力量、速度、心肺功能、协调性、灵敏性、柔韧性等)、心理因素(如意志品质、心理调控能力、训练动机等)以及运动技能知识等都是需要考虑的重要因素。

近年来,功能性动作模式评估的重要性已逐渐得到认可。目前,国际上存在多种评估方案，如 Functional Movement Screen(FMS)、Titleist Performance Institute(TPI)、Selective Functional Movement Assessment(SFMA)、Y Balance Test(YBT)等。这些方案在欧美国家已得到广泛应用。以 FMS 为例，它是一种基于基本动作模式来预测运动风险的筛查工具。通过对人体基本动作模式的完成情况进行确认、分级和排序，FMS 能够评估运动损伤风险，进而指导运动者调整至最佳竞技状态。功能性动作模式评估不仅适用于专业运动员，对所有运动参与者都具有重要意义。因此，借助高科技手段推广这一评估方法至关重要。

体能测评主要通过设置不同的测试项目来衡量运动员的基本运动能力，为运动员选材提供辅助参考，并持续追踪运动员的体能状况。常见的测评项目包括往返跑、长跑和纵跳等。体能测评的内容涵盖速度、力量、灵敏、柔韧、耐力、稳定、平衡、左右对称、落地缓冲、弹跳等基础运动能力。

在专业足球运动员的体能测试中，有一项名为“YOYO”的间歇耐力测评。其具体方法是：球员在距离为 20 米的两个标志物间，进行有间歇的往返跑，跑速由预先录制在录音带上的声音信号控制，球员需要在测试中完成尽可能多的跑动距离。这种方法对评估球员的专项耐力水平具有较好效果。然而，由于时间和跑动位置精度的限制，传统的手动记录方式存在一些不足。随着智能技术的不断发展，越来越多的先进设备被应用于运动员的体能测评中。

2.3.1 智能化速度测评

在速度测评方面，Fusion Sport 推出的 Smartspeed 是一款能够跟踪运动员速度和灵敏度的先进测量设备，如图 2-15 所示。该设备已被广泛应用于 NFL 和 NBA 等职业联赛，并在全球范围内赢得了广泛信赖。其高阶版本还可以为运动员及其团队提供整体表现的记录和管理功能。Smartabase 系统具有高度可配置性，能够与其他系统和可穿戴设备进行集成，使组织能够在整个范围内捕获、管理、分析、报告和共享数据。Smartspeed 系统的主要组件包括反射器、计时单元、三脚架和充电装置等。设备在组装并与应用软件连接后即可进行精准监测。

图 2-15 Smartspeed 测量设备及其测试示例

2.3.2 智能化下肢力量测试

对于爆发力的测评，基础的方式是下蹲式（Counter Movement Jump，简称 CMJ）原地纵跳。它要求人体双手叉腰，保持躯干正直并尽可能不动。测试时，身体保持直立，由下肢完成快速、连贯的下蹲和向上垂直起跳动作，如图 2-16 所示。在操作过程中，运动员需在纵跳计时垫子上进行纵跳，相关人员记录纵跳的时间和相关参数，最后进行计算。而智能化的装备，如 MyJump2 软件，则通过设定视频关键帧来记录纵跳高度。它可以从前面记录脚的位置，用户可浏览视频并逐帧滑动以提高准确性，再设定离地瞬间和触地瞬间的关键帧“起跳”和“落地”。根据输入的个人信息，软件能计算出此次纵跳的高度、离地时间、力量和功率，并具备历史记录能力。这一过程简化了传统测试方式，使运动员可以独立完成整个测试过程并获得详细的信息记录。同一家研发公司还推出了用于卧推最大力量测试的 MyLift 和腘绳肌力量监控的 Nordics 等产品，都能实现局部上下肢力量、速度的监控测评功能。

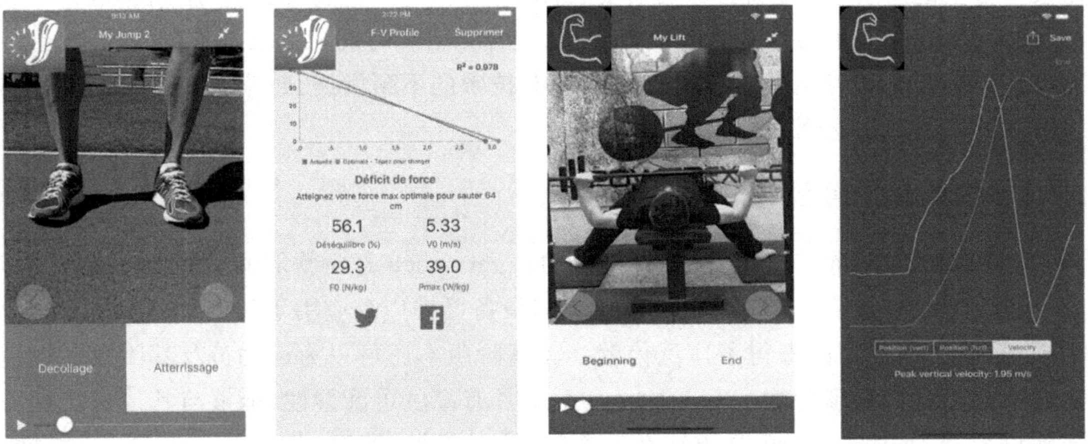

图 2-16 爆发力测评应用案例

2.3.3 智能化动作评估测试

mySwing 体测是基于人工智能的功能性动作评估系统，如图 2-17 所示。该系统结合了惯性传感器与视觉混合测量技术，既简单易用，又能完成实时的三维重建。作为全面集成人工智能与大数据的综合系统，mySwing 在动作功能筛查的智能化测评方面做出了显著贡献。关于其使用与功能的详细介绍，请参阅后文的 2.4 节。

除此之外，还有专门用于测评团队项目（如足球、篮球等）中跑动、稳定性、变向能力的视频或光学设备。COD Timer 便是一种可以通过视频记录参数来评估运动员表现的工具。它能够测量速度、接触时间以及腿部的不平衡性等多项指标。同时，在篮球运动员的折返跑能力测评中，也采用了红外测试仪器。这种测试系统能够根据不同身高的球员自动调整目标点的位置，确保不同身高的运动员都能在统一的标准下完成测试。此外,该系统还能及时记录信息并进行打分,以实现迅速的反馈。这些智能化的测评工具不仅提高了测评的准确性和效率,还为运动员和教练提供了更全面、更客观的数据支持,有助于他们更好地了解运动员的表现并制定针对性的训练计划。

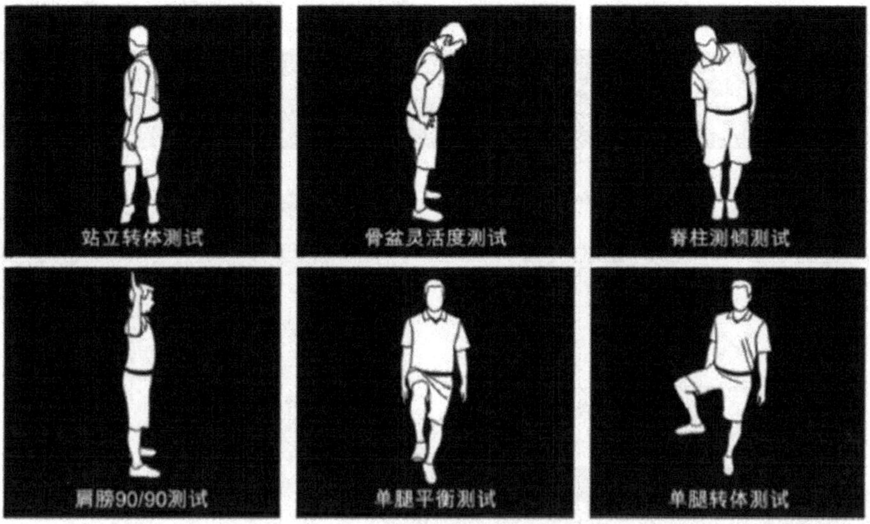

图 2-17　mySwing 功能性动作评估

2.4　智能科技在体能训练中的应用

智能科技在体能训练中发挥着重要作用,它帮助教练员定量地确定运动过程中的运动负荷强度和量的大小,从而了解运动员的身体反应程度,满足科学训练的要求。其收集的数据种类主要包括总跑动距离、高强度跑距离、冲刺距离、冲刺次数、平均速度、加速度、跑动方向以及弹跳高度等。

2.4.1　训练监控

1. RightEye

在运动视觉能力检测与训练领域, RightEye 设备堪称一种尖端工具。凭借眼动跟踪技术, RightEye 通过创新的视力测试和训练方案,为医疗保健及视力表现领域带来了翻天覆地的变革。该技术为体育组织、医疗保健机构和教育单位提供了坚实支撑,它采用循证、量化驱动的方法,精准评估运动员的视力障碍、阅读困难以及运动表现问题。RightEye 的客户群体遍布各行各业,包括备受认可的专业与业余运动队、视力保健服务商以及医院系统等。

在体育运动中,视觉输入在知觉输入中所占比例高达 80%。尽管运动员可能拥有出色的视力,但这并不等同于他们能在空间中准确判断物体的位置、移动速度或方向变化。RightEye Sports Vision EyeQ™,如图 2-18 所示。通过辨识运动员的视力优势与不足，助力提升运动成绩。该系统提供了一套全面的测试，可迅速测定并分析眼球运动、加速度及运动技能等关键因素，这些因素对运动水平具有至关重要的影响，具体包括以下 4 点。

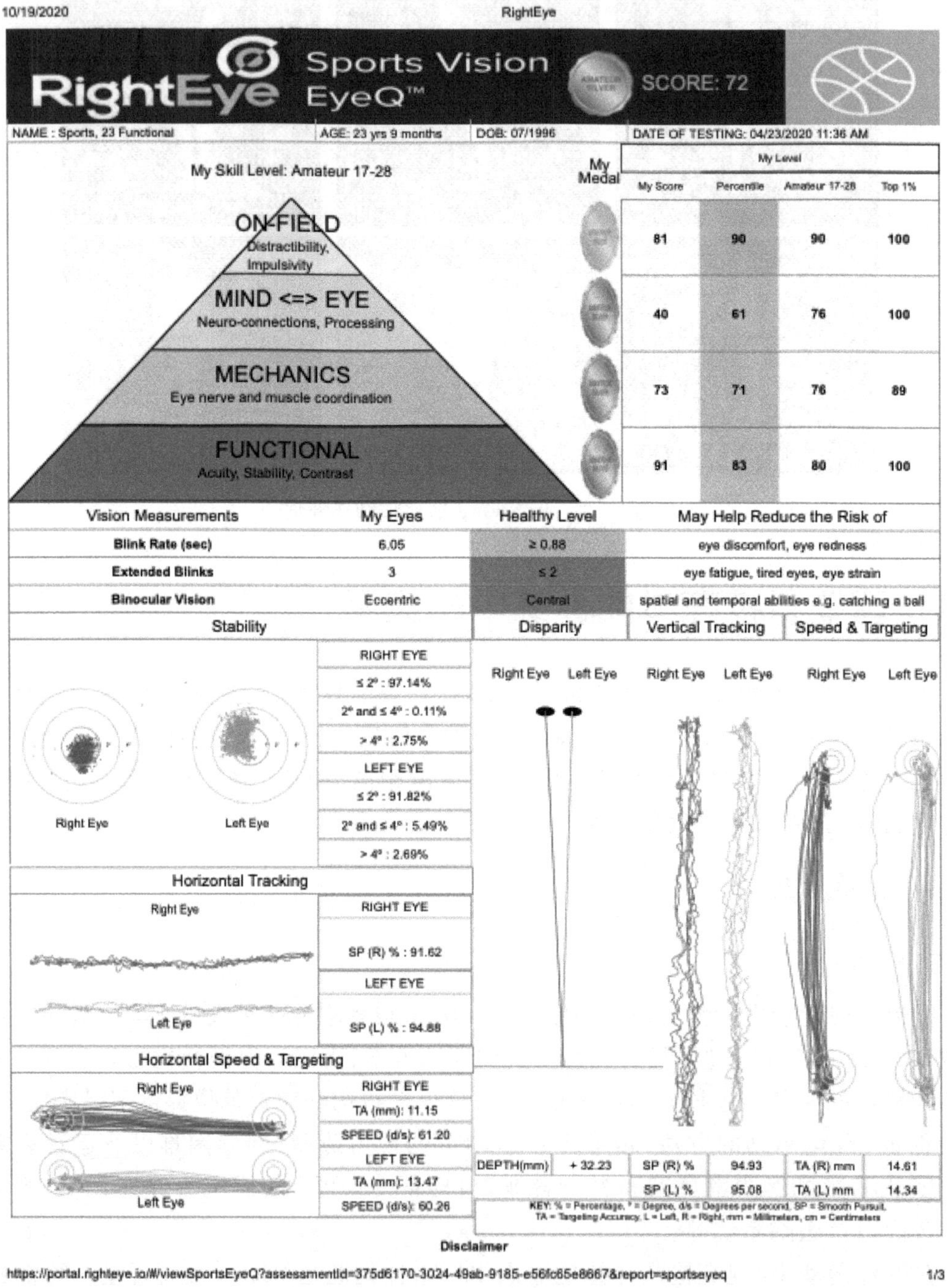

图 2-18　RightEye 报告示例

（1）动态视力。在运动中维持物体清晰视觉的能力。

（2）眼球跟踪。紧盯球体或追踪移动物体的能力。

（3）眼睛聚焦。当视线从一个距离转移至另一个距离时，迅速且准确地调整焦点以维持清晰视力的能力。

（4）周边视觉。在专注于某一固定点的同时，能够用余光觉察周围人物和物体的能力。

RightEye Sports Vision Module™ 则通过以下 3 个途径助力运动员提升成绩。

（1）客观量化运动表现，具体通过收集快速、不自主及振荡性眼球运动的幅度和速度来实现。

（2）从青训学员到专业运动员，全面对比和评估视觉技能水平。

（3）根据个体需求量身定制训练计划，通过针对性训练来拓展运动视野。

2. FLEX

FLEX 是一套先进的无线杠铃运动表现测量系统。通常，它被称为杠铃跟踪器或基于速度的训练（VBT）设备。这套基于激光的无线系统能够提供运动表现的实时反馈。每一个动作都会被精准跟踪，所收集的数据有助于运动员在训练强度、负荷和技术方面做出优化决策。FLEX 系统由两部分构成：FLEX 传感器和 FLEX Stronger 应用程序，如图 2-19 所示。FLEX 传感器的独特之处在于其集成的激光光学阵列，这一设计使得 FLEX 在市场上领先于所有同类产品。传感器通过磁性附着在杠铃的末端，能够跟踪五个关键性能指标，即速度、功率、距离、路径和移动轨迹。所有这些数据都会实时传输到 FLEX Stronger 应用程序上，供用户即时查看和分析。该应用程序与传感器协同工作，通过高级算法自动检测杠铃运动，并利用独特的运动轮廓和机器学习原理，确保 FLEX 在同类产品中保持领先地位。该程序提供个人版、学校版以及高级版分析系统，以满足不同用户群体的需求。

图 2-19 FLEX 系列产品示例

FLEX 系统所跟踪的各项指标对运动员的训练有着不同的帮助。速度指标能够帮助运动员为每次举重选择最合适的重量；功率指标则可以即时反馈每次提升的效果，让运动员随时监控自己的状态。距离指标有助于提高整体技术；横杆路径（水平方向）的分析可以揭示技术改进的机会，而横杆移动（垂直方向）的数据则有助于运动员提高训练效率。

3. Marlin 和 Seal

提供实时语音反馈的可穿戴游泳 GPS 设备 Marlin，是近期新兴的训练监控设备之一。Platysens 是一家专注于运动传感器与分析的公司，由运动爱好者于 2014 年创立。该公司致力于开发精准的运动传感器，帮助运动员更深入地了解自己的表现。通过富有洞察力的分析，Platysens 希望为运动员带来成就感，并提升他们对运动的享受。2017 年，Platysens 成功推出了其首个产品——Marlin GPS 游泳可穿戴设备，如图 2-20 所示。Marlin 将 GPS、运动传感器以及语音技术完美融合，为游泳者提供实时的音频反馈，包括关键游泳参数如单圈时间、划水速度以及导航信息，确保游泳者在不受干扰的情况下获取所需信息。借助骨传导耳机，即使在水下也能保证音频反馈的清晰度。在开放水域游泳时，Marlin 利用 GPS 精准捕捉游泳者的表现数据；而在泳池中无法接收 GPS 信号时，则会自动切换到运动传感器模式。游泳结束后，游泳者可通过蓝牙将手机与 Marlin 连接，轻松查看详细数据并更新设备配置。

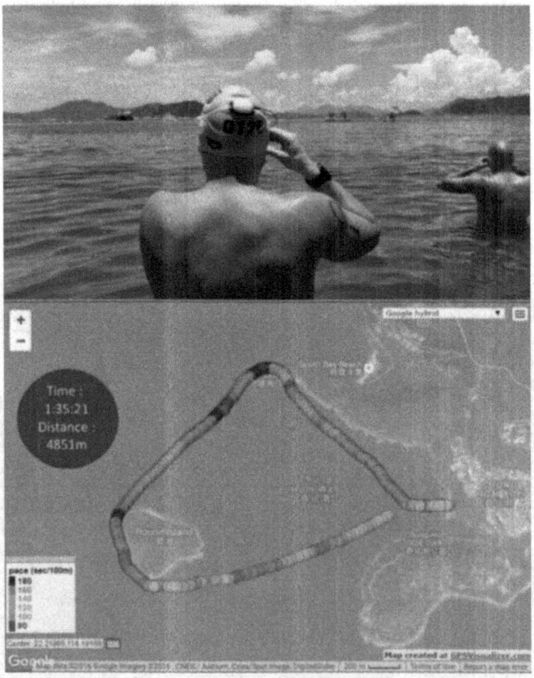

图 2-20　Platysens 设备穿戴及其可视化

在开放水域游泳时，Marlin 能收集的数据类型包括固定距离的时间分割、固定时间的距离分割、总距离和时间、游行偏离航道警告以及到达下一个航点的距离等。而在泳池内游泳时，则可提供圈数、圈速、划水速率以及总游泳时间等数据类型，全面满足游泳者的训练监控需求。

Platysens 还推出了另一款核心产品——Seal，如图 2-21 所示。这款产品能够精准捕捉游泳者手部在水中的运动轨迹。通过 Seal 系统的算法，可以重建手部的运动状态，并测量每只手在特定时间内所施加的动作和力量。游泳者可以借此找出影响游泳姿势的关键因素，与其他游泳运动员的数据进行比较，进而提升自己的划水效率。

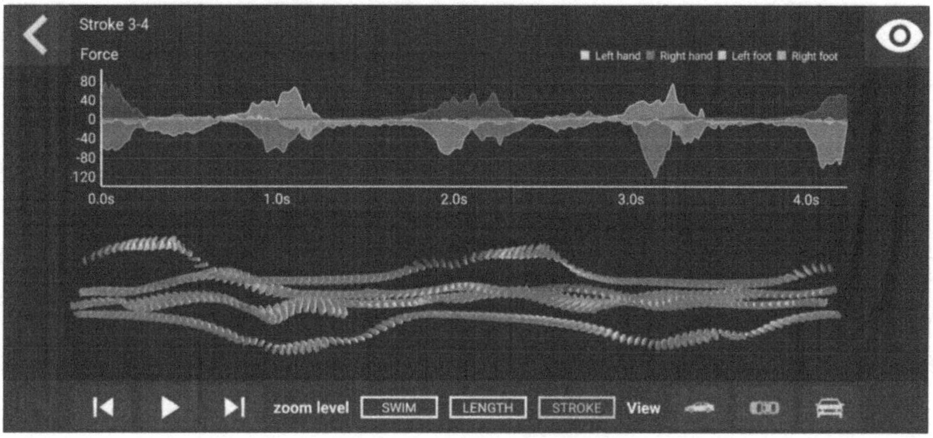

图 2-21　Seal 可视化界面

4. 1080sprint

瑞典公司 1080motion 于 2005 年成立，汇聚了多位运动专家。其 CEO 是 ANNA-CARIN MÅNSSON，她曾是网球单打欧洲青年冠军，并在 2013 年斩获瑞典单打与混合双打冠军。1080motion 的主要客户群包括英超联赛足球俱乐部、挪威奥林匹克训练资源中心、高档健身房、体育学院以及物理治疗诊所等。鉴于众多运动员和教练在训练过程中发现缺乏一种既能满足速度训练又能紧密贴合专项训练需求的设备，1080motion 公司着手研发，并于 2014 年成功推出了 1080sprint。

1080 Sprint 是一款便携式力量速度测试训练设备，适用于田径、游泳、跆拳道、摔跤、击剑、射击、滑冰、球类等多个项目的阻力训练和测试。该设备采用电动机械数控阻力，其阻力和速度均可实现完全控制与精准调节。依据测试结果，可以设计有效且安全的训练方案，从而确保阻力的精准性、可控性、平顺性和安全性。1080sprint 的数据精准度得益于其高达 111 Hz 频率的数据采集能力，能够提供 0~150 N 的持续阻力。此外，该设备为每位用户提供了独立的账户作为数据管理的平台。

1080sprint 主要由外保护壳、电气室、线轴和线、线路导向器、电机以及紧急按钮等组成，如图 2-22 所示。整套设备体积小巧、便于移动，非常适合外出训练时携带。

图 2-22　1080sprint 主要组成

在设计上，1080sprint 符合专项需求，其绳动设计可根据不同训练动作进行调整，从而真正实现专项化训练。对于追求更高速度的运动员而言，快速训练至关重要。这种训练通常涉及以最大速度或接近最大速度进行重复冲刺，这需要极高的加速度，而这样的加速度往往容易导致疲劳。然而，1080sprint 能够帮助运动员在加速阶段更轻松地达到高速度，从而实现有效的训练。此外，该设备的适用范围非常广泛，适用于田径、游泳、滑冰、足球、网球、羽毛球等多个项目的运动员进行针对性训练。

5. 绝影

"绝影"是北京体育大学体育工程学院装备团队自主研发的数字化训练装备，旨在提升运动员的速度、爆发力、力量和灵敏性等素质。该装备通过智能数控阻力系统，根据训练需求为运动员提供持续恒阻、分段变阻等多种训练模式，包括抗阻、牵引、启动、制动和变向等。其抗阻训练阻力和牵引训练速度均可进行精确的数字化调节。装备采用 500 Hz 的超高采样频率，能够精准记录并实时显示时间、速度、加速度、功率、步幅、步频等运动数据，实现数字化训练。在业内，该装备首次实现了百米直道段的全程抗阻力和牵引助力数字化训练，其训练速度和训练距离均超越国内外同类设备。

无论是直线训练还是变向训练，"绝影"都能提供不同类型的阻力训练。直线训练包括 0~24 千克的持续性阻力、分段（3 段）变阻以及最大 28 米/秒的超速牵引训练；变向训练则涵盖启动、制动以及最大广角 145° 的混合训练。同时，绝影还能提供随时间或位置变化的速度、加速度、功率等曲线图像，可用于步态稳定性（运动对称性）分析。

6. 可穿戴式汗液传感器

可穿戴式汗液传感器在运动监测领域展现出巨大的应用潜力。这类传感器能够解决传统运动监测中存在的送检周期长、汗液收集分析程序繁杂以及难以连续监测等问题。它们能够在不同的运动环境中对个体进行实时运动监测，为体育健身者和运动员提供个性化的运动处方和运动康复等具体信息。

北京协同创新研究院研发的可穿戴式汗液传感器集成了钾、钠、钙离子传感器以及 pH 和出汗率传感器等多种生物化学传感器。通过对汗液成分的非侵入式连续监测，该传感器平台能够实现对身体状况和运动健康的监测，以及慢性疾病的早期诊断和监测等功能。目前，该集成平台可以以可穿戴形式进行测量，并无线传输和显示数据。其中，钾、钠、钙三种离子传感量程覆盖人体汗液的浓度范围；pH 传感器准确度可达 0.1 pH；出汗率传感器灵敏度可达 1 uL。此外，该平台还集成了心率和温度传感器，可实时测量和传输数据到手机终端，为马拉松跑者等运动人群提供离子成分和出汗率等监测数据，提醒及时补水和电解质。

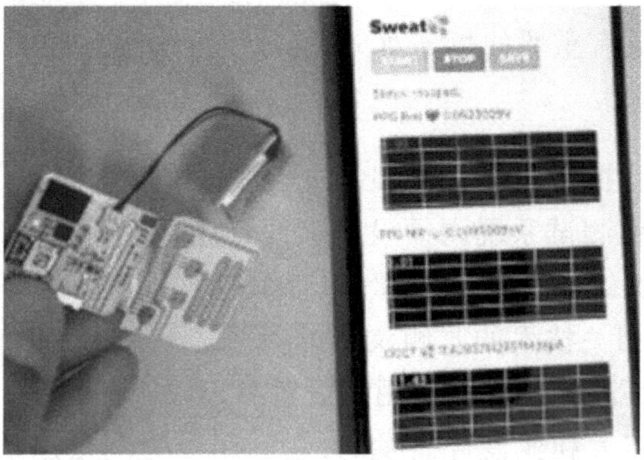

图 2-23　汗液传感器贴片以及 APP 离子水平监测

2.4.2　运动能力评估

1. 心率监控系统

由于运动强度与耗氧量高度相关，心率因此可以作为一种间接和无创的运动强度测量方法。大量的心肺功能测试都通过测量设定负荷运动状态下的心率来评价或估测耗氧量。心率监控系统可以实时监控运动员训练过程中的心率，此外还能监控运动员运动过程中的耗氧量、呼吸率、EPOC（过量氧耗）和能量消耗，从而实时反馈运动员当前的训练强度和生理刺激程度，如图 2-24 所示。

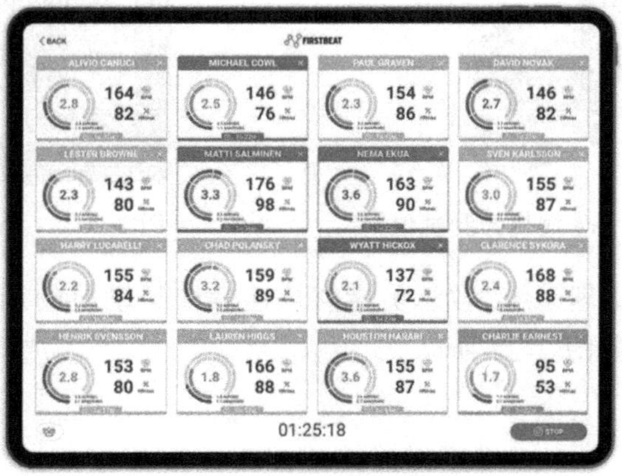

图 2-24　心率监控系统

同时，某些心率测量系统还能通过监测运动员睡眠过程中的心率，利用 HRV（心率变异性）分析来评估睡眠质量。仅需 5 分钟的心率测试即可获得 HRV（心率变异性）数据，进而提供运动员的恢复状况，并以图表的形式直观地呈现给教练员。

除了直接测量运动过程中的 HR 数据进行训练监控外，还可以通过心率间接测量运动者的最大摄氧量及运动过程中消耗的热量。这是因为心率与人体的摄氧量高度相关，尤其是进行 50% ~ 90%最大摄氧量强度之间的运动时。根据运动者输入的身高、体重以及加速度计所测量的速度信息，就可以精确推算出运动者的最大摄氧量和消耗的热量。这对于训练具有重要的指导意义，能够更准确地监控运动者的运动强度。

2. 爆发力测试仪

为了客观地实时监控运动员力量训练过程中的相关参数，线性传感器在体育领域得到了广泛应用。借助测试系统内预设的参数计算方法，可以实时计算出相关参数并通过显示系统反馈给教练员和运动员，例如动作速度、爆发力、重心位移距离等。目前，市场上已有许多采用相关技术的监测仪器设备。接下来，我们将简要介绍一种使用简便、方便携带的测试仪器，但请注意可用的设备并不限于此种。

GymAware 是由澳大利亚设计研发的，它利用专为测量运动员表现而设计的 LPT（线性位置传感器）来实时监控训练过程中的动作速度（峰值速度、平均速度）、爆发力（峰值功率、平均功率）以及重心位移距离（上升距离、下降距离）。该系统内置了多种动作模式，如深蹲、硬拉、直臂耸肩、高翻、抓举、蹲跳、卧推、卧拉等，能够为教练员和运动员提供全方位的训练监控，并能精确控制训练负荷。通过配套的 APP，可以在 iOS 设备上实时显示训练相关数据，如图 2-25 所示。

此外，该系统还能利用 iOS 设备的内置摄像机提供实时视频反馈，从而帮助教练员指导运动员改进技术动作，如图 2-26 所示。

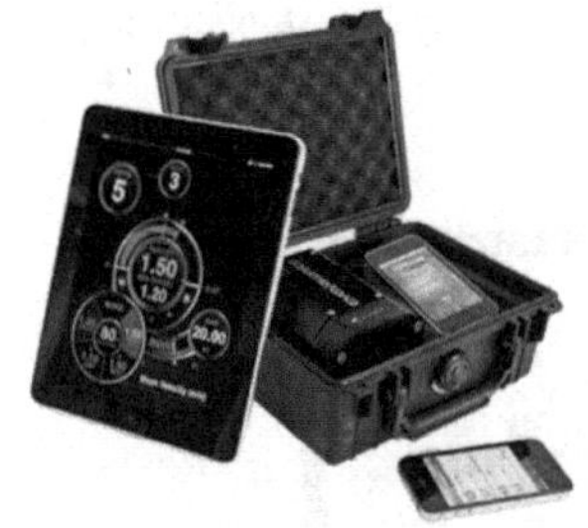

图 2-25 GymAware 爆发力测试仪

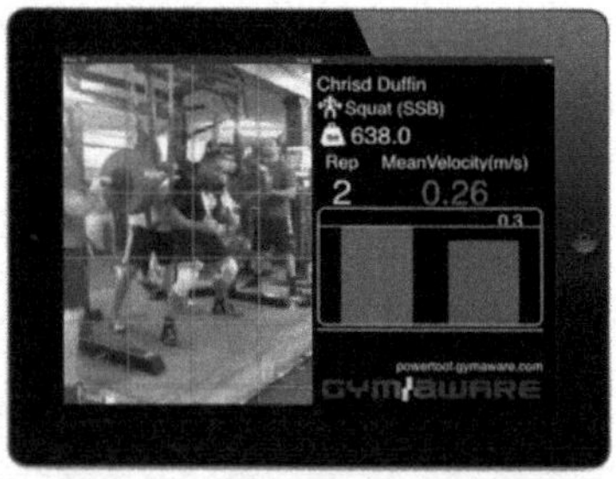

图 2-26 GymAware 视频反馈

借助后台的数据管理系统，教练员能够快速获取运动员的训练数据，并能进行自动总结，生成总结报告，如图 2-27 所示。

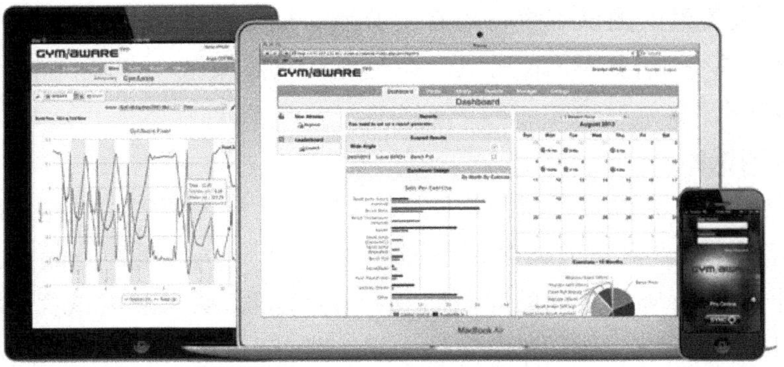

图 2-27 GymAware 总结报告

3. 心肺功能评估

(1)便携式心肺功能测试系统。

便携式心肺功能测试系统的核心部件是电化学气体传感器。这种传感器通过测量气体在电极处氧化或还原时产生的电流变化来测定气体浓度。其工作原理是,气体通过多孔膜背面扩散进入传感器的工作电极,在此处气体发生氧化或还原反应。这种电化学反应引发流经外部线路的电流变化,除了测量电流外,还需要进行放大和其他信号加工处理。外部线路维持传感器两端的电压,并设置一个反向参考电极以产生相反的反应。这样,如果工作电极是氧化反应,则反向电极就是还原反应。

基于这一原理,气体测量工程师研发出了便携式的心肺功能测试系统。这类系统非常轻便,主机可以固定在背部或胸部,口罩和电池的总重量不超过 950 克。借助便携式遥测传感器,系统可以在移动过程中将数据传输到电脑并存储在内存卡上,无线传输距离可达 1000 米。测试时,可以对受试者和运动员进行实时监测及远程控制。目前市场上有多种测试系统可供选择, Oxycon Mobile 遥测运动心肺功能测试系统便是其中之一,如图 2-28 所示。

图 2-28 Oxycon Mobile 遥测运动心肺功能测试系统

如今，最大摄氧量的测试不仅可以在实验室借助专业化的设备进行，还可以借助一些简易的测试工具完成，如 Beep 测试。甚至现在只需佩戴一个耳机，就可以获得准确的最大摄氧量数据。

（2）Beep 测试。

Beep 测试要求被测试者在两条相距 20 米的往返线之间来回奔跑。跑步的速度和节奏由声音信号控制。测试开始时，每一趟必须在下一次蜂鸣声响起前完成。随着测试级别的提升，两次蜂鸣声之间的时间间隔会逐渐缩短，要求被测试者不断提高奔跑速度。每一级别大约持续 62 秒。初始级别为第一级，完成该级别的速度要求是 8.5 千米/小时，之后每提升一级，速度增加 0.5 千米/小时。在每次级别提升前，会连续响三声蜂鸣声作为提醒。如果被测试者连续两次未能在蜂鸣声响起前越过往返线，那么他之前完成的最高级别即为他的测试结果。根据这一结果，可以推算出被测试者的最大摄氧量，如图 2-29 所示。

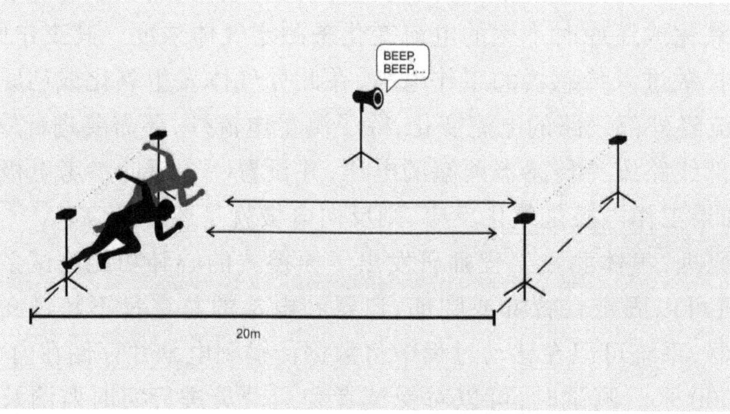

图 2-29　Beep 测试示意图

Beep 测试具有操作简单、方便的特点，只需一块超过 20 米的空地即可进行测试。此外，iOS、Android 等设备上还有相配套的 APP 可供免费下载。这使得我们可以阶段性地评估青少年运动员的心肺功能，进行纵向对比，并且该系统还提供训练模式，教练员可以按照预定的训练方案进行训练指导。

（3）关节活动度。

关节活动度在体育运动中是一项非常重要的运动能力，它在预防损伤、提升动作效率以及改善运动表现方面发挥着至关重要的作用。对于青少年运动员而言，他们正处于各项竞技能力全面提升的关键时期，关节活动度作为一项基础竞技能力，对其他竞技能力的提升和发展具有显著影响。

过去，关节运动角度的测量常采用机械角度测量仪或 Mark 点光学标记测量法等方法。然而，这些方法或多或少存在一定局限性。例如，机械角度测量仪只能测量一个关节或几个关节协同作用所产生的角度变化，而无法实时测量各个关节的实时运动角度。虽然采用 Mark 点光学标记测量法可以实现这一目标,但测试效率较低、耗时较长,且后期数据处理相对烦琐。而惯性传感器的应用则能够很好地解决这些问题。它可以实时监测多个关节角度的变化,并能够显示各个关节角度变化的时间序列,这对于动作分析具有重要意义。

MySwing Pro 是一款针对高尔夫球训练的监测分析系统,其核心功能之一是通过惯性传感器测试高尔夫球手的各个关节活动度。由于每个球员的身体条件和技术特点各不相同,因此没有一种统一的挥杆方式适合所有球员。通过对球员的身体条件进行测试, MySwing Pro 能够帮助球员了解最适合他们的挥杆方式,并为教练提供更有效的指导依据,以优化球员的挥杆技巧和体能训练计划。

例如,站立转体测试是一种测量身体各个部位最大转动角度的基础测试方法。在测试过程中,用户保持双脚不动,向左右两侧做转体到最大限度。MySwing Pro 系统会记录头部、躯干、腰部和膝盖的旋转角度等数据。通过分析这些数据,我们可以了解用户的基础柔韧性和左右两侧肌肉的平衡情况,如图 2-30 所示。

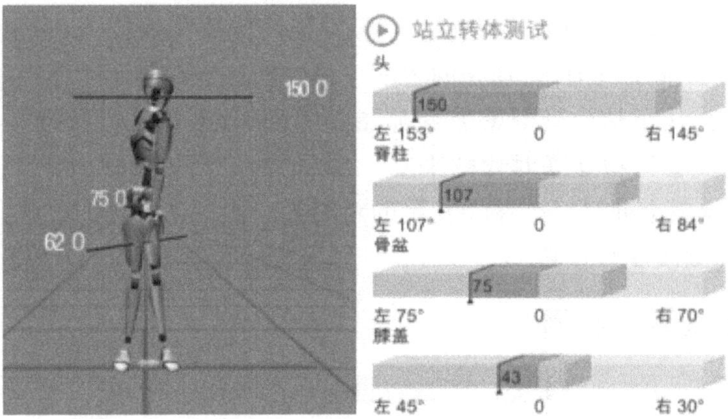

图 2-30　MySwing Pro 站立位关节活动度评测功能

不同的教练有着不同的身体测试与训练理论和方法,因此基础测试可能无法完全满足所有教练的需求。针对这种情况, MySwing Pro 系统提供了自由录制功能这一非常实用的工具。使用者可以利用该功能自由录制一个 15 秒内的任意动作,并对录制的数据进行各项旋转角度、夹角以及运动轨迹等分析。教练可以借助这些功能来验证和发展自己的训练理论和方法。

如图 2-31 所示,一位运动员使用自由录制功能录制了一个深蹲动作。在模型设置中,我们可以调出该运动员的膝盖夹角和脊柱前倾角等数据指标,从而判断这个深蹲动作是否符合教练的标准要求以及技术动作的合理性。通过这种方式,教练可以更加直观地了解运动员的身体状况和技术水平,为制定个性化的训练计划提供有力支持。同时,这也为运动员自我评估和改进提供了便捷的途径。这套系统的关节活动度评测功能确实能够快速有效地为运动员身体评测提供量化参考数据。

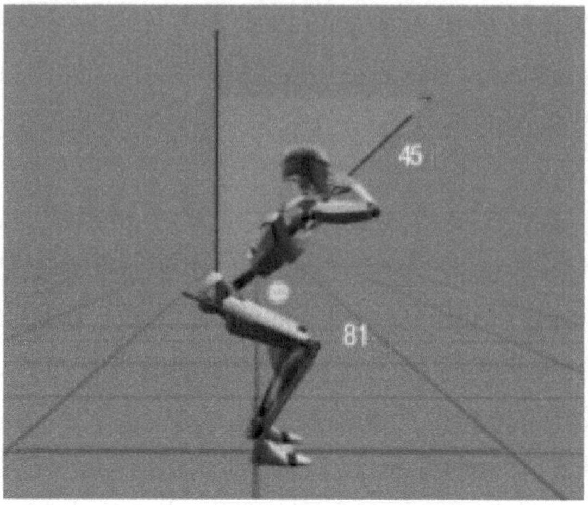

图 2-31 MySwing Pro 自由深蹲评估

本小节通过多个案例详细讲解了智能体育中涉及的多种技术和产品。目前，许多设备看起来仍然相当复杂，似乎在日常运动训练中难以应用。然而，科技发展的必然趋势是让更先进的技术变得更容易使用。今天看似高深莫测的技术，未来可能变成随处可见的产品。以智能手机为例，现在的智能手机性能已经超越了十年前的个人电脑，同时在易用性方面，从小学生到耄耋老者都能熟练操作，这正是科技进步带来的巨大变革。我们相信，随着万物互联时代的来临，大数据的广泛应用以及人工智能技术的崛起，智能体育很快就会迎来一个蓬勃发展的新时代。而运动训练的方式和形态，也必将被智能体育所深刻改变和重塑。

2.4.3 体能表现数据监测

体育运动中另一类至关重要的测量数据与运动表现直接相关，例如位移、速度、加速度、力量、功率等。针对这类与运动表现直接相关的测量系统，我们可称其为运动表现监测分析系统。目前在足球、游泳、田径、自行车等多个领域，此类系统均得到了广泛应用。

以美国女足为例，她们一直保持着世界女子足球的顶尖水平，并持续利用各种科学手段和智能体育设备进行科学训练。在日常训练中，美国女足采用了一种新型追踪系统，对训练中的队员进行量化监测与评估。该系统以 GPS 追踪模块为核心，能够准确追踪球场上每名队员的速度、侧向运动以及冲撞情况。基于这些数据，教练员能够为每位队员量身定制训练和康复计划，从而最大限度地提升她们的运动表现。

以上仅为一个简单实例。目前，针对运动表现数据的测量与分析已经衍生出不同的技术类别及相应的产品，并在多种运动项目中得到了成功应用。下面将根据技术类别的不同分别进行介绍。

1. 定位技术及应用

对于运动表现数据的采集，如距离、速度、加速度等，定位技术是其中的一项关键技术。一般采用两种方案：GPS 和 UWB（超宽带）。GPS 作为目前常规的定位手段，在此不再赘述。而 UWB 定位技术近年来的应用也越来越广泛。不同于传统的载波通信技术，超宽带利用纳秒及纳秒以下具有非正弦特性的极窄脉冲来进行数据交换，因而具有超高的时间和空间分辨率。UWB 定位技术具有诸多优点，包括：（1）系统容量大，传输速度快；（2）发射功率低；（3）分辨率高，尤其在室内或建筑物密集场合可获得良好的定位效果，同时在进行测距、定位、跟踪时也能达到更高的精度；（4）系统保密性好；（5）穿透能力强；（6）定位精度高。由于 UWB 信号具有超宽频带的特性，其距离分辨能力可达到厘米级，使得 UWB 系统相对于 GPS 具有更优异的距离分辨精度。但需要注意的是，其精度会受到 UWB 传感器的布设方式和穿透性等因素的影响。

基于定位技术的体育运动应用产品代表有 Catapult 系列产品。该产品基于 GPS、GNS 和 LPS 定位模块，针对足球、篮球、板球、田径等运动项目均推出了相应版本，甚至对足球守门员的训练也提供了专项统计和分析模块。国内也有类似产品，如动量科技、贝马科技、中建体育等公司也研发了类似的定位系统解决方案。其中，动量科技选用了基于 GPS 和北斗系统的定位技术，应用于足球比赛中的定位，如图 2-32 所示；而贝马科技、中建体育则采用了 UWB 技术。

图 2-32　GPS 定位系统产品示例

2. 速度测量技术及应用

速度的测量在体育运动中具有广泛应用。以赛艇、皮划艇等水上运动为例，艇速和桨频是非常重要的测试指标。NK 水上运动表现分析系统是目前应用最广泛、最专业的艇速与桨频分析系统，如图 2-33 所示。该系统主要由两大核心分析系统组成：GPS 系统与叶轮系统。GPS 系统由 GPS 模块与加速度计传感器构成，通过模块在地表的实时坐标位置来分析模块与地面的相对速度，从而得到艇与地面之间的相对速度；而叶轮系统则通过叶片的转动来测量艇与水之间的相对速度。综合这两项速度数据，就能够对艇的运动轨迹与运动效率进行精确分析。经过算法处理后，NK 水上运动表现分析系统能够为运动员和教练员实时提供距离、速度、桨频、冲程率、冲程计数等运动表现数据。

图 2-33　NK 水上运动表现分析系统

3. 力的测量技术及应用

体育运动员对力的正确使用与否将直接影响比赛成绩。测力台是最常用的测量运动过程中与力相关的指标参数的仪器设备。它主要借助压电式传感器来测量力和能变换为力的非电物理量。当压电材料受到某固定方向外力的作用时,其内部会产生电极化现象;当外力撤去后,其又恢复到不带电的状态;当外力作用方向改变时,电荷的极性也随之改变;受力所产生的电荷量与外力的大小成正比。经过一系列算法处理,最终将采集到的信号转换为能够展现给测试人员的相关数值。通过测量三个方向上的力值,可以获得垂直力、横向力和前后力的大小。

在利用测力帮助运动分析与训练方面, Kistler 的产品非常具有代表性。以其游泳动作分析系统为例,该系统可以对运动员起跳瞬间的力进行精确测量,完整系统由起跳测力台、转身测力台、5 台高速摄像机以及分析软件系统构成。教练员与科研人员可以通过播放视频与测力数据相结合进行生物力学分析,以了解、分析和对比每次训练数据。根据这些详细信息,教练和运动员可以有针对性地对训练进行调整以提高运动表现,如图 2-34 所示。例如,在里约奥运会 50 米自由泳比赛中, 35 岁的美国泳坛老将安东尼·埃尔文以 0.01 秒的领先优势斩获金牌。埃尔文在赛前使用 Kistler 游泳动作分析系统(PAS-S)进行了为期四个月的训练,成功提升了入水起跳动作成绩,为最终夺冠奠定了坚实基础。

在田径短跑运动中,Kistler Sprint 分析系统可以对运动员起跑瞬间的力进行测量。如图 2-35 和 图 2-36 所示,该系统由带有测力仪器的起跑模块、采集速度的激光器、提供视觉反馈的高速摄像头以及电子起跑系统组成;所有数据均同步采集并由软件后台负责计算和深入分析。Kistler Sprint 系统能够为教练和运动员提供即时反馈和可靠数据并实现数据的可视化。根据这些详细信息,教练和运动员可以获得清晰的训练目标,从而有效提高短跑运动中的起跑技术。

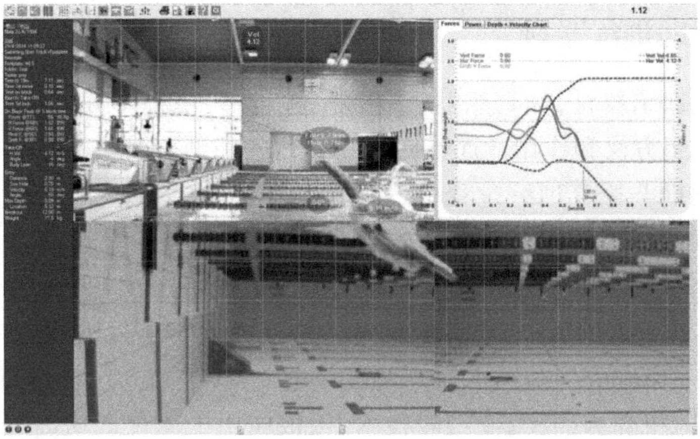

图 2-34　Kistler 游泳动作分析系统

图 2-35　Kistler Sprint 起跑器

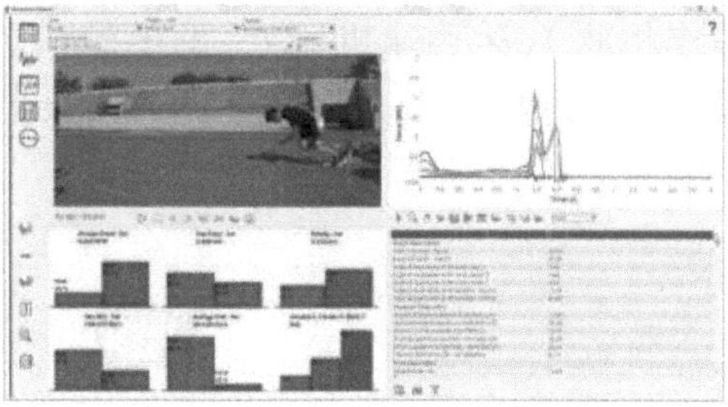

图 2-36　Kistler Sprint 分析系统

4. 功率测量技术及应用

功率是体育运动项目中可测量的且意义非常重要的一个数据类型。以自行车比赛为例，它是运动员身体素质、运动技巧以及战术的综合体现，而功率测量则是自行车运动训练中的一个重要手段。SRM 公司的功率分析仪是职业自行车运动中使用最广泛的、最权威的功率计产品，如图 2-37 所示。典型的 SRM 功率分析仪为曲柄式功率计，它使用张力计测量骑乘者施加力量的大小，通过检测曲柄的形变来实现；同时，通过磁感元件或加速计来检测骑乘者的“运动频率”，从而计算出骑乘者的功率大小。在通信方面，SRM 主要使用 ANT+开放式通信协议，确保选手的表头在收到功率信息的同时，教练也能够同步收到相同的资料。

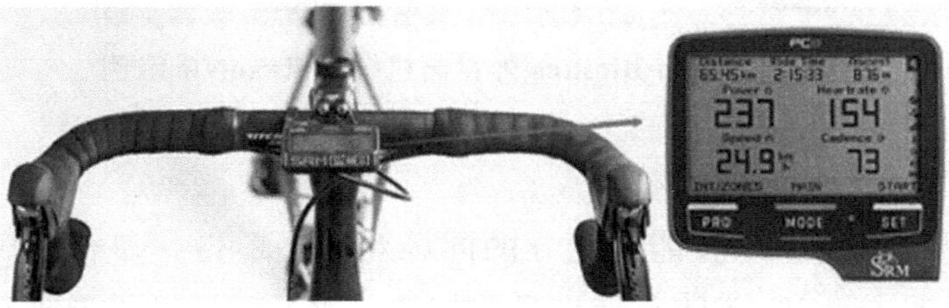

图 2-37　SRM 自行车功率分析仪

2.4.4 专项辅助训练器材

传统的体育训练器材，如划船器、牵引器、杠铃等，根据不同的运动项目训练需求，各有其独特的使用方法和作用。而针对运动损伤的辅助器材，如轮椅、助行器、拐杖等，至今仍在运动辅助与康复训练过程中发挥着不可替代的重要作用。然而，目前的体育训练往往以过度的体力负载与经验灌输为代价，存在竞技性体育周期缩短与运动损伤风险增大的问题。尤其是运动后损伤的康复与辅助方法，单一被动式的特征缺陷愈发明显。因此，引入新型辅助训练与康复训练方法至关重要。例如，功能性电刺激（Functional Electrical Stimulation，FES）、生物反馈电刺激（图 2-38）、机械外骨骼（Exoskeleton，Exo）、智能机器人（图 2-39）等技术，正被应用于体育运动训练及康复辅助系统的研究与开发中，为训练提供客观、科学的指导标准，具有重大意义。近年来，相关技术的研究已取得实际应用成果。按体育运动项目分类，有足球机器人（用于足球标准动作检测）、乒乓球机器人、羽毛球机器人、拳击机器人以及基本动作训练机器人等。以下为足球机器人、乒乓球机器人、拳击机器人的简要介绍。

图 2-38　生物反馈电刺激示例

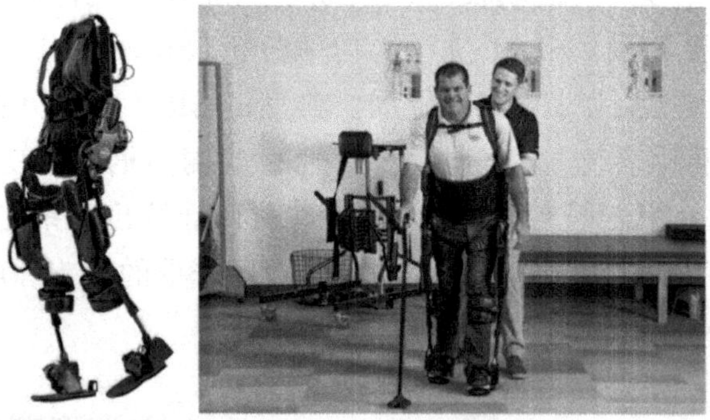

图 2-39　Ekso Bionics 外骨骼机器人 EksoNR 示例

1. 足球机器人

众所周知，足球是一项以技能为主导的同场对抗性项目。随着现代足球运动的发展，足球比赛竞争日益激烈，攻防节奏也日益加快。对足球运动员专项技术动作的评估是当前研究的热点，也是一项具有较大难度的研究技术。为此，基于动作捕捉的检测系统应运而生。该系统利用足球标准检测系统对足球比赛中的视频图像进行还原和剪辑处理,针对足球比赛中足球运动员的技术动作进行图像处理,实现足球技术动作的捕捉,为后续的分析提供便利。该系统的应用不仅有助于球员的训练,还可以建立庞大的足球训练数据库,为球员大赛前的训练或科学化的现代足球体育教育提供重要的技术依据。经过多年的不断更新换代与技术革新,目前国内外的足球动作检测系统已经较为完善,并且应用十分广泛。

2. 乒乓球机器人

最初的乒乓球机器人大多是一种单头的乒乓球多球发球机,只具备发球功能,而无还手能力,可以代替教练或陪练连续不断地发出变化多端的球。后来,逐渐发展到能回击对手来球的新一代乒乓球机器人。该机器人主要包含机械系统、视觉系统、控制系统三个核心部分,为乒乓球教育或比赛提供了更为标准化、客观性的训练模式。

早在20世纪80年代,乒乓球机器人的相关研究就已经备受关注。例如,美国Andersson和瑞士苏黎世高等工业学院等均推出了各自的乒乓球机器人成果,如越南Tosy公司的人形乒乓球机器人TOPIO和美国的乒乓球机器人SARCOS等。乒乓球机器人的研究在我国起步较晚,但上海交通大学、西安工程科技学院、浙江大学等研究机构也纷纷推出了各自的乒乓球机器人成果,包括对乒乓球的轨道预测研究、乒乓球机器人的腕部结构、自由度的研究等等。

3. 拳击机器人

拳击运动往往伴随着更高的力量冲击元素,对机器人自动化要求较高。因此,有关拳击机器人的发展研究工作起步较晚。一般拳击机器人配备了高速计算机视觉和运动识别系统,该系统能识别用户的拳击动作,并通过移动拳击袋等方式避开拳头做出反应。

2018年,德国SkyTec Interactive推出了一款人工智能训练沙包——BOT BOXER,如图2-40所示。这是一个特别厉害的“拳击高手”,可有效帮助人类拳击手提高或改进他们的训练水平。当然,不同的人有不同的技术水平,所以该系统是可调节的,例如可以调节反应时间、机器人的运动范围、误差频率以及冲孔后恢复所需的时间等。

图2-40　BOT BOXER系统示例

2.5 智能科技在运动技战术分析中的应用

技术是指运动员在融合所练习的技能、体能、生理、动作、意识、观察等各种因素后所展现出的综合比赛能力。

战术是指运动员自身或者多名运动员之间的协同配合。通过分析运动员所运用的技能、动作发生的位置、时间和所涉及的参与者之间的关系,可以揭示比赛的模式,并阐述运动员所采用的策略。

1. Playermaker

在足球运动中,每一次互动都离不开脚部的参与,这也是为什么传感器在鞋子上的位置对于触球的精确测量至关重要的原因。可穿戴足球分析与伤病预防设备 Playermaker 通过传感器可测量所有相关数据,如技术能力、身体能力和步态参数等。先进的步态分析功能有助于保护球员免受腿部疲劳损伤、过球滞留造成的冲击损伤以及不平衡跑步模式造成的损伤。

通过可穿戴设备进行球员的数据收集,可以进行多维度的分析,包括以下 4 个方面。

(1)技术分析。涉及触球、控球时间、传球数、出球次数等指标。

(2)战术分析。涵盖传球成功率、控球转换、控球率、控球时间、传球路线以及在控球期间传球次数等方面。

(3)体能分析。包括跑动距离、冲刺统计、最高速度、配速以及加速和减速区间等指标,全面评估运动员的体能状况。

(4)步态和负荷分析。通过测量步幅、接触时间、节奏以及不对称统计数据等,揭示运动员的步态特征和运动负荷。

视频自动标记功能能够自动对每个动作进行标记,通过快速从 Playmaker 平台导出 XML 文件,再将其导入到视频软件中,即可获得个人的剪辑,从而节省大量时间。

2. Homecourt

除了运动员本身的运动天赋外,正确而高效的训练同样至关重要。一个好的教练或正确的练习方式往往能起到事半功倍的效果。NBA 之所以强大,一个重要的原因在于球员们善用各种科技手段来精进球技。这是值得其他球员学习和借鉴的地方。例如,一款名为 Homecourt 的轻便手机应用就能为篮球运动员提供高效的私人教练服务,帮助他们进行卓有成效的训练。使用 Homecourt 进行训练时,它可以辅助投篮训练,告诉用户在一次训练中投进了多少球以及每次出手的精确位置等信息,帮助训练者进行复盘并给出建议。此外,这款应用还能即时或慢动作播放每次出手的视频,如图 2-41 所示。使用时只需配备三脚架并打开 Homecourt,即可根据手机录制的训练视频来跟踪个人篮球训练过程中的动作。然后经由算法分析处理,会反馈出训练的报告和意见，指出不正确的动作并绘制出投篮热区，从而清晰地划分出个人的优势和缺点。通过利用人工智能、计算机视觉等技术手段，系统会自动进行建模并绘制出球场的虚拟点位，进而进行计算和分析。

图 2-41 Homecourt 训练视频示例

目前，Homecourt 已经被大量应用于篮球运动中，成为帮助篮球运动员纠正投篮动作的有效工具。其价值得到了广泛认可，并获得了纳什、林书豪和库班等知名人士的投资。据报道，该软件还将推出新的功能，如投篮出手的速度、角度和起跳高度等指标的分析。同时，它正朝着多人分析的方向发展，以期为 5v5 的训练提供更为全面的数据分析支持。

3. ZEPP

ZEPP 可以通过带有传感器的底座，如图 2-42 所示，捕捉网球的各项关键数据，包括击球类型、球速、旋转、击球甜区等。该设备可以量化分析训练和比赛，衡量运动员与其他对手的差距，从而更有针对性地进行训练，提高击球质量，进而赢得更多的比赛。它可以即时呈现详细的击球数据——正手/反手（上旋/平击/切削）、发球、截击、高压，以及不同击球类型的球速和旋转，帮助运动员发现自己的弱点和改进空间。它能精准识别正手/反手、发球、截击、高压的击球点位置，直观呈现击球点分布及甜区率，提供仅依靠视频无法获得的准确信息，帮助运动员迅速解决击球准确性问题，提升击球稳定性。此外，它还能捕捉并跟踪正手/反手、发球等不同击球类型的球速和旋转，帮助运动员更精准地控制速度，从而更自信地击球，给对手施加持续不断的压力。ZEPP Tennis APP 内还提供便捷的记分工具，可供记分人员标记比赛数据。赛后，运动员可即时查看 ZEPP 自动生成的比赛报告，包括破发数量、发球得分率等，迅速了解自己的得分/失分点，如图 2-43 所示。

4. 可视化技术

除了具体辅助的运动项目，可视化技术在技战术分析上的应用也至关重要。利用计算机图形学和图像处理技术，将数据转换成图形或图像在屏幕上显示出来，并进行交互处理的理论、方法和技术，有助于教练员和运动员们更加清晰直观地了解数据信息的关键因素，从而为训练和比赛制定更加有针对性的对策，如图 2-44 所示。

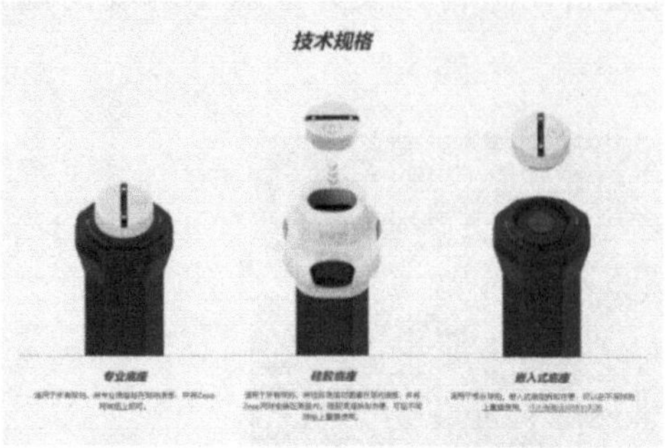

图 2-42　ZEPP 球拍底座传感器

图 2-43　ZEPP 应用程序界面

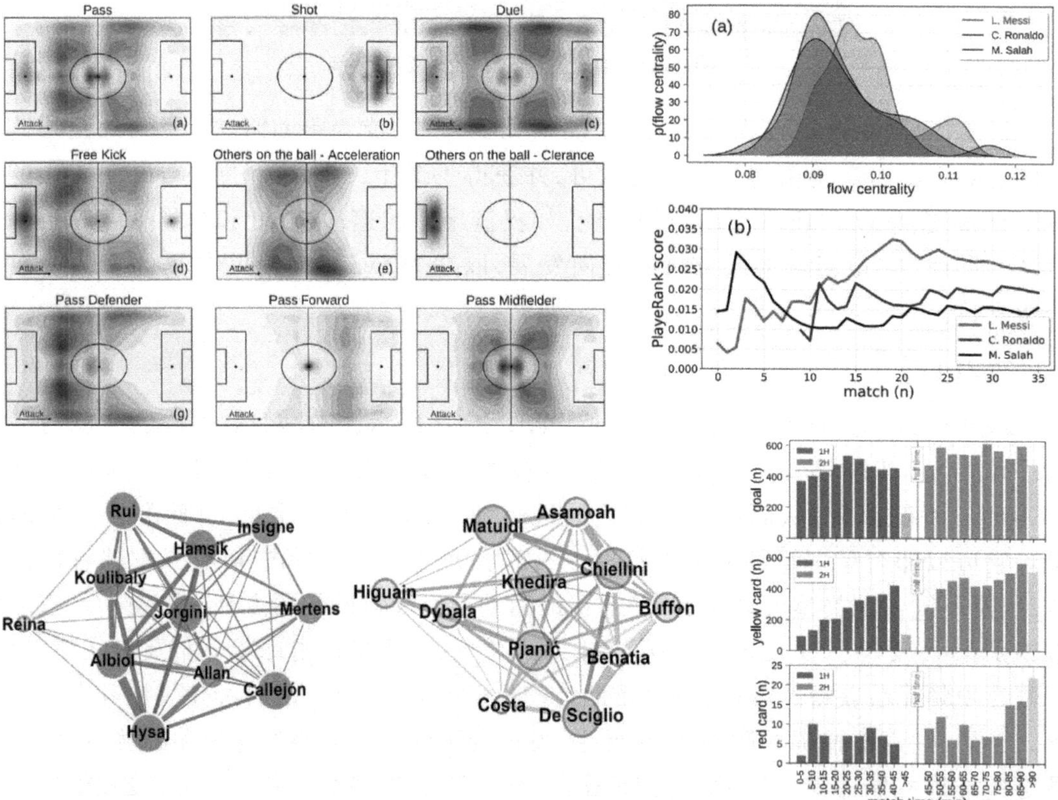

图 2-44　可视化技术应用案例

运动技战术分析的智能应用流程主要是根据智能化装备的环境要求，架设好采集信息的基站，进行场地标定，再将可穿戴设备佩戴在运动员身上或者相应的运动器材上进行调试。确认其处于正常工作状态后，开启技战术数据的记录。运动员执行相应的运动动作，完成阶段性的训练或者比赛后上传采集到的数据，回收并关闭设备。之后从云端将本次采集到的数据信息下载下来进行可视化处理，得出最终的报告来为教练员和运动员提供参考。详细的应用流程将在后续的章节中进行说明。

2.6 智能科技在技术动作分析中的运用

技术动作数据主要与运动生物力学相关,代表了运动员在完成各种动作中所包含的技术信息。通过生物力学的方法收集和分析这类数据,有助于确立各类动作的技术原理、建立动作技术模式,并指导技术教学和动作学习。同时,结合个人身体形态、机能和素质等特点,可以研究适合个人的最佳运动技术动作方案,提高动作技术效率,从而提升运动表现水平。

技术动作的数据种类主要包括关节活动角度、关节活动速度、关节之间夹角、身体重心位置、动力链序列、身体运动轨迹、足底压力分布以及肌电图等。

2.6.1 人体运动动作捕捉

对体育运动动作进行捕捉与分析,是研究如何提高运动成绩并预防错误动作给运动员带来潜在伤病风险的重要手段。过去,教练主要依赖普通视频分析,但这种方式无法获得完整的动作信息。很多技术分析,如运动过程中身体各个部位的 3D 运动轨迹和动力链序列,都难以被精确分析。然而,近年来快速发展的基于不同技术路线的动作捕捉技术与生物力学理论相结合,为解决这个难题提供了越来越丰富的技术手段。

美国运动员内森·阿德里安(Nathan Adrian)是世界上最优秀的 50 米和 100 米自由泳选手之一,曾参加过北京奥运会和伦敦奥运会。阿德里安在社交媒体上发布了一段视频,视频中他穿戴一身传感器飞身跃入泳池进行正常训练。训练完成后,他通过穿戴的传感器设备和分析软件进行动作分析和评估,并在改进不合理动作后再次投入下一次训练。他说:“以前,我们只能靠教练目视来改正泳姿以及划水、打水等技术动作。现在,我在身上捆绑 LED 传感器,并利用软件进行分析。我能够在软件图像中看到我的脊线角度差异,并注意到我的上胸动作幅度与那些经常打败我的选手有何不同。视频分析技术帮助我们发现微小的改善空间,而这正是我们目前的关注点。借助于这项技术,我们可以深入了解如何保持身体的动力。”

1. 人体动作捕捉系统构成

人体动作捕捉系统主要由数据采集系统、动作模式分析系统以及展示与反馈系统三大部分构成。

数据采集系统是核心部分,负责利用采集设备将运动员在运动过程中的身体姿态等数据进行收集并保存。目前,针对动作捕捉的数据采集方式主要有 3 种,分别为视频拍摄设备采集、光学捕捉设备采集和惯性传感器设备采集。

(1)视频拍摄设备采集。

视频拍摄采集的优点在于设备易获取、操作简单,且不需要特别穿戴设备。然而,其缺点在于运动模型分析结果可能不准确。因为拍摄得到的是二维画面，同一时间帧的动作角度可能会因拍摄位置的不同而产生差异，导致角度分析结果的不一致性。为了提高视频分析的准确性，需要提供多台不同角度的摄像机进行拍摄，并对拍摄图像进行算法优化和数据分析。但这无疑增加了采集方式的成本。图 2-45 展示了典型的视频运动动作分析系统。

图 2-45 视频运动动作分析

（2）光学捕捉设备采集。

光学捕捉设备采集是通过光学摄像头（如红外摄像头）对已经用光点标记的运动员进行运动数据采集，如图 2-46 所示。光学动捕技术对运动项目和环境的要求非常严格。由于许多项目的运动动作和运动距离具有强相关性，因此需要研究各个阶段的数据关系。然而，光学定位设备因搭建和有效测量距离的限制而无法在某些场景中使用，同时环境干扰和动作遮挡也会严重影响数据的获取和精准度。此外，光学捕捉设备还包括无标记点光学动捕与深度相机类型，具体将在后文进行描述。

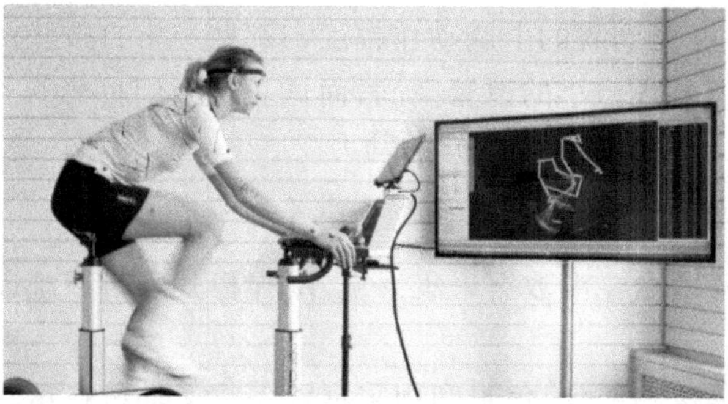

图 2-46 光学运动捕捉设备

（3）惯性传感器设备采集。

惯性传感器采集设备通过穿戴在运动员身上的若干个集成了加速度计、陀螺仪和磁力计的单元来获取运动过程中的身体姿态变化信息，如图 2-47 所示。这类设备对运动环境和使用场所没有严格要求，使用方式简单且不需要复杂的校准等准备工作。它通过惯性传感器获取的数据来还原人体动作的三维姿态。然而，惯性传感器设备在使用过程中可能会产生累计误差，因此需要对设备进行重新校准或采用智能化的自动标定方法。

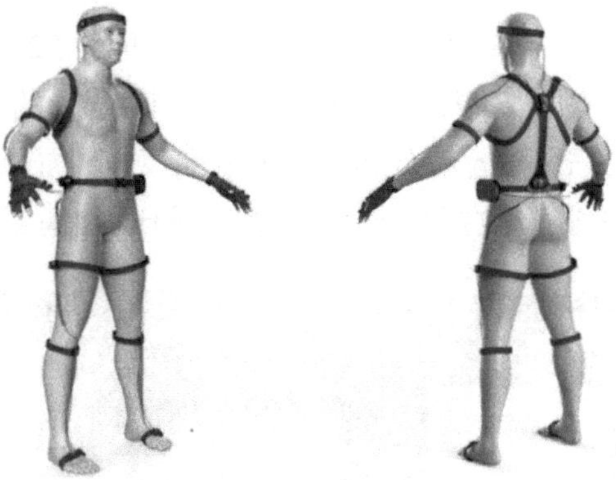

图 2-47　惯性动作捕捉设备

无论采用哪种数据采集手段，其目的都是将测量对象运动中的角度、速度、距离、时间等参数记录下来，并以文件或图表的方式输出通用信息。但这些信息并不能直接与专项运动的特点相结合。要进行更详细、有针对性的分析，则需要教练员根据所属专项运动的具体运动模式与特点提出相关需求和建议，并与体育工程研究人员共同设计研发运动模型分析系统，以实现针对专项运动的自动化分析。

展示与反馈系统负责将数据采集系统与运动模型分析系统的数据分析结果进行可视化展示，并按照要求提供反馈。它可以根据不同项目的特点设计数据统计图表、数据分析报告及队员管理等功能。反馈功能则可以在实时训练中对运动员进行及时提醒，起到随时监督的作用。

2. 人体动作捕捉系统分类

人体动作捕捉系统主要包含无标记式动作捕捉系统、惯性动作捕捉系统和光学动作捕捉系统。近年来，随着技术的迅速发展，市场上涌现出众多商业产品，并在实际训练中得到了广泛应用。下面将根据不同的技术特点和应用场景，对典型的动作捕捉产品及其在训练中的应用进行举例说明，以便教练员在未来进行有针对性的选择或根据自身项目特点进行定制化设计与开发。

（1）无标记式动作捕捉系统。

无标记式动作捕捉原理主要分为 3 种。

①第一种是基于普通视频图像的运动捕捉，通过二维图像人形检测提取关节点在二维图像中的坐标，再根据多相机视觉进行三维测量，计算关节的三维空间坐标。然而，由于普通图像信息冗杂，这种计算通常鲁棒性较差，速度慢，实时性不佳，且关节缺乏定量信息参照，计算误差较大。

尽管存在以上不足之处，但由于使用简单，只需符合需求的摄像设备即可，无需在运动员身上穿戴或设置标记点，因此可以很容易地在正常训练时对运动员进行动作测量与量化分析。同时，这类产品的历史较长，形成了较大的用户基数，其中最为广泛使用的产品之一是 Dartfish。

Dartfish 产品包括移动端专项运动视频分析、360 度运动视频分析、视频流运动分析和专业级运动视频分析。移动端专项运动视频分析（图 2-48）无需任何复杂的设备搭建，手机、平板、摄像机均能作为视频获取工具。将记录的视频导入应用软件后，即可利用其标记分析等工具进行运动分析，包括标准、慢/回放、画图、分屏等功能；同时，还能针对不同运动员训练进行数据标记和统计，特别适合基层青少年教练的训练使用。

图 2-48 Dartfish 移动端专项运动视频分析

Dartfish 360 度运动视频分析（图 2-49）需要便携式的高清摄像设备，能针对高清视频中的每一帧画面的动作和细节进行标记、测量等分析。同时，此版本还能对视频进行编辑合并，针对重要细节进行详细分析。

图 2-49 Dartfish 360 度运动视频分析

在 Dartfish 的专版版本中，为了减少单一拍摄视角对运动动作分析造成的误差，使用多台广角摄像设备进行数据录入，然后将多角度视频整合成一个视频，还原真实的运动过程，提高分析的准确度，如图2-50所示。

图2-50　Dartfish 专业运动视频分析

②第二种是基于主动热源照射分离前后景信息的红外相机图像的运动捕捉，即所谓的热能式动作捕捉。其原理与第一种类似，但经过热光源照射后，图像前景和背景得以分离，使得人形检测速度大幅提升，从而提高了三维重建的鲁棒性和计算速率。然而，由于热源从固定方向照射，导致动作捕捉时人体运动方向受限，难以进行360°全方位的动作捕捉，例如转身、俯仰等动作并不适用。此外，同样无法突破因缺乏明确的关节参照信息导致计算误差大的技术壁垒。

③第三种是基于三维深度信息的运动捕捉。系统通过结构光编码投射实时获取视场内物体的三维深度信息，根据三维形貌进行人形检测并提取关节运动轨迹。这类技术的代表产品是微软公司的Kinect传感器，如图2-51所示。其动作识别实时性好、采样速率高且价格非常低廉。但在效果方面则差强人意，存在关节位置计算误差大、层级骨骼运动累积变形等问题。在应用于运动训练中时，会受到有效工作范围小、精度不足等限制。

图2-51　Kinect 传感器与动作捕捉

基于视觉分析的还有GoPose，它能够自动识别人体姿态的25个关键点，从而方便进行运动技术分析。GoPose提供关节角度、位移速度等常用运动学结果，帮助运动员、教练员及体育科研工作者快速得到基础分析结果，如图2-52所示。该系统适用于比赛、训练、科研等多种场景，其优势在于无接触式测量、快速反馈以及免费开源等特点。这解决了实验室设备需复杂穿戴以及人工智能运动分析系统等软件使用价格高昂的问题，助力广大基层教练员和运动员实现科学化训练。

深耕动作捕捉和生物力学分析的Uplift公司，推出了便携式的“运动表现实验室”，其标志性产品仅需两台苹果手机即可运行。该公司旗下的Uplift Capture运动追踪系统能够精准分析棒球投球、篮球投篮、高尔夫挥杆等关键动作，运动队也可利用该系统评估运动员的体能与平衡能力。目前，Uplift的主要服务对象为职业运动员，并已成功与NBA、MLB和MLS等顶级体育赛事组织建立深入合作关系并获得投资。

Uplift Capture通过两个iPhone视频以全3D形式重构运动员的动作，无需额外的传感器或其他昂贵硬件设备。此系统基于Web仪表板，支持同步分析3D可视化运动数据与原始视频，如图2-53所示。其设置简便，无需冗长的校准过程。只需准备两部iPhone、两个三脚架和适当的空间即可开始使用。打开应用程序、配对设备后即可开始录制。此外，每个运动片段或剪辑均可作为json文件下载，包含原始运动数据和关节坐标信息。Uplift的最大优势在于无需运动员穿戴任何设备或在特定实验环境中进行实验。

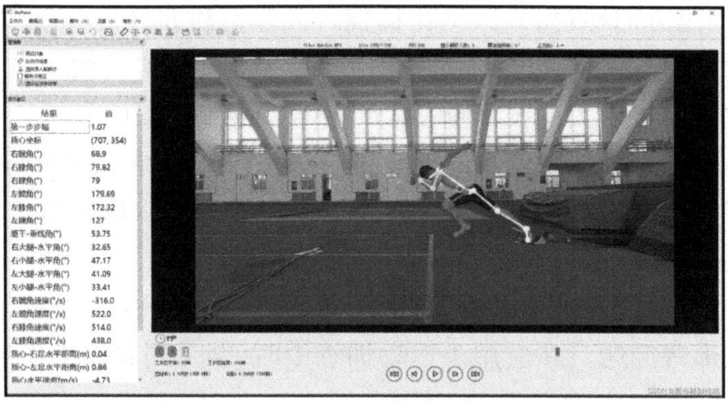

图2-52　GoPose视觉动作捕捉示例

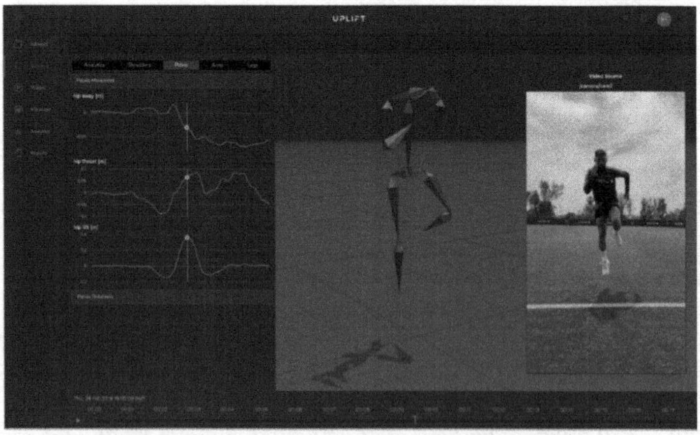

图2-53　Uplift Capture视频动作捕捉

(2)惯性动作捕捉系统。

惯性动作捕捉系统是一种利用九轴惯性传感器进行数据采集的技术。通过将传感器佩戴在运动物体上,该系统能够捕捉运动物体的姿态和方位等信息。随后,这些数据通过数据传输设备被传输到数据处理设备中进行修正处理,最终构建出人体或运动物体的三维模型。该模型能够随着运动物体的真实运动而自然、准确地运动。

惯性动作捕捉系统采用由三轴陀螺仪、三轴加速度计和三轴磁力计组成的惯性测量单元来测量传感器的运动参数。其中,加速计用于检测传感器受到的加速度的大小和方向。它通过测量组件在某个轴向的受力情况来得到结果,表现形式为轴向的加速度大小和方向(XYZ)。然而,加速计在测量设备相对于地面的摆放姿势时精确度不高,这一缺陷可以通过陀螺仪得到补偿。陀螺仪的工作原理是通过测量三维坐标系内陀螺转子的垂直轴与设备之间的夹角,并计算角速度,通过夹角和角速度来判别物体在三维空间的运动状态。它擅长测量设备自身的旋转运动,但无法确定设备的方位。而磁力计则能够弥补这一缺陷,它擅长定位设备的方位,可以测量出当前设备与东南西北四个方向的夹角。

在动作捕捉系统中,陀螺仪传感器用于处理旋转运动,加速计用于处理直线运动,磁力计用于处理方向。简而言之,陀螺仪知道“我们是否转了身”,加速计知道“我们运动了多远”,而磁力计则知道“我们的运动方向”。在动作捕捉系统中,这三种传感器充分利用各自的特长来跟踪目标物体的运动。

由于惯性动作捕捉系统适合户外使用,它受到了许多欧美研究专项运动的教练和专家的青睐。以较早使用惯性传感器开发动作捕捉系统的典型公司 Xsens 公司为例,其开发的人体动作测量解决方案(Human Motion Measurement)融合了惯性传感器、生物力学、多源数据融合算法等技术,提供了一个较为通用的全身人体运动模型测量解决方案。该方案常被用于专项体育的动作测量、分析与研究。被测运动员全身穿戴 17 个无线惯性模块(这些模块分别布置在头、上肢、躯干、下肢等位置),通过惯性传感姿态来计算出人体模型姿态,并进行正常的训练。传感器的数据通过无线网络实时传输到分析软件端,输出 3D 人体模型数据和主要运动参数曲线。教练员和专家可以通过对比分析每一时刻的运动员动作姿态信息来理解、洞察并帮助改进运动员的动作。如图 2-54 所示,橄榄球运动员利用此款产品分析击球整个过程中运动员动作姿态和最终位置之间的关系。通过模拟运动员姿态和动作的整个过程,为运动员提供改进因素,从而优化训练效果。

虽然 Xsens 公司的惯性产品问世较早,但迄今为止,其所提供的人体动作测量解决方案仍是一个通用方案,适用于大多数情况下的运动数据收集,并能够对人体动作模型进行还原与简单参数曲线输出。然而,该方案并未针对不同专项运动中可能产生的测量误差进行针对性修正,也无法根据运动特征对运动测量结果进行适当优化以提高测量精度。其分析软件输出仅限于基本参数曲线,因此更偏向于科研应用,难以在教练员指导训练比赛中实际使用。此外,Xsens MVN 解决方案单套成本较高,也导致了其推广受限。

图 2-54 Xsens MVN 应用于橄榄球项目分析

与 Xsens 类似，大多数惯性传感动作捕捉设备最初是为影视特效制作而设计的。但随着技术的不断发展，它们也开始应用于运动体育研究领域，并逐渐出现了针对专项运动的专业产品。下面介绍另一款基于惯性传感技术的动作捕捉设备——MySwing Pro。这款设备从高尔夫教练的实际训练需求出发，直接提供了高尔夫专项运动分析中动力链序列、角度、角速度分析，甚至还包括运动员身体运动功能评测等。

MySwing Pro 是针对高尔夫训练的专用动作分析系统。它利用穿戴在运动员身上以及安装在球杆上的共 18 个惯性传感设备来获取运动过程中的数据，并进行量化分析。此款产品的优势在于深度集成了针对高尔夫运动的动力学模型分析功能，能详细分析挥杆过程中身体以及与球杆协同的运动情况。同时，它还能记录历史数据，提供基于时间轴的数据分析功能，帮助教练员长期跟踪分析运动员的训练效果。

在图 2-55 中，我们可以看到软件界面中的高尔夫球手身体姿态与挥杆轨迹。在时间轴上的每一个时刻，球手身体的每个关节角度都能直观地展现在界面中，并且可以在三维空间中从不同视角进行观察和分析。右侧的曲线图则显示了挥杆过程中球手身体运动以及人-杆协同的各种指标。通过这些曲线图表，我们可以深入了解球手挥杆动作中的优缺点。

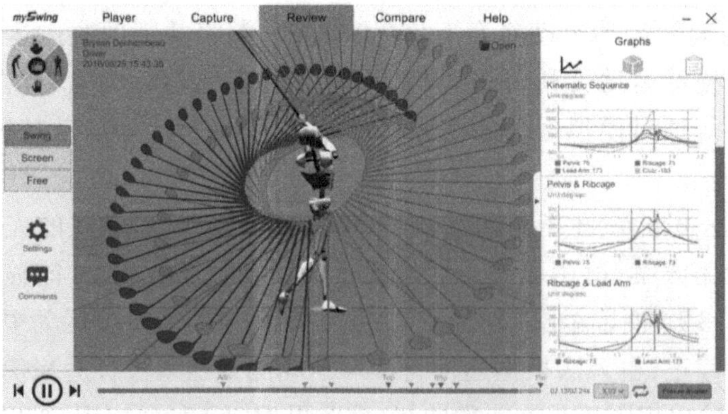

图 2-55 mySwing Pro 挥杆动作分析

同时，教练员还可以通过查询数据库中的历史数据，对两位不同运动员的挥杆过程进行量化对比分析，进而更深入地洞察运动员之间的技术差异。这有助于教练员更有效地帮助运动员理解训练目标，从而提高训练效率。

此外，MySwing Pro 凭借惯性动作捕捉技术，创新性地引入了功能性运动评估功能，结合高尔夫运动的特点，对球手的动作模式进行量化评估。这使得教练员能够根据运动员各自的身体条件，量身定制个性化的训练方法和计划，同时还有助于预防潜在伤病的发生。

（3）光学动作捕捉系统。

光学动作捕捉系统的工作原理是在运动物体的关键位置（如人体的关节处）粘贴标记点。多个高速摄像机从不同角度实时探测这些标记点，并将数据实时传输至数据处理工作站。根据三角测量原理，系统能够精确计算出每个标记点的空间坐标。再通过映射关系，进一步解算出人体骨骼的六自由度运动。

Motion Analysis 高速红外动作捕捉系统是运动分析中常用的光学动作捕捉系统之一，如图 2-56 所示。该系统由光学标识点（Markers）、多个高速红外动作捕捉摄像机、信号传输设备以及数据处理工作站组成。此外，该系统还能与测力台、表面肌电等输出模拟信号的设备实现同步，从而对运动员的技术动作、肌肉发力特征、三维力等数据进行综合分析。

图 2-56　Motion Analysis 高速红外动作捕捉系统

该系统的主要优点是技术成熟、精度高、采样率高以及动作捕捉准确。此外，标记点可以以较低的成本随意增加和布置，使得系统的适用范围较广。

然而，这一类系统也存在一些主要缺点。首先，它对捕捉视场内的光干扰非常敏感。例如，阳光在地面形成的光斑可能被误识别为标记点，造成目标干扰。因此，系统通常需要在室内可控环境下工作。其次，标记点识别容易出错。由于反光式标记点没有唯一对应的标识信息，在运动过程中出现遮挡等问题容易导致目标跟踪出错，引发标记点之间的跟踪混淆。这种情况通常会造成运动捕捉现场的跟踪目标动作错位，需要进行后期数据处理并通过人工干预进行数据修复，从而大幅增加工作量。幸运的是，随着光学动作捕捉技术的不断发展，最新的技术已经植入了先进的智能目标跟踪功能，使得系统具备了强大的标记点自动识别和纠错能力。这在很大程度上满足了现场实时动作捕捉的需求,显著降低了人工干预的工作量,并从根本上提升了系统的实用性。

在实际应用过程中,光学动作捕捉系统常常与其他测量设备结合使用。以北京体育大学中国运动与健康研究院下属的运动技术测试实验室为例,如图 2-57 所示,该实验室配备了 Motion Analysis 高速红外动作捕捉系统、Delsys 无线表面肌电测试系统、Kistler 便携式测力台等多种设备,能够同时测量包括运动员动作姿态在内的多种不同类型的数据。基于采集的数据,实验室以运动生物力学为主要分析工具,结合人体的生物学和解剖学特点,揭示运动技术的力学原理,建立合理的运动技术模式,并以数学、力学、生物学及运动技术原理的形式进行定量描述。最终目标是建立一个数值化的分析模型。通过结合不同优秀运动员的数据,实验室能够进一步分析运动员之间的技术动作差异,找出规律并提出改进措施,为运动员的技术诊断和训练目标提供理论依据,从而有效帮助他们提高运动成绩。

除了 Motion Analysis 系统外,目前市场上还有其他广泛应用的光学动作捕捉设备,如英国的 Vicon、美国的 OptiTrack 以及瑞典的 Qualisys,如图 2-58 所示,等动作捕捉系统。

图 2-57 北京体育大学运动技术测试实验室

图 2-58 Qualisys 光学运动捕捉系统

美国 Noraxon 公司开发的 myoMETRICS Lab 是另一款具有代表性的基于动作捕捉技术的运动科学研究产品,如图 2-59 所示。该产品融合了惯性动作捕捉技术和光学动作捕捉技术,对运动目标进行精准的跟踪与测量。通过利用这两种技术的互补性,它进一步提高了测量数据的准确性。然而,这款系统的光学部分相对简单,仅配备了两个摄像头,在运动过程中可能会遇到遮挡或超出视距等问题,从而导致数据的不稳定性。因此,在实际应用中,其使用环境和距离受到一定的限制。此外,该系统的操作相对复杂,需要专业团队的配合才能提供相关的服务。

图 2-59　myoMETRICS Lab 运动科学服务产品

2.6.2　动作模式评估与指导

一个完备的自动化动作模式评估系统应包含以下四个核心部分:一是动作信息的采集与输入,这通常依赖于传感器或摄像机,如惯性传感器;二是数据信息的处理,涉及动作信息的筛选以去除无效干扰,以及动作阶段的划分,将收集到的动作数据转化为可供分析对比的参数;三是动作信息的分析,即系统根据预设标准与采集的动作信息进行比对;四是根据对比结果对被测者的动作进行等级评定。关于人体动作信息采集的现有技术,在动作捕捉系统部分已有详尽介绍。

(1)Physimax 评估系统。

Physimax 评估系统是由以色列和美国北卡大学联合开发并提供服务的一款产品。它基于三维深度测量的运动捕捉技术,通过 3D 深度摄像机识别动作姿势并还原模型,再经由后台的智能算法对测试者的动作完成质量进行量化评估。这一系统能够实时向运动员和教练员反馈评估结果,如图 2-60 所示。此外,它还能根据运动模式测试结果定制训练方案,从而有效改善运动员的动作质量,提升运动表现,并降低受伤风险。

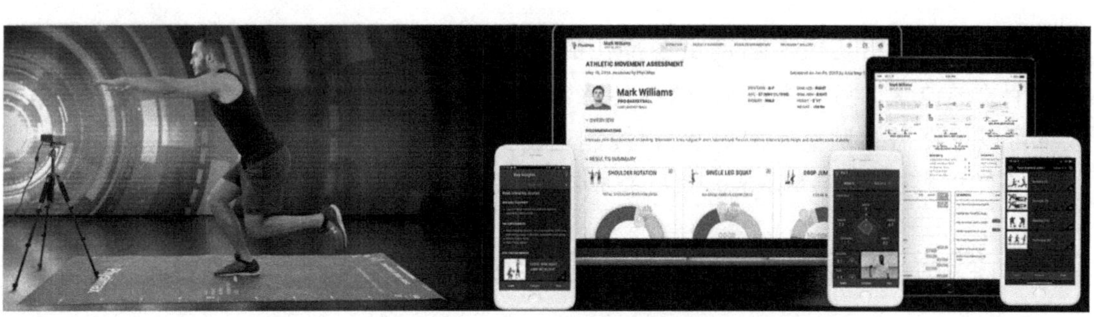

图 2-60　Physimax 评估系统

该评估系统的优势在于测试流程高效,整套测试大约只需 10 分钟即可完成;测试结果客观公正,自动化的测评流程确保了结果的客观性,不受测试者水平和经验的影响;测试评价标准统一,便于进行横向和纵向的对比。

然而,它也存在一些不足,由于采用了无标记点式动作捕捉技术,导致动作捕捉的精度较低;并且,由于该技术原理的固有局限,某些运动自由度的解算可能会缺失(例如骨骼的自旋信息等),进而影响到某些运动动作的评估准确性。

尽管如此,Physimax系统仍被广泛应用于多支职业体育俱乐部和美国大学运动队中,包括海法马卡比篮球队、NBA印第安纳步行者队、马里兰大学田径队和篮球队,以及康涅狄格大学篮球队等。此外,它还与美国西点军校展开了合作,为军队训练提供了有力支持。

(2)运动知觉训练(KAT)。

PantherTec公司开发了一款名为“运动知觉训练”(KAT)的可穿戴系统。这款系统根据教练设定的全定制化指令(如挥拍幅度、腿部迈开角度等),在运动员动作不到位时,能为特定身体部位提供振动反馈,从而构成一种新型的技术动作评估装备。

KAT系统的独特之处在于,它能根据教练的定制化指令,为运动员提供实时的身体触觉反馈,这种反馈方式远胜于传统的口头或视觉提示。该产品成为教练在运动训练和康复过程中,教授并加速肌肉记忆形成的有力工具。KAT系统不仅是一款可穿戴的传感器,用于收集和存储数据,还能将这些数据转化为报告,最终通过振动方式反馈到运动员的身体感知上,如图2-61所示。

图2-61 PantherTec震动反馈单元

当教练需要密切关注运动员各部位的动作细节时,可以将传感器放置在运动员身上多个关键位置。启动系统后,这些传感器便能精准捕捉各自的时空位置信息。随后,教练可以根据需要调整反馈参数,以控制运动员不同身体部位的感知。通过这种方式,KAT系统能够通过振动引导运动员完成动作,并在整个过程中提供实时指导。

2.7 智能体育中的虚拟现实技术

VR在体育领域的应用广泛,主要涵盖运动训练、运动游戏、大众健身以及赛事转播等方面。针对运动员的抗压力、抗干扰及抗心理疲劳训练,我们研发了基于VR技术的系统,特别适用于冬季项目运动员的普适性训练。该系统研究多通道交互范式,具备单人与多人训练场景、多种指标参数同步测量、实时反馈、大数据存储与分析等强大功能。此外，为满足运动员心理疲劳的控制评估需求，我们还构建了沉浸式体验与交互平台。

虚拟现实（VR）这一概念早在 70 多年前就已提出。随着科技的进步，20 世纪 70 年代到 90 年代，以美国为主的科技公司纷纷投入设计和开发各种虚拟现实设备。美国国防部和宇航局在 20 世纪 90 年代就已将 VR 技术应用于战术模拟、战后心理干预和科学操作模拟等领域。自 2014 年起，随着计算机软硬件技术的飞速发展，虚拟现实技术迎来了新的高潮，相关技术迅速成熟。认识到这一巨大机遇，体育运动的教练员和科研团队也开始利用这一高科技手段辅助训练，以期提升运动成绩。

2.7.1　个人训练中的虚拟现实技术应用

里约奥运会女子铁人三项世界冠军约根森就是这一领域的佼佼者。她借助虚拟现实眼镜，对里约的自行车赛道进行了 360° 无死角观察，深入了解了赛道的每个细节和转角。她表示："无论我走到哪里，我都会戴上这副眼镜来浏览赛道，观察我的左侧、后面和右侧，了解每一处细微差别。"在某种程度上，虚拟现实训练的效果甚至超越了实际试骑。这种训练的目的不仅在于让选手熟悉赛道，更重要的是帮助他们形成近乎肌肉记忆的赛道信息，从而识别具有挑战性的路段，并制定有针对性的比赛策略。约根森说："这款虚拟现实装备极大地增强了我的信心，帮助我做好了充分准备，以应对比赛当天可能出现的各种情况。"为了更直观地了解虚拟现实的神奇之处，读者可参考下图 2-62。

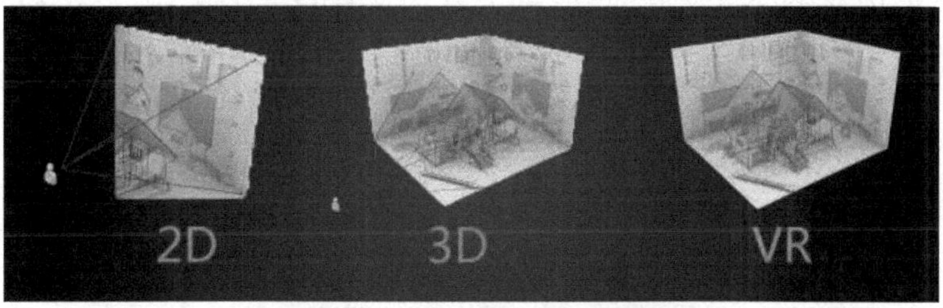

图 2-62　2D、3D 和虚拟现实

图 2-62 中的第一幅画面展现的是最为普通的 2D 显示，观察者仅能看到平面的图形或文字；第二幅画面中，观察者戴上 3D 眼镜或头盔后，从固定位置观看立体的图像或文字，如观看 3D 电影；第三幅画面，观察者本人置身于三维空间之中，可以在其中自由移动，并与物体进行交互，从而达到身临其境的沉浸感，这正是虚拟现实技术的魅力所在。

虚拟现实技术的实现依赖于一系列传感器，这些传感器能够追踪监测用户的头部活动。计算机随后将这些被传感器精准捕捉到的指令（即头部活动）以虚拟现实图景的形式映射到展示设备上，从而为用户营造出身临其境的感觉。例如，如果用户在现实中将头部向左转动，计算机便会在虚拟世界中精确地模仿这个动作，并呈现出相应的视觉以及其他感官信息。当这一过程被完美执行时，虚拟现实技术便成功欺骗了用户的大脑感官，使其意识及潜意识都信以为真。

然而，铁人三项世界冠军约根森所使用的虚拟现实设备仅限于360°视频观看功能，尚未实现真正的“身临其境”。负责这款虚拟现实设备的技术负责人也坦承，当前的虚拟现实技术在训练中仍存在缺陷，例如无法加速或减速。这也是为什么约根森仅在可视化训练环境中使用它，而不是在训练车上。但随着虚拟现实设备与其他平台的协同发展，这些困难正逐渐被克服。

虚拟现实系统可以大致划分为三个组成部分：硬件设备、软件内容和交互技术。硬件设备通常包括计算机、定位设备、头部显示设备和交互硬件设备；软件内容则主要指虚拟现实所模拟的场景，涵盖环境、人物、事件等元素；交互技术则负责实现追踪、事件反馈、结果反馈等功能。

目前市面上有许多廉价的所谓虚拟现实眼镜，这些设备通常将手机放置于头部显示设备中，播放360°双目视频。用户通过这类头部显示设备观看手机里的视频来体验虚拟现实。然而，其效果往往让用户觉得视觉效果与所处的物理空间是两个不同的世界，用户更像是以一名旁观者的身份在观看一部360度的立体电影。

与其他虚拟现实眼镜不同，HTC发布的虚拟现实设备HTC Vive（图2-63）能够提供更加出色的沉浸式体验。HTC Vive由头戴式显示器、两个单手持控制器以及一个能同时追踪显示器与控制器的定位系统组成。这套系统非常适用于模拟体育训练与比赛，但主要面向单人使用。在团队项目模拟中，当需要多人协同或需要教练员与运动员同时出现在虚拟场景中进行交互时，受到交互与追踪技术的限制，此类单人虚拟现实系统就会遇到瓶颈。

图2-63 vive虚拟现实模拟系统

2.7.2 多人训练中的虚拟现实技术应用

为了解决上述问题，大空间、多人实时交互的虚拟现实解决方案应运而生。这类方案不仅支持多用户在大空间内自由活动，还能实现多人间的实时交互，同时解决了真实物体与虚拟空间的融合难题。基于这类解决方案，我们可以开发出更接近真实训练场景的应用，从而增强沉浸式的体验感，并提高模拟训练的效率。这类系统通常由高速光学摄像头、惯性动作感知传感器、虚拟现实头显设备，以及渲染电脑和服务器等组成，相较于单人虚拟显示系统，其构成更为复杂，如图 2-64 所示。

图 2-64　大空间多人互动虚拟现实

虚拟现实技术在运动训练中的具体应用，根据训练目标的不同，通常需要教练员、运动员与虚拟现实内容设计开发团队之间的紧密沟通。他们需共同设计出满足特定训练需求的交互场景，这些场景可能包括技战术训练、比赛场地模拟或心理训练等。

橄榄球教练 Kliff Kingsbury 在 2016 赛季发表了一篇名为《A Quarterback and His Game Plan, Part I: Five Days to Learn 171 Plays》(《四分卫与他的比赛计划，第一部分：五天学习 171 个战术》)的文章。该文章讲述了亚利桑那红雀队四分卫卡森·帕尔默的故事，并详细描述了这位四分卫如何通过虚拟现实的训练，如图 2-65 所示，成功地将传球成功率提高了 7.7%。

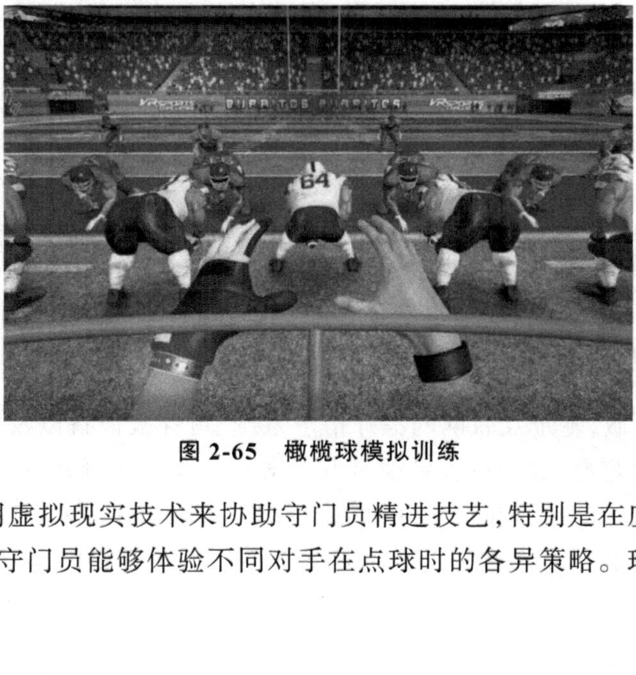

图 2-65　橄榄球模拟训练

德国足协运用虚拟现实技术来协助守门员精进技艺，特别是在应对点球时。在虚拟现实的场景中，守门员能够体验不同对手在点球时的各异策略。球员从起点到真正踢球需要多少步？他们的动作有多流畅？他们是果断起脚还是犹豫停步，或是在某个动作中尝试变换？在触球前，他们的身体是否已完全舒展？在决定将球踢向哪个方向之前，他们是否有任何预示性的动作？在虚拟现实中，所有这些细节都是可视化且可重复观察的。通过这种练习，守门员可以反复地针对特定情境进行训练，不断提高自己的反应和判断能力。随着计算机软硬件技术、定位追踪技术的持续进步，虚拟现实技术也将日益成熟，为运动训练提供更加优越的条件。

2.7.3 心理训练中的虚拟现实技术应用

基于此，北京体育大学大数据中心根据模型和场景开发了一项 VR 设备，其中包含三项内容，分别针对抗压、抗干扰、抗疲劳能力设置了相应场景。抗压训练包括射击任务（压力源：奖惩机制）和恶魔攻击（压力源：恐怖元素）；抗干扰训练则通过雪谷平衡（双重任务法）来实现；而抗疲劳训练则是结合自然场景与音乐来达到放松效果。在实验过程中，还需确定合适的视角和交互方式。可选择的视角有第一视角和上帝视角；交互方式则包括手柄、手套、手势以及头/眼交互等多种方式。模型场景的制作使用了 3DMax、Maya、ZBrush 等建模工具；程序开发则采用了 Unity3D（C#）、UE4（C++）等编程语言。

VR 内容制作与传统内容制作存在一些显著区别：首先，VR 场景要求 360° 无死角，即需要完成全部场景的制作，因为用户可以自由转换视角；而传统内容则可以根据预设的视角路径来制作，从而减少工作量。其次，VR 场景中的内容应尽可能实现任意交互，以增强沉浸感和用户体验；而传统内容则往往受限于交互方式。最后，VR 内容对渲染帧数的要求更高，一般不少于 60 帧/秒，以确保流畅性；而传统内容则只需 30 帧/秒即可。因此，在制作 VR 内容时需要进行大量的优化工作。

VR 技术可以为球员提供沉浸式的比赛场景体验，让他们仿佛置身于真实的过往比赛中。通过为特定球员提供多样化、针对性的场景进行决策训练和预判训练等，VR 技术能够不受场地和时间限制地提升球员的运动技能。然而，目前 VR 技术仍存在一些局限性，如头显佩戴的不舒适性、视觉显示滞后等问题可能对训练效果产生主观影响；同时，VR 技术暂时还无法支持全场团队合作性训练等复杂场景的应用。

2.8 智能科技在康复、体育观赛以及其他场景中的应用

2.8.1 运动康复

在健康医疗领域，基于互联网的医疗信息系统、可穿戴设备以及智能移动终端使得数据收集变得日益容易，数据量也呈现爆发式增长。波恩曼研究所的一项研究显示，医疗行业的各类数据占据了全世界电子数据存储空间的 30%。然而，随之而来的是多源异构信息的有效整合以及大数据的深度挖掘等问题。更重要的是，我们需要探索如何

利用这些大数据服务于健康医疗。大数据已经改变了很多领域管理、分析和利用数据的方式，它必然会给运动康复领域带来跨时代的变革。

捕获关键数据的可穿戴式监视器有望成为改善运动损伤治疗数字建模的绝佳选择。这些监视器可以轻松地内置到现有设备甚至运动服中，以收集运动员在训练和比赛期间的健康状况数据。这项技术在收集比赛期间潜在的脑损伤信息方面尤为重要。通过正确的应用，医学专家能够了解这些伤害是如何产生的以及它们对个人的影响。例如，配备压力传感器的智能袜子可以帮助评估跑步受伤的可能性和程度，使医学专家能够在受伤时推荐适当的康复计划，以便恢复全方位的运动和功能。

水疗法长期以来一直用于治疗运动损伤，因为水可以减轻受伤运动员的重量，降低康复过程中再次受伤的风险。近年来，水疗法已与其他技术相结合，以改善运动损伤的康复和愈合技术。从记录技术到可移动水池地板，技术和水生疗法的结合预计将继续发展。事实上，越来越多的医生正在推荐这种选择，以帮助受伤的运动员恢复肌肉力量，避免过度用力造成的后果。

近年来，脑-机接口（Brain-Computer Interface，BCI）技术的引入为运动损伤康复提供了新思路。BCI 的初衷是为残疾人提供一个与外界交流的通信方式，让他们通过自己的思维操控轮椅、假肢等。随着 BCI 技术的日益成熟和重大突破性成果的取得，人们对智能机器人的需求逐渐增加，BCI 机器人的概念也应运而生。多种技术的融合是其重要特征之一，如瘫痪少年利用 BCI 外骨骼机器人为 2014 年巴西世界杯开球。此外，利用 BCI 控制 FES 可以激活更多大脑皮层功能活动。研究表明，正常受试者采用 BCI 系统进行想象动作模式控制 FES 实验时，FES 结合运动能产生更强的运动皮层功能激活。基于脑-机接口系统的神经反馈训练方式以其可观察、可量化、可自我调节的优势获得了研究者及临床医师的关注。BCI 结合多类辅助器具建立新型运动康复辅助系统模式成了未来相关研究的重要方向。

Esurgi 目前正在开发一种名为 Joint Spy 的可穿戴设备，它是一种膝套，可提供对膝关节运动的实时监测和反馈。它可以识别高风险运动，帮助佩戴者在高强度运动中训练更安全的运动模式以防止受伤。研究已经表明检测生化因素、精神警觉性和生理状态可以降低受伤风险并提高运动员的表现。一项在大学橄榄球赛中使用人工神经网络的研究确定了哪些因素对膝关节损伤的影响最大，这对预防损伤至关重要。另一项研究使用人工神经网络来评估青年足球运动员的技术技能和表现，研究表明人工神经网络预测方法可以强烈预测球员的表现。这些技术可以降低评估球员所需的成本和时间，并可以定义预测表现质量所需的最佳参数。

在人工智能背景下，运动康复的预防与检测也取得了重要进展。Huang 和 Wang 提出了一种基于人工神经网络的下肢康复机器人依从性控制方法。他们设计了一个双闭环控制系统：外环是基于 sEMG 反馈的自适应阻抗控制模型，用于调整预测的期望关节轨迹；内环则设计了滑模迭代学习控制器以抑制周期性扰动和异常抖动，实现对目标轨迹的稳定跟踪。通过 matlab/simulink 对控制方式进行仿真验证以及对患者的康复情况进行统计实验，结果表明使用人工智能技术可以有效提高控制系统的灵敏度和患者的康复率。与传统运动康复控制系统相比，灵敏度提高了22.7%，患者康复率提高了10.4%，这在运动康复领域具有重要意义。

2.8.2 体育观赛

北京冬奥会上，VR技术的应用打破了传统的定点观赛模式，为观众带来了包括自由视角、子弹时间、沉浸式观赛、VR互动在内的多种创新观赛体验。观众不仅可以通过调整观看视角动态追踪自己想看的内容，还能随时捕捉那些稍纵即逝的定格画面，犹如坐在“特等席”一样，不错过任何精彩瞬间。同时，这项技术还能辅助裁判判罚，确保赛事的公平性。

奥运转播云方面，北京冬奥会赛事时长约1 000小时，转播内容总生产量将达到6 000小时，并首次全程以4K超高清格式转播，部分重要赛事还将采用8K格式转播。这些内容都通过转播云OBSCloud，走向全球数十亿观众。云上转播带来了更丰富的观看体验，提供了类似“子弹时间”的高自由视角观赛特效。借助云的高并发、低延时特性，几十路高清画面能够实时传输，再经由智能算法进行毫秒级合成和建模，将超慢动作、全景观看的电影特效式画面，带入冬奥赛事转播中。

此外，“Cloud ME”快闪演播间也是一大亮点。为了让冬奥会的参与者跨越距离紧密联系，阿里巴巴推出了创新的“Cloud ME”云端技术。走进“Cloud ME”快闪演播间，与会者的全身影像会被惟妙惟肖地投射到另一遥距地点的全息舱，与另一端的用户进行会面和交流。由于遥距投影安装简易，“Cloud ME”可以不受地点限制，使人们能够更广泛地参与使用，体验极具真实感的会面。

体育观赛的智能化进步也离不开顶级智能体育场技术的应用。物联网（IoT）设备和智能体育场的应用收集观众的行为数据，并使用这些数据来优化粉丝的体验，解决停车问题、过度拥挤、高票价等问题。VR座椅让观众在体育场内或在家中坐在沙发上时都能获得完整的视听体验，这将使球迷和组织者都受益——球迷将获得出色的运动体验，而组织者和团队则能够增加他们的收入。具有图像识别功能的智能AR眼镜将允许观众在比赛期间看到他们将眼镜聚焦的任何球员的历史和实时统计数据，使每个参加活动的人都成为戴着智能眼镜的体育分析师。这些眼镜将呈现球迷在比赛期间可以享受的任何相关数据，以创造出色的球迷体验。

同时，5G广播、自动巴士、活动策划管理AI、数字化门票资产、无人机安全识别以及体育场分析等应用也使得观赛体验越来越真实和便捷。这些技术的应用不仅提升了观众的观赛体验，也为赛事的组织和管理带来了极大的便利。

2.8.3 其他场景

体育赛事有可能会被游戏化，并为体育场内的球迷提供合作的机会。虚拟运动是基于传统“现实世界”运动的视频游戏，它们以最纯粹的形式，在数字环境中尽可能地复制传统运动的技能或身体活动。

2021 年,国际奥委会(IOC)举办了其首个虚拟体育赛事,即奥林匹克虚拟系列赛(OVS)。参赛者在其中参与了五种不同体育运动的虚拟版本。与 IOC 合作制作 OVS 的国际体育联合会和游戏发行商包括:国际汽车联合会(FIA)与 Gran Turismo(Polyphony Digital)、世界棒球垒球联合会(WBSC)与 eBaseball Powerful Pro Baseball 2020(Konami)、世界帆船赛与虚拟帆船赛(SAS)、国际自行车联盟(UCI)与 Zwift,以及世界赛艇联合会与 OpenFormat。国际奥委会主席托马斯·巴赫表示:“奥林匹克虚拟系列赛是一种全新的、独特的奥林匹克数字体验,旨在增加我们与新观众的直接互动,尤其是在虚拟体育领域。”值得注意的是,自行车和赛艇比赛是五项赛事中仅有的两项需要运动员在模拟真实环境下体力消耗的物理硬件上进行比赛的项目。可以预见,随着虚拟现实(VR)和增强现实(AR)技术的发展,我们将看到更多运动在数字环境中被复制,同时保留对体力的要求。

OVS 并非大型体育实体首次成功涉足虚拟体育领域。例如,使用由 Codemasters 在游戏赛车平台上开发的官方一级方程式 2019 PC 视频游戏,一级方程式电子竞技运动员、专业车手和名人在巴林的 Sakhir 赛道上进行了比赛。首场比赛由雷诺的中国试车手周冠宇赢得,他击败了来自迈凯轮的职业一级方程式赛车手兰多·诺里斯和威廉姆斯的尼古拉斯·拉蒂菲。这场虚拟赛事吸引了 320 万在线观众,并让一级方程式通过将现有赞助资产转移到虚拟环境中为赞助商创造了价值。

对于像一级方程式这样普通球迷难以企及的运动来说,虚拟产品让他们更接近体育运动本身,并加深了与运动的联系。

2.9　智能科技的未来发展趋势分析

2.9.1　数据采集以及分析反馈

现代体育科学研究,尤其是体育工程技术,已经开始朝着智能化、精准化、多维度、实时性、快速性、柔性化、无创性等方向发展。因此,对于传感技术的要求越来越高。传感器技术的微型集成化、佩戴的舒适性和安全性成为关键。由于竞技体育的需要,运动员要在高速度、高对抗等极端条件下完成身体活动,任何外界因素都有可能会干扰到其正常发挥。因此,可穿戴设备必须在不影响运动员正常发挥的前提下进行数据采集,传感器功能的集成化和外观的微型化显得尤为重要。

设备兼容性的进一步提高和云端互联的更加广泛也是重要趋势。在运动训练实践中,运动员进行综合能力测试往往需要佩戴一系列设备,如背心、心率带、面罩等,这不仅加重了受试者的运动负担,也影响了科研人员对数据的读取和分析。这是目前困扰训练监控领域的一大难题。除此之外,不同的计算方法、计量单位以及对同一指标不同区间的参数界定等问题也存在。

作为可穿戴设备产业链形成与完善的“无形之手”,对接机制是产业链形成的内模式,与运动训练需求端的对接尤为重要。集体球类项目、隔网对抗类项目以及冬季项目等特殊行业和特殊群体对体能训练、大数据管理、短距离移动能力的精准测量以及特殊环境下的测量稳定性等有着更加精准、个性化的需求。如何满足这类需求是可穿戴设备在此领域发展的根本。因此,可穿戴设备产业的发展与运动训练实际需求对接更加精准是可穿戴设备的重要发展趋势。

在未来,数据处理技术、云计算、大数据分析等将共同保证所得数据的可靠性和真实性,所得数据也将更加精简有效,指标相对统一且能够相互对比。科研人员与教练员之间将能够更加轻松地通过云端互联实现训练数据的传输、分析和共享,最终制定出更加科学有效的训练计划。

除了传感设备以外,计算机视觉在竞技体育领域的应用也将逐渐显示出其优势。它不需要运动员穿戴任何设备就可以获取到足够的关键信息来进行分析。从单个到多个,从个人项目到团队项目,结合实时视频传输功能,计算机视觉可以达到实时分析不同比赛阶段的运动员状态的效果。它甚至可以辅助教练员以及其他体育科研者进行比赛决策、伤病预防、球员交易等。

体育类可穿戴设备的产业链涉及环节众多,可以分为上游核心部件研发、中游智能交互解决方案和下游产品服务。上游的核心部件研发是产业的灵魂所在,包括芯片、传感器、电池技术等,这些部件需要在保证佩戴安全、舒适的前提下监测人体各种运动参数。中游的智能交互解决方案是联系用户的关键环节,包括多样化指标更改、数据展现方式、专项训练设计等,这些因素直接决定了训练中可穿戴设备的应用质量。下游的产品服务环节是设备不断改进的源泉,包括定期培训、专家指导、训练演示等。随着产业链的整合逐渐完善,与需求的对接也将更加精准。

2.9.2 体育信息化数字化

以数字化建设助力竞技体育高质量发展,竞技体育高质量发展是体育强国建设的关键指标。为推动竞技体育的数字变革,我们必须以训练需求为导向,打造一批智能化集成的科学训练基地,这些基地将“训、科、教、医、服”融为一体。通过利用跨学科、跨地域、跨行业、跨部门的科研资源,我们将建设一批智能备战创新实验室,以加快智能化体育装备、训练器材、体育专用芯片的研发进程。这将为科学选材、训练、竞赛、管理等体育全过程提供数字化升级支持。

以体能训练为例,数字化体能训练在提高单位时间内的训练效率、提升运动员训练动机以及实现精英运动员的个性化体能管理等方面都具有重要意义。目前,体能训练大数据管理平台已在一些优秀运动队中得到应用,该平台具备团队和个体运动员的数据采集、管理、统计、建模、竞技状态预测以及运动损伤风险预测等功能。数字化体能训练在理论与实践方面仍需深入研究,各种数字化技术的深度应用和进一步开发将成为体能训练发展的一个重要方向。数字化体能训练是高水平运动员数字化和智能化训练的一个重要组成部分，同时，数字化的理念还可以应用于个体项目的专项技术以及对抗性项目和集体球类项目的技战术训练中。

因此，我们需要整合现有的训练、人才、竞赛、服务保障等信息系统，以拓展运动队的管理服务功能。通过挖掘和分析竞技体育相关数据，我们可以打造数据驱动的精准训练模式，为竞技体育备战工作提供科学指导。这将有助于提升训练理念、技战术水平以及辅助备战指挥决策。同时，我们还需要全面提升竞赛组织管理、运动选材、情报信息、选育培养、退役运动员安置等方面的数字化、智能化水平。此外，创新数字化赛事监管与服务手段也是确保赛事安全、促进公平开放办赛的关键。

为大力发展数字体育，加强数字体育应用基础建设至关重要。我们需要在全国现有体育信息化设施的基础上开展数字体育新基建工作。通过加强体育基础数据统计系统建设，我们可以动态掌握场地设施、体育组织、体育活动、体质测试、等级评定等大数据资源。将数据纳入推动体育高质量发展的生产要素之列，实现各项体育基础数据和重要体育业务数据的采集以及统计数据的统一归口管理，从而切实发挥统计数据的价值。同时，加强各类体育大数据的整合集成工作也至关重要，我们需要形成并完善全国体育数据池、数据仓库和数据集市。为确保体育数据资源的有效共享和利用，我们还需要制定体育数据资源共享机制及管理办法并明确相关要求。此外，建设和完善体育系统电子政务内网、外网和互联网网络体系也是实现各级体育主管部门、各类体育组织以及各种体育场地设施之间网络连接的关键步骤。这将有助于推进国家与地方体育信息资源的互联互通并建立行业统一身份认证、电子证照、电子印章以及数据共享交换系统。最后，我们需要重点围绕体育公共服务领域形成统一的信息化基础平台并实现“大平台共享、大系统共治、大数据慧治”的信息化新格局以推动竞技体育的高质量发展。

2.9.3　数据驱动精准训练所需注意的问题

在顶层设计方面，要坚持党的领导，以运动员为中心的竞技体育发展理念，将科技助力深入融入竞技体育的高质量发展中。国家体育总局应作为科技助力的制度创新和供给主体，坚持举国体制为主、市场供给逐步加强的科技助力供给模式。同时，必须坚守底线原则，坚决抵制兴奋剂等违反奥林匹克精神的行为。

（1）数据驱动精准训练有助于推动传统“主教练包办”的训练方式向“分工统筹、流水作业”等产业化工业模式转变。但在实践中，应树立人本理念，明确运动员的训练并非“精密数控机床”式的统一规程标准。因此，如何把握和界定个体训练负荷控制和竞技状态调整的精准度，是影响数据驱动精准训练成效的关键问题。

（2）数据驱动精准训练无疑将全面提升运动训练的科学化水平，但也可能导致数据沉溺或数据依赖，滋生唯数据主义。唯数据主义追求数据流量最大化和数据自由至上，试图将运动员的所有生命活动数据化。这虽然有助于提高运动训练过程控制的精准性，但如果不充分保护个人数据权利，就可能出现侵害运动员人格权、侵犯隐私和歧视行为的风险。

（3）竞技训练以提高竞技能力、降低损伤风险、适时展现最佳运动表现为根本目的，是一个长期、动态和复杂的非线性系统。训练负荷作为提升竞技训练质量效益的关键，会引起运动员生理和心理上的应激反应。目前，人们对生物体的了解在认知和技术层面都远未达到对机体运动进行全面和精准控制的要求，相关的理论和实践研究亟待引起广泛关注。

（4）大数据为运动训练的科学研究带来了新的洞察力，有助于提升训练质量效益。然而，我国运动训练领域的数据资源虽然丰富，但数据之间的交叉融合不足，“数据孤岛”问题普遍存在。此外，运动训练工作者普遍缺乏数据素养，既具备运动训练科学知识又具备专业数据研判和分析能力的复合型人才更为稀缺。这已成为制约数据驱动精准训练模式高质量发展的一个亟待解决的现实问题。

第 3 章　智能运动测评

3.1　运动测评的内涵与内容

运动能力是运动科学和运动医学研究中常被忽视的一个组成部分,需与身体素质和表现特征的评估相结合进行考量。为实现此目标,我们亟须一套标准化的测评工具。运动员必须在多项运动素质上打下坚实基础,方能承受日益增加的训练负荷及应对所选运动的竞技要求。基础的测评动作通常涵盖下蹲、起立、跳跃、推、拉和支撑等多种变化。一般而言,这些动作需借助某种形式的功能性动作评估标准来进行客观评估,旨在筛查出运动员的功能障碍性动作模式,并通过纠正不当动作模式以降低受伤风险。某些动作构成运动成绩之基石,应被纳入运动员运动能力的评估范畴。为确保运动测评的有效性,测评过程不仅应评估一套标准化动作的功能障碍,还需鉴别运动员在执行这些动作上的能力差异。库克所设计的功能性运动筛查(FMS™)是目前最受欢迎的筛查工具,常用于运动表现研究中对动作进行客观评估,通常与“功能性运动”一词并用。

3.1.1　运动测评的选择依据

虽然可用的测评方法众多,但选择过程可以简化。首先需要明确被测评运动员的专项运动需求,以及教练或专业人员认为至关重要的信息。此外,所确定的方案应易于运动员、教练或专业人员实施,以便重复测评。测评完成后,他们必须能够将结果与基准测试或一般人群的基准数据进行比较。因此,运动员、教练或专业人员的需求应与可提供格式化反馈的相关测评的选择和实施相匹配。

1. 运动员自身的需求

测评的选择应根据运动员的自我识别需求,或教练及专业人员的知识和经验来决定。这些需求可能表现为特定的目标或运动表现成绩。考虑到可用的测评可能无法直接达成目标或提升成绩,因此其更重要的用途是提供更多关于运动员身体素质或当前状态的信息。例如,越野跑运动员可能希望缩短完成时间,这与摄氧量直接相关;但他们也可能在比赛接近尾声时失利,这与冲刺能力相关。橄榄球外接手可能想赢得首发位置,这需要高水平的冲刺速度、力量和爆发力。运动员可能希望在减掉体脂的同时变得更强壮或增加肌肉,但他们仍需要执行简单的测评过程,以确定各肌群的基准力量水平和身体成分。

2. 教练或专业人员的需求

在实际测评之前，教练或专业人员可以利用他们的知识、专长和经验来关注并拓展运动员的目标或提升运动表现成绩。选定的测评将有助于做出训练或比赛决策，这些决策可能直接与目标或运动表现成绩相关。然而，更典型的情况是，涵盖多项身体素质的多项测评有助于做出多个决策，这将导致逐步改进，并最终满足运动员的需求。通过结合教练或专业人员和运动科学家的观点来选择和实施测评方法，将提供实质性的益处。

3. 测评的相关性

虽然有效性和可靠性是判断特定评估完善程度的关键指标，但在开始选择测评时，“相关性”一词可能更为有用。更具体地说，必须提出的问题包括：“测评与此个体或此情况的相关性有多高？”以及“评估如何帮助我们满足运动员的需求？”解决这个难题的第一步是确定哪些身体素质与评估相关。对于一般的体能评估，采用覆盖面较广的测试方案比较合理。如果运动员有特定目标或存在较容易发现的缺陷，则此过程相对直观。许多体育运动也有常用的测评方法，可以此为基础开发自己的一套测试程序。

测评的目的是阐明运动员和教练或专业人员的既定目标。这些目标或运动表现的成绩可能很难使用单一的身体素质指标来量化。在这种情况下，应该谨慎选择与身体素质潜在相关的评估方法，以尽可能地明确目标或提升运动表现的成绩。例如，如果运动员的目标或成绩与耐力表现有关，则首选的评估方法可能与心肺适能相关；如果运动员的身材与同伴相比较瘦小，他们的力量也可能较弱，因此要选择与其身体成分和肌肉力量相关的评估方法。在这一过程中可能会不断纳入其他评估方法，直到运动员和教练或专业人员确信实施此测评方案将充分加深他们对商定目标或成绩的了解。使用简化的理论示例方法时，由各个独立的评估组成的测评方案将有助于解释或“预测”尽可能多的预期目标或运动表现的成绩，如图 3-1 所示。

图 3-1 根据运动表现的成绩确定测评的相关性

4. 实施的难度

在选择测评时，必须考虑可用资源和所有潜在的实施障碍。为此，应确定可能需要的所有特定器材或设施，并确认它们当前是否可用或是否存在任何相关费用。例如，某些肌肉力量评估可能需要使用阻力训练器材。如果有现成的阻力训练器材，则实施评估会相对容易。然而，如果没有现成的器材，获取或购买相关器材的成本可能会较高。

5. 冗余测评的问题

虽然理想情况是实施全面且详尽的评估方案，但运动员和教练或专业人员的时间和预算都有限。因此，测评目标应该是根据已确定的需求选择足够数量的测评，同时尽量减少关于特定身体素质的评估的重复次数。

毫无疑问，完成各种形式的测评将使教练员和运动员了解需要解决的问题。功能运动筛查（FMS）是一个有价值的工具，可以通过简单的练习发现运动员的运动限制。从 FMS 中获得的最有价值的信息是能够识别导致错误运动模式的基本运动程序。例如，有些运动员无法在不改变身体姿态的情况下完成基本的下蹲动作。大多数时候，这是一个重新为运动员的神经肌肉系统编程的问题，以便使他们的深蹲模式再次变得高效。这一点很重要，因为运动员在进行速度和敏捷性训练时需要经常能够进入深蹲状态，更不用说是在力量训练中。在运动测评过程中，应该使用各种简单的练习来评估运动员的身体控制和从各个方向做出有效动作的能力。在评估运动员时，既要考虑运动员所从事的运动，也要考虑所有运动员在各个方向上的运动能力，因为这可以揭示任何不对称性和力量不平衡。进行测评是必然的，但测评的目的不是为了做测评而做。如果没有跟进处理从测评中获得的结果，那么测评就是无效的。只要问题不会将运动员置于危险之中，在运动员改善局限性时仍应允许他们进行训练。

在为运动员实施测评之前，确定这项运动的需求很重要。通过回答以下问题，可以帮助体育科学家更好地确定哪些评估对运动员最适用和最具相关性。

（1）这项运动的特点是高强度、间歇性运动还是稳态活动？

（2）这项运动是否需要高强度运动，然后是积极的休息时间？

（3）运动是从完全静止的起始位置开始（如足球守门员等待射门），还是连续的（如橄榄球运动员在场上持续移动）？

（4）主要使用哪种能源系统；需氧还是厌氧（ATP-PC、糖酵解或氧化）？

（5）这项运动是否需要改变方向运动，包括停止、向后跑、横向运动以及在静止位置进行身体活动？

（6）运动员是否穿着沉重的装备以增加身体负担（例如冰球、橄榄球）？

（7）运动员是否经常发起身体接触以给身体增加额外的压力（如美式足球、橄榄球）？

（8）这项运动是否需要显著的速度和反应时间（如短跑、网球）？

一旦确定了运动的需求，就可以更轻松地挑选最适合运动员的评估。一般来说，耐力运动运动员（如长跑运动员、铁人三项运动员）与团队运动（如篮球、足球）和力量型运动（如举重、铅球）的运动员有不同的需求。因此，测评过程应根据运动和运动员的需求量身定制，同时还应提供设计特定运动训练计划所需的信息。

3.1.2 运动测评的重要性

有效的运动测评,其首要任务是通过系统分析来确定运动员的需求。这一需求分析应涵盖运动员的生活方式、运动需求、当前及过去的损伤与运动限制、个人训练经验,以及他们在各项竞技项目中的现有运动水平。缺乏这些基础数据和跟踪评估,体能教练将难以设计并执行针对性的个性化训练计划,而只能依赖一刀切的训练方案。测试与评估所收集的数据能够客观地揭示运动员在生理和功能状态上的优势与不足。正确地执行这一步骤,有助于体育科学家为运动员及其教练提供最为高效和适宜的训练方案。运动测评的目的多样,包括以下 6 点。

(1)确定运动员在生理上的优势与劣势;

(2)根据特定目标对受试者进行排序;

(3)预测运动员未来的表现能力;

(4)评估整体训练方案或单次训练的有效性;

(5)对运动员的运动能力进行长期跟踪与测试;

(6)合理分配与适时调整训练负荷,如强度、负重及运动量等。

体育科学家可以通过数据分析来检验训练计划的整体成效。例如,每月收集的力量训练数据可用于监测长期训练过程中的力量变化,并为评估力量训练计划的有效性提供客观依据。若力量增长未达到预期,体育科学家便可在随后的训练周期中对计划进行调整,以增强运动员的适应能力。教练则可以利用这些测试数据来证明和展示运动员运动能力的提升,并帮助他们了解锻炼方案所带来的健康改变。此外,物理治疗师也可参考这些数据来确定康复进展的时间表。合理运用这些测试数据,有助于运动专家维持并提升业务水平。

运动测评虽耗时不多,却能提供丰富的信息,协助教练更深入地了解运动员。因此,其重要性可概括为以下 4 点。

(1)作为基线测量,为教练和运动员提供一段时间内的比较依据;

(2)依据测评结果来规划运动项目;

(3)识别并解决可能增加受伤风险的移动性、稳定性、力量、耐力或平衡问题;

(4)激发运动员对运动项目的积极性。

3.2 体能测评的分类及相关概念

美国运动医学学院(ACSM)对与健康有关的体能给出了以下定义:身体素质被定义为人们所具有或达到的与进行体育活动的能力有关的一系列属性。它的特点还包括:(1)有活力地进行日常活动的能力;(2)表现出与过早发展为低运动性疾病(例如,与缺乏运动有关的疾病)的低风险有关的特征和能力。来自个人健康和医疗记录的信息可以与体能评估的信息相结合,以满足该人的具体健康目标和康复需求。出于道德和法律方面的考虑，在进行运动测试之前，必须获得参与者的充分知情同意。

体能测评包括对身体成分、心肺耐力、肌肉力量和肌肉骨骼灵活性的测评。测评身体成分的三种常见技术是水下称重、皮褶测量和生物电阻抗分析。心肺耐力是体能评估的一个重要组成部分，因为它与健康状况和健康风险密切相关。最大摄氧量是传统上公认的测量心肺耐力的标准。尽管必须使用最大努力测试来测量最大摄氧量，但次最大运动测试也可用于估计这一数值。肌肉力量在历史上被用来描述一个人的肌肉能够产生的最大力量。一个人的肌肉力量是针对特定的肌肉或肌肉群的，指的是该肌肉或肌肉群能够产生的最大力量（以牛顿或千克为单位）。动态力量可以通过测量一个人的身体在外部负荷下的运动来评估。等速测试可以通过评估在恒定角速度下整个运动范围内产生的肌肉张力来进行。一个肌肉群在特定时间内进行反复收缩的能力，足以引起疲劳，称为肌肉耐力。肌肉骨骼灵活性的测评集中在关节和相关的结构、韧带和穿过关节的肌肉上。坐姿和伸手试验以及背后伸手试验满足了肌肉骨骼灵活性体能评估的许多标准。

体能测评被教练用来确定基线测量值，激励运动员，并为训练计划提出实质性建议。有各种各样的体能评估方法，用于测量身体数据，测试不同的体能成分，或评估移动性、稳定性、平衡性或专门技能。既有为一般用途设计的体能评估方法，也有为特定年龄组或人群设计的评估方法。体能测评软件可以更加便捷地记录、跟踪和与运动员分享结果。本节将解释有关体能测评的细节，包括它们是什么、为什么使用它们以及常见的体能测评方法。

体能测评是由体能专业人士完成的测试或测量，旨在获取运动员的体能或健康信息。它可以是与身体直接相关的生物测定，也可以是对当前体能水平的全面评估。运动员问卷调查可以作为一种补充评估手段，用于收集个人信息或额外的健康信息。

许多体能评估都针对体能的一个或多个组成部分进行测试。体能的主要组成部分包括心肺耐力（有时也称为有氧适能）、肌肉力量、肌肉耐力（肌肉力量和耐力有时合并为肌肉适能）、柔韧性以及身体成分。此外，一些体能评估还可能涉及平衡性、稳定性、移动性或其他运动或表现技能，如力量或敏捷性的测试。

所有的体能评估都有其优点和局限性。有些评估方法几乎不需要使用任何设备，而有些则依赖于昂贵的设备。有些评估需要由训练有素的专业人员来进行，而有些则可以由任何人轻松管理，只要他们能够遵循相应的说明。因此，选择对运动员最具意义的体能评估方法至关重要。

运动员体能测评可以大致分为以下三类，一是通过动作幅度、身体控制、平衡和一般稳定性来反映的功能性动作质量；二是通过力量（包括爆发力）、速度、耐力及灵活性来反映的一般运动能力；三是以及通过特定运动形式来反映的专项运动能力。

运动员测评通常着重于评价基本的身体素质，这些素质包括人体测量和身体成分、柔韧性和平衡能力、速度和敏捷性能力、功率和爆发力能力、肌肉力量和肌肉耐力以及心肺适能。下面将对每项身体素质进行简要概述，而后续内容将更详细地阐释这些身体素质，并提供特定的测评方法和建议的测评流程。

1. 人体测量和身体成分

人体测量旨在量化个体的体形和成分比例。典型的评估方法包括体重和身高测量，这些数据可用于计算身体质量指数。通过测量身体特定部位的长度或围度，我们可以确定其相对大小；进一步比较这些部位的比例，有助于深入了解运动员的体形或体格特征。腰围与臀围的比值（腰臀比）是一个常用的人体测量指标，可用于快速评估潜在的健康风险。但需要注意的是，特定类型的运动员的腰臀比可能与常人有所不同，并且该比值在男女之间存在明显差异。

身体成分是指构成个体总身体质量的各个独立部分，包括脂肪、肌肉、水和骨骼等。体重是身体在重力作用下的量度，通常以磅或千克为单位来表示。在实际评估中，我们统一使用“体重”（以磅或千克为单位）这一术语，因为所有评估都在地球上相对稳定的重力条件下进行。皮褶评估和生物电阻抗分析是两种常用的现场评估方法，用于估算脂肪量和去脂体重（代表身体的其余部分，包括肌肉量）。以相扑运动员为例，他们的去脂体重可能超过 265 磅（约 120 千克），而体脂百分比为 33%，因此其总体重约为 397 磅（约 180 千克）。这些信息为了解运动员的训练状态提供了独特视角，可能无法通过其他方法获得。这些类型的测量值是身体素质评估的重要组成部分，对于制定体重管理和运动训练策略具有重要指导意义。在选择最合适的人体测量和身体成分评估方法时，需要考虑可用器材、评估成本以及测试执行人员的专业知识等因素。

2. 柔韧性和平衡能力

柔韧性是指围绕关节（如肘、膝、髋、颈等）移动身体部位（如手臂、腿部、躯干、头部等）的能力。与身体成分评估相似，柔韧性测评也往往会间接影响运动表现。对于某项特定活动而言，适当的灵活性往往对柔韧性有一定的要求，但柔韧性过好（术语称为“活动过度”）也可能增加受伤的风险。因此，柔韧性测评通常用于验证所需的灵活性水平、识别特定关节或肌肉群中的缺陷，以便制定拉伸计划或管理训练过程。

平衡能力由多个独立特征组成，但通常可以定义为在静态（有限移动）和动态（移动）情况下使身体保持所需姿势或保持稳定的能力。平衡能力测评可以通过多种方式进行，主要检查运动员在将身体（更具体地说，是重心或质心）保持在其双脚接触区域（支撑基础）内的能力。动态平衡检查包括感觉整合测试（Sensory Organization Test，SOT）、运动控制测试（Motor Control Test，MCT）、应变能力测试（Adaptation Test，ADT）和稳定性极限测试（Limits of Stability，LOS）等。

静态、动态平衡能力综合测试主要借助测力台或压力板完成。经常使用的测试仪器包括比利时生产的 Footscan 测力台、英国 BPM 平衡仪、以色列产 Tetrax 平衡仪、美国 Biodex 公司生产的 Biodex Balance-sd-2 动静态平衡仪等。静态测试方法主要包括睁眼双脚或单脚站立测试、闭眼双脚或单脚站立测试等。睁眼测试时包括视野内有物体晃动和无物体晃动两种情况。评价平衡能力时的主要依据是人体重心的移动情况，体现人体重心移动的指标是压力中心。衍生指标包括：压力中心摆动的最大距离、平均速率；压力中心轨迹长度、包络面积等。动态测试方法主要包括步态测试和动态平衡能力测试中的方法（测试过程中同时使用综合测评仪器设备检测相关指标）。动态测试时有时会借助摄像法和表面积电测试，从动力学、运动学、表面肌电学等几个方面综合分析人体平衡能力。测试时受试者自然站立于测力台或压力板一端（测力台或压力板与地面平行），自然行走至测力台或压力板另一端，其中至少一只脚踏在测力台或压力板上作为有效测试。评价平衡能力的指标包括：左右脚最大压力差异；一个完整步态中左右脚最大压力的时间；身体重心在额状轴的最大偏移等。

这些测评方法不仅测量运动员在将身体伸展到支撑基础边缘时的平衡能力，还测量在有限的支撑基础内移动时保持特定姿势或方向的时间长度。为了增加评估的难度，可以采取改变环境条件的方式，如闭眼、改变支撑基础或使表面不稳定。与柔韧性相似，平衡能力的不足也可能增加受伤的风险。然而，平衡能力这一身体素质的概念并不局限于此，它还与身体成分、运动控制和整体运动表现等方面紧密相关。

3. 速度和敏捷性能力

速度可以简单地定义为在一定时间内移动的距离。实际上，它还可以通过加速度（提高速度的能力）和最大速度（达到的最快速度）来进一步描述。由于测量加速度和最大速度的设备并不常见，因此通常会通过测量移动预定距离所需的时间来量化这些能力。选择评估的距离应根据运动项目或活动的需求来确定，以提供有意义的信息。此外，如果活动是间歇性的，还可以评估重复冲刺能力。这可以通过进行若干次（<10 秒）短距离冲刺（5~6 秒或 20~40 米）来实现，每次冲刺之间有短暂的休息时间（<30 秒）。

敏捷性则定义为在保证速度、平衡和协调性的同时改变方向的能力。加速和减速是影响敏捷性表现的关键因素。敏捷性评估因方向变化的次数、每次方向变化之间移动的距离、总移动距离以及动作模式而异。大多数敏捷性评估都遵循预先设计的动作模式。然而，通过要求运动员对指示变向的信号作出反应，可以增加评估的复杂性。例如，有报告指出，在预先计划的敏捷性测试中，精英级和非精英级橄榄球运动员之间的成绩差异有限，但技术更高超的运动员在反应敏捷性（随机方向变化）方面的得分明显更高。常见的速度和敏捷性测试方法有 3 种。

（1）第一种测试方法是伊利诺伊敏捷性测试（Illinois Agility Test）。该测试旨在评估运动员在直线冲刺和变向时所使用的技术和速度。对于需要运动员在直线移动中快速变向的运动项目（如羽毛球、网球、橄榄球、足球等）来说，这项测试非常有助于评估运动员的急停和变向能力。测试所需器材包括具有平滑防滑表面的场地、8 个标记锥、秒表、卷尺和激光计时器。测试场地布置为长 10 米、宽 5 米（起点和终点之间的距离）。四个锥体用于标记起点、终点和两个转折点，另外四个锥体等距放置在中心线上，每个锥体间隔 3.3 米。测试时，运动员俯卧在起点线前，头部触及起跑线，双手平放在地面上与肩同宽，肘部伸直。听到“开始”口令后，秒表启动，运动员尽快起身并沿着指示的方向绕着锥体跑，通过终点线时秒表停止计时。如图 3-2 所示。

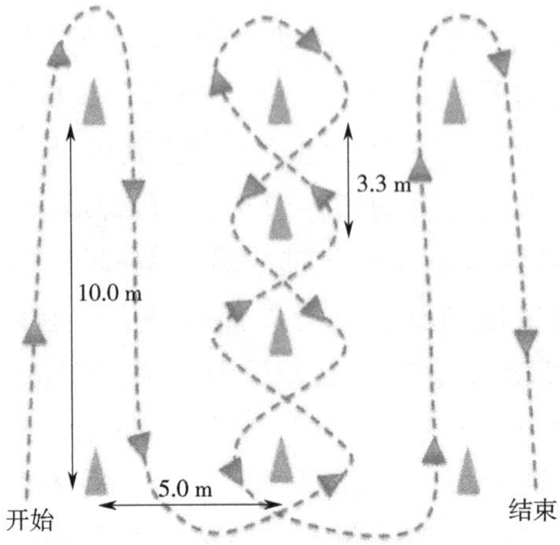

图 3-2　伊利诺伊敏捷测试

（2）第二种测试方法是 T 形灵敏性测试（T Agility Test）。该测试旨在评估运动员在加速和减速时调整步伐的能力、变向速度以及在向前、向后和水平移动时身体的控制能力。它主要针对加速度模式进行测试，模仿了大多数激烈体育项目中以及在狭小空间内进行的变向移动（如羽毛球、网球和排球等）。测试前需准备长度至少为 15 米的场地、卷尺（≥10 米）、5 个标记锥以及秒表或激光计时器。场地布置为长 10 米、宽 10 米的区域。5 个锥体用于标记起点、转折点和终点。横向锥体间隔 5 米，纵向间隔 10 米。测试时，运动员从起点开始，在计时器的指令下冲刺到锥体 1 并用右手触摸锥体底部，然后右转并侧向移动到锥体 2（同样用右手触摸底部），接着向左侧移动到锥体 3 并用左手触摸底部，再侧向移动到锥体 2（右手触摸底部），最后倒退移动到终点线。在整个过程中秒表持续计时，运动员通过终点线时停止计时。如图 3-3 所示。

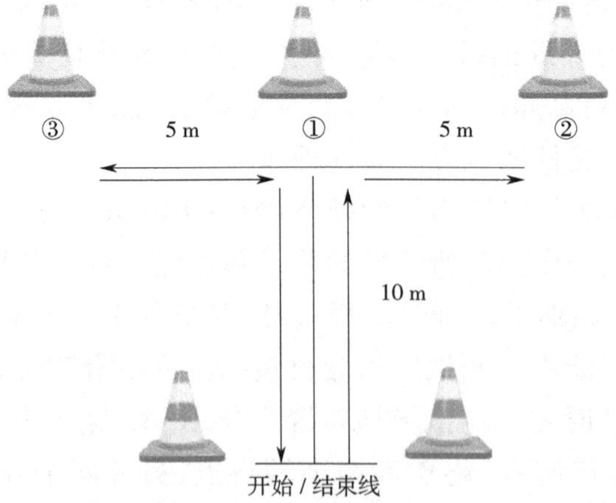

图 3-3　T 形灵敏测试

(3)第三种测试方法是六边形灵敏性测试(Hexagon Test)。该测试旨在评估运动员对身体的控制能力、在保持平衡的同时进行快速步伐移动和变向的能力以及在高力量输出状态下对身体的控制能力。它适用于评估篮球、足球、网球和羽毛球等运动项目中的运动员表现。测试所需器材包括卷尺、粉笔或胶带以及秒表或激光计时器。测试场地布置为一个边长为 24 英寸、内角为 120° 的六边形区域。运动员站在六边形的中心位置面向 A 线(假设为起始线),并在整个测试过程中始终保持面向 A 线。当测试员发出“开始”口令时,运动员跳过 A 线然后快速跳回中心位置,接着依次跳过 B 线、C 线、D 线等并每次跳回中心位置再继续下一个方向的跳跃动作。每次测试需要完成三圈跳跃动作。如图 3-4 所示。

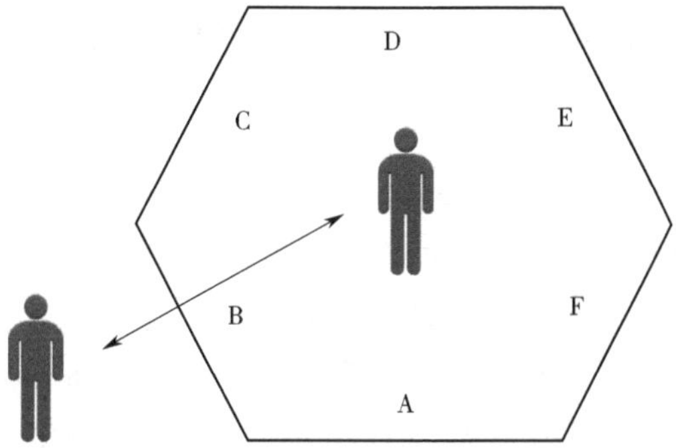

图 3-4　六边形灵敏测试

4. 功率和爆发力能力

功率的正式定义是在指定时间段内完成的工作量,即力与速度的乘积。在实践中,功率(也称为爆发力)取决于快速产生极大力量的能力(称为发力率)。因此,为了优化爆发力,必须在力的产生和速度之间进行权衡。例如,比较力量举和奥林匹克举重,前者以较慢的速度在有限的动作范围内举起重物,而后者则需要快速举起相对较轻的物体。另一个证据是,在反向跳跃这种常见的爆发力评估中,奥林匹克举重运动员通常比力量举运动员的评估成绩更好。有时,爆发力评估被称为“无氧”测试,因为它们主要依赖支持短时间高强度活动的能量系统。这也解释了为什么用于确定爆发力的评估耗时都很短,通常在几秒内完成。现场的爆发力测量一般通过确定运动员的身体或测试器材的位移,或者量化身体或测试器材移动指定距离所需的时间来评估该身体素质。

5. 肌肉力量和肌肉耐力

肌肉力量是特定肌肉或肌群产生力的能力,可能受肌肉纤维成分、肌肉大小和结构以及神经肌肉系统的影响。为了进行测评,肌肉力量通常被定义为个体在若干(1-5)次重复中可以举起的最大重量,即估计的最大自主力量。无论完成几次重复,这些评估都要求运动员负载额外的重量。因此,正确的技术和安全的动作模式对于降低损伤风险非常重要。虽然肌肉力量测评通常测量的是实际举起的重量或实际产生的力量(称为绝对力量),但为了进行比较,一些教练或专业人员可能会选择将结果除以运动员的体重(该指标称为相对力量)。

肌肉耐力是指重复产生自主力量的能力,或者特定的肌肉或肌群在最大强度水平下长时间维持产生自主力量的能力。大多数肌肉耐力测评会使用预定负荷(例如体重、体重百分比或最大力量值的百分比),并计算运动员可以重复完成特定动作的次数。例如,在美国职业橄榄球联盟(NFL)每年的选秀中,有一项卧推测试要求运动员尽可能多次地重复举起 225 磅(约 102 千克)的重量;而美国职业冰球联盟(NHL)的选秀也有类似的测试,要求运动员举起相当于其体重 70% ~80%的重量,同时必须保持每分钟重复 25 次的速度。考虑到肌肉力量和肌肉耐力之间存在一定的关系,肌肉耐力测评的重复次数有时会被用于估算最大力量值。另一种测评肌肉耐力的方法是计算运动员保持特定身体姿势而不发生移动的时间,称为等长肌力测试。

6. 心肺适能

心肺适能是指身体利用氧气的能力,即在运动期间,通过肺、心脏和肌肉吸收并使用氧气的能力。有时,心肺适能评估被称为"有氧"测试,因为这类评估主要依赖支持较长时间活动的能量系统。擅长长距离项目的运动员通常比擅长较短距离项目的运动员更重视这一身体素质。就此而言,这些测评所采用的测试方案要求量化完成给定工作量(即移动一定距离)所需的时间,或在给定时间内完成的工作量(即移动的距离)。根据运动员的训练状态,或教练及专业人员的需要,测评可以在最大强度或次最大强度下进行,也可以选择强度递增(即速度递增)的方式。虽然最大强度测评要求运动员运动至力竭,但次最大强度测评可以在运动员达到由主观用力感或心率所确定的某个预先设定的强度水平时终止。

心率测试可分为 4 种类型,分别为心率区间分布(%)、训练冲量(TRIMP)、运动后过量氧耗(EPOC)和训练效果(TE)。

(1)心率区间分布(%)是将训练期间的心率与最大心率(HRmax)相比较,并分为五个区间,分别为最大心率的 50%~60%、60%~70% 、70%~80%、80%~90% 和大于 90%。通过将不同权重赋予各心率区间,并乘以各区间持续的时间,可以计算出训练负荷量。

(2)训练冲量(TRIMP)是一种基于训练期间平均心率占心率储备百分比来量化训练负荷的方法。这种方法不受训练手段和训练安排内容的限制,但需要在训练全程佩戴心率表和胸带。TRIMP 能够反映运动过程中的心率反应的总体情况,并随着运动时间的增加而增加。其增长速度由运动强度决定,并随着运动强度的增加呈指数型增长。因此,它是分析特定练习的训练负荷的理想方法。

(3)运动后过量氧耗(EPOC)能够在一定程度上反映运动对机体内环境稳态所造成的影响。EPOC 是由于运动后能量代谢率未恢复到运动前水平而产生的现象,表现为恢复期机体的耗氧量水平高于运动前耗氧量水平。EPOC 随着运动强度的增加而呈指数型增长，但当运动强度低于无氧阈时，它不再增长，并随着运动强度的降低而呈下降趋势。需要注意的是，EPOC 需要对整堂训练课进行分析才能得出有意义的结论，单独分析某项练习的 EPOC 是没有意义的。

（4）训练效果（TE）是由 EPOC 衍生而来的评分指标，用于代表训练对有氧能力的影响，其数值介于 1~5 之间。与 EPOC 不同，TE 代表的是"训练如何提高体能水平"。根据 Firstbeat 提供的评价标准，TE 分值在 1.0~1.9 之间表示较轻松的恢复性运动；2.0~2.9 之间代表训练能够起到保持运动能力的作用；3.0~3.9 之间代表训练能够使有氧运动能力得到改善；4.0~4.9 之间代表有氧运动能力能够得到很大改善；而 5.0 则表明训练负荷超出可承受范围，存在导致过度训练的风险。

7. 运动员监控

另一个有用的测评途径是对运动员进行监控。监控过程涵盖了多种不同的评估，重点在于对生理或心理压力、训练负荷或训练量，以及恢复情况进行每日或每周的测量。这些测评中，一部分用于量化外部训练负荷，即运动员实际完成的工作量；另一部分则用于量化内部训练负荷，即与训练相关的生理或心理压力。此外，监控内容还包括对恢复状况、肌肉酸痛程度和水合状态的监测。大部分监控工作可由运动员通过自我报告的方式独立完成，这使得在短时间内进行多次记录变得更为便捷，与之前讨论的评估方法相比更具灵活性。由于这些监测数据具有高度的个性化特点，因此不采用与通用标准数据进行比较的方法，而是依据运动员的个体标准值变化来调整训练计划或其他生活方式因素（如睡眠、饮食等）。

3.3　智能化运动测评系统应用

国务院《全民健身实施计划（2021-2025）》指出，要加快推进全民健身数字化工程建设。依托"数字体育"服务平台，全力构建以全民健身电子地图、体育场馆运营、体育赛事活动、科学健身指导及全民健身调查等为核心的，线上线下一体化、综合化、智慧化、数字化的全民健身公共服务平台。这将有助于实现全民健身信息资源的共享，进而提升全民健身的管理水平和服务能力。

随着新兴技术的迅猛发展和广泛应用，新的机遇和价值在体育行业中不断被发掘和创造。可以预见，数字化转型将深入体育运动的各个环节，涵盖运动员的训练比赛、赛事组织、媒体传播、观众体验互动，以及体育衍生产业等诸多方面。

因此，要推动体育行业的数字化发展，不仅需要与各类体育赛事进行深度合作，以增进了解、积累经验、提升能力；同时，还需不断建设和完善生态系统，持续助力体育行业的数字化革新与发展。目前，国外市场上已经涌现出众多成熟的运动表现测评系统或应用，这为我们提供了宝贵的借鉴和参考。

3.3.1 分段计时测速系统

分段计时与测速技术是现代运动训练中的重要测量手段，各国教练员都十分重视分段计时与测速成绩的研究。目前，分段计时与测速技术已经以不同的实施方式得到应用。美国 MICROGATE WITTY 分段计时训练系统是一款便携、易用、易安装的体能训练套装，主要针对分段计时和大脑认知训练，可以满足各种专业体育训练、考核及测评的分段计时要求。该系统尺寸小巧，外形符合人体工程学，设计创新，实用易用。彩色显示器上的图形图标和屏幕指示确保用户友好性和易用性。此外，该系统提供 8 种不同的无线电频率选择，支持在同一个训练区域内同时使用多个 Witty 定时系统。各种预配置的测试类型一应俱全，用户还可以直接在定时器上创建定制的测试协议。Witty 定时器能存储和显示所有时间，并可以将数据下载到 Witty Manager 软件中进行进一步处理。

澳大利亚的 SmartSpeed 运动分段计时器智能实时反馈系统则是一款集科研、训练、测试功能于一体的系统工具，旨在提高运动员的速度、灵敏性和反应能力。该系统具备以下特点。

（1）云存储免费。提供免费的数据存储及分析功能，无需额外支付年费。同时，该系统的 APP 与各种 IOS 和 Android 设备兼容，成为市场上首个跨平台定时门系统。

（2）自动纠错系统。所有产品模型均采用纠错处理算法，有效消除由手、脚和其他设备引起的误差，确保测试结果的精确性，其优越性已通过研究得到证实，超越其他单光束和双光束系统。

（3）自定义组合训练。根据不同专项项目和赛场特点，设计模拟专项场景的训练与测试。该系统还支持两名运动员同时进行训练或测试。

（4）灵敏性训练。模拟不同专项的速度反应灵敏训练，结合多样化的训练模式和特定的激励措施，激发运动员的兴趣，助力他们迎接全新挑战。

接下来，我们将以北京体育大学研发的分段计时系统为例，深入探讨此类测速系统的原理、使用方法及适用的运动项目。

1. 分段计时系统的不同训练方式

在田径项目、场地自行车项目等的日常训练中，针对不同距离的启动、加速、冲刺能力进行训练是每一堂课的必备内容。一个能够自动完成分段计时、测速及成绩录入的系统，无疑将为运动员和教练的训练工作提供极大便利。不同的计时方法也对应着不同的测速原理。

（1）One-Way Timing（单向计时）。

单向计时训练是指具有确定的起点和各自不同终点的训练方式，其中运动员不会往返穿过已经经过的计时门。这种训练方式至少需要两个计时门，增加额外的计时门可以收集更多的分段计时数据。这个方案可以被描述为线性冲刺训练，尽管放置的计时门不一定是线性的。在这种训练中,至少有两个计时门,使用标准/光束/压力垫作为起跑方式。此类训练的数据项包括:数据序号、运动员序号、运动员姓名、运动员轮次、分段时间、累积分段时间、总时间、分段距离、速度和 Tag。如图 3-5 所示。

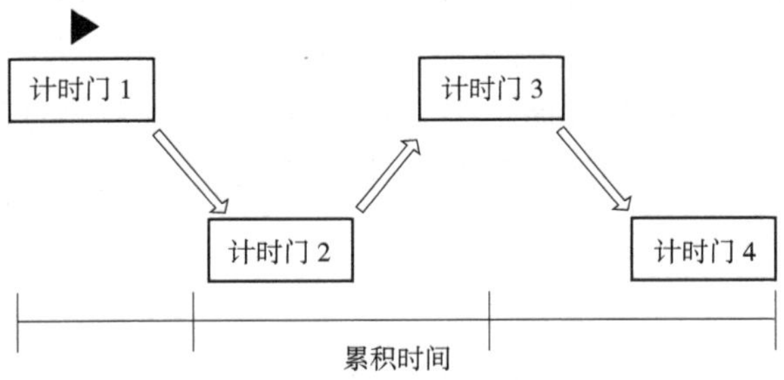

图 3-5 单向计时训练图解

(2)Free Timing(自由计时)。

自由计时训练允许运动员基于预设的设定,以任意顺序通过任意计时门。该训练没有固定的起点和终点,而是以达到预设的测试结束条件为停止信号。请注意,在触发次数标准下,起点的触发并不计入总数。例如,若设定触发 5 次结束,从首次触发开始,还需再触发 4 次才会结束训练。此类计时方式至少需要 1 个计时门,起跑方式可以是标准/光束/压力垫/反应等。测试结束的标准可以是自由设定/触发次数/固定时间等。此外,数据项包括数据序号、运动员序号、运动员姓名、运动员轮次、分段序号、门编号、分段时间和总时间等。如图 3-6 所示。

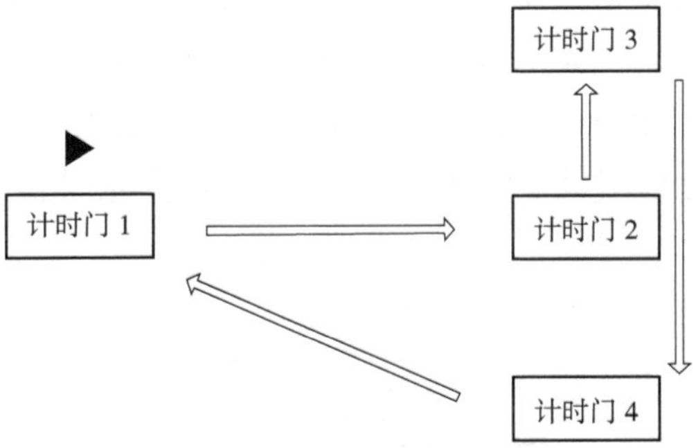

图 3-6 自由计时训练图解

(3)Lap Timing(圈训练)。

圈数训练是为体能测试而设计的,要求运动员在同一计时门开始并结束每一圈。每条跑道至少设有 1 个计时门,运动员需通过一系列计时门,完成预设的圈数后训练结束。此类训练至少需要 1 个计时门,数据项包括数据序号、运动员序号、运动员姓名、运动员轮次、圈序号、分段时间、累积时间、本次圈时间和总时间等。

(4)Traffic Light Sprint(红绿灯冲刺训练)。

红绿灯冲刺是一种旨在提高反应时的训练方式。通常要求运动员在 1~2 秒的倒计时后进行冲刺，一旦绿灯亮起或蜂鸣器响起，计时即开始。在反应起跑方式下，需要设定一个延迟区间。例如，若设定延迟区间为1~3秒，则提示起跑的绿灯会在该区间内的一个随机时间后亮起。在红绿灯启动方式下，起点计时门会依次亮起红、蓝、绿灯，且每次间隔1秒。两种起跑方式下，绿灯均代表训练开始。运动员需通过所有计时门后训练结束，即该训练有固定的起点和终点。此类训练至少需要2个计时门，起跑方式可以是反应/红绿灯启动等，起跑提示类型可以是灯光/蜂鸣器/灯光与蜂鸣器组合等。数据项包括数据序号、运动员序号、运动员姓名、运动员轮次、分段时间、累积时间和总时间等。如图3-7所示。

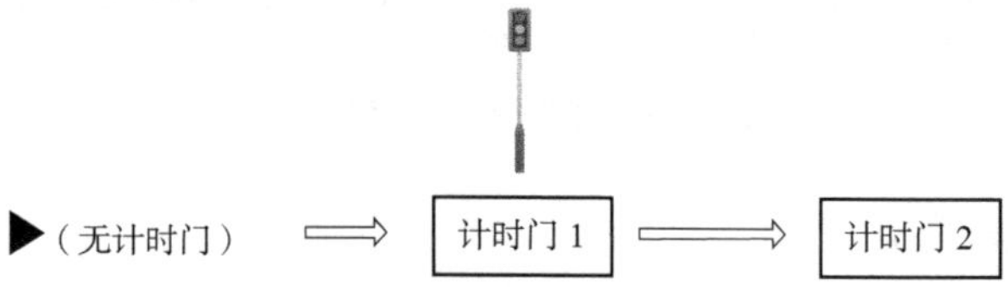

图 3-7　红绿灯冲刺训练图解

（5）Interval Protocol（间歇训练）。

间歇训练方案旨在提升速度耐力和间歇运动能力。每条线路上至少设有2个计时门，运动员以任意门为起点开始训练，按照固定的恢复时间或持续时间的模式进行，并需重复指定次数。完成所有门的穿越视为一次训练的结束，同时设定每次训练的时间上限。固定恢复时间指的是每次训练结束后有x秒的休息时间；而固定持续时间则意味着没有休息时间，例如设定为10秒，那么每10秒训练会重置一次。如果运动员在7秒内完成了本次训练，那么将显示有3秒的休息时间。此类训练至少需要2个计时门，起跑方式可以是标准/光束/压力垫等。数据项包括数据序号、运动员序号、运动员姓名、运动员轮次、次数、分段时间、累积时间、总时间和休息时长等。如图3-8所示。

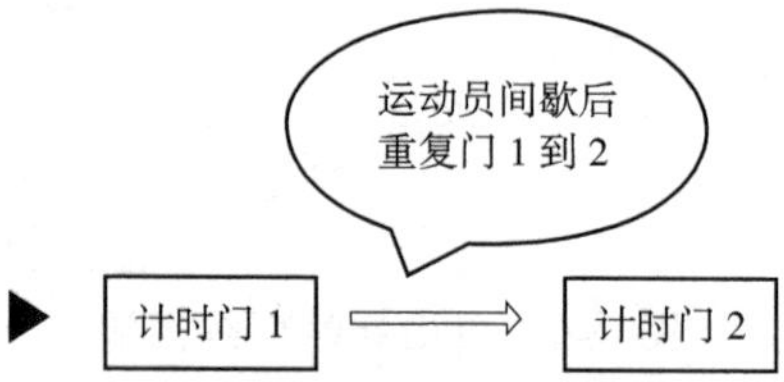

图 3-8　间歇训练图解

（6）Interval Shuttle（穿梭间歇训练）。

穿梭间歇训练旨在提高速度耐力和间歇恢复能力。每条线路至少设有1个计时门。运动员从任一门起跑，按照固定的恢复时间或持续时间的模式进行训练，并需重复指定次数。其中，持续时间为一次训练的时间上限，触发次数为完成一次训练的标准。与间歇训练不同的是，穿梭间歇训练并不要求运动员必须穿越所有计时门才算完成一次训练，因此跑动顺序更加灵活。此类训练至少需要1个计时门，起跑方式可以是标准

/光束/压力垫等。数据项包括数据序号、运动员序号、运动员姓名、运动员轮次、分段时间序号、门编号、分段时间、总时间和休息时长等。如图 3-9 所示。

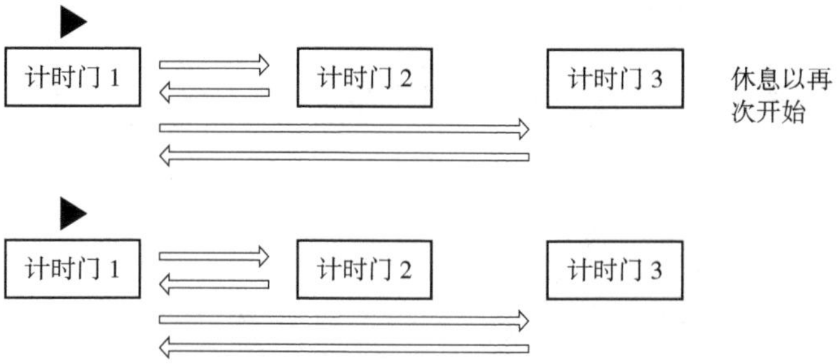

图 3-9　穿梭间歇训练图解

（7）Cut Drills（树状反应训练）。

树状反应训练旨在提升运动员对方向提示的反应能力（包括随机或其他反应选择）。这种训练可以通过多种方式进行，并且至少需要 3 个计时门。反应性训练通常采用“层级”的概念，其中一个层级可以分配多个计时门。第一层可设置为起跑层，没有计时门，采用反应启动方式。此类训练至少需要 3 个计时门，起跑方式可以是标准/光束/压力垫/反应等。起跑提示类型包括灯光/蜂鸣器/灯光与蜂鸣器组合等，切光提示类型也包括相应的选项。数据项包括数据序号、运动员序号、运动员姓名、运动员轮次、分段时间、触发门编号（或应触发门编号）和总时间等。如图 3-10 所示。

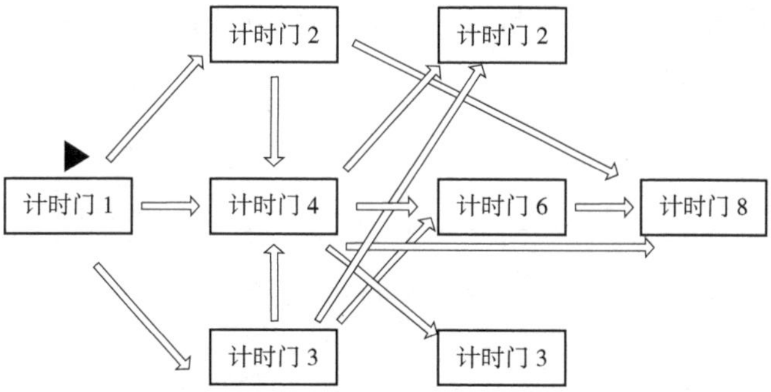

图 3-10　树状反应训练图解

（8）Serpentine（反应与行为训练）。

反应与行为训练旨在训练运动员在应对突然出现在他们面前的行为提示时的反应能力。每个运动员被分配一种颜色（例如，运动员“X”=红色，“Y”=绿色）。训练开始时，运动员必须通过与他们身上颜色对应的计时门，同时还可以为不同的颜色分配不同的含义或动作。运动员在指定时间内重复这一过程，以在指定时间内奔跑更远的距离为目标。例如，在单人训练中，红色可能代表胯下运球三次，绿色代表背后运球三次，蓝色则代表运球转身两次。每个门会随机亮起不同的颜色，运动员在通过一个计时门后需要根据颜色做出相应的动作，并在完成动作后迅速通过该计时门。此类训练至少需要 2 个计时门，行为种类可以有 1~4 种选择，每种行为对应不同的灯光颜色（红/绿/蓝/全部）。数据项包括数据序号、运动员序号、运动员姓名、运动员轮次、触发的颜色、分段时间和总时间等。如图 3-11 所示。

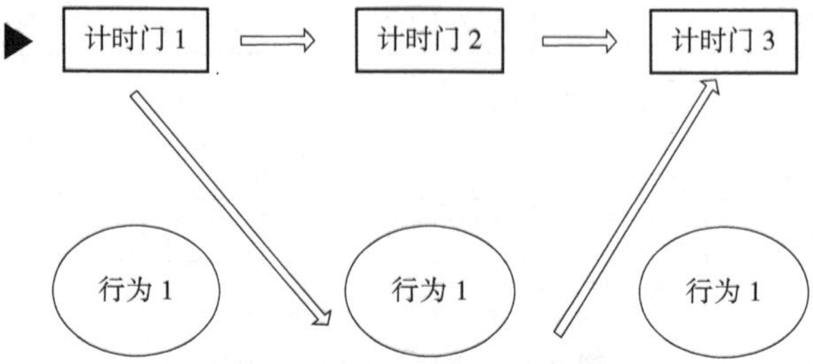

图 3-11 反应与行为训练图解

（9）Grid Drill（网格训练）。

网格训练是一种反应和敏捷性训练。使用 3 个计时门，最多可支持 4 名运动员同时进行训练。设置的计时门越多，能够容纳的运动员数量也就越多。运动员会被分配一个颜色，并对闪烁的颜色做出反应。该训练可以以固定时间的形式完成，也可以以穿过一定数量计时门的形式完成。此训练没有固定的结束时间——在指定的时间内，根据提示，运动员穿过计时门的次数达到最大，或者让运动员尽可能快地穿过固定次数的计时门。此类训练的最少计时门数为 3 个，测试结束标准为触发次数/固定时间，提示类型包括灯光/蜂鸣器/灯光与蜂鸣器组合，灯光颜色有红/绿/蓝/全部可选。数据项包括数据序号、运动员序号、运动员姓名、运动员轮次、分段时间序号、门编号、分段时间和总时间等。如图 3-12 所示。

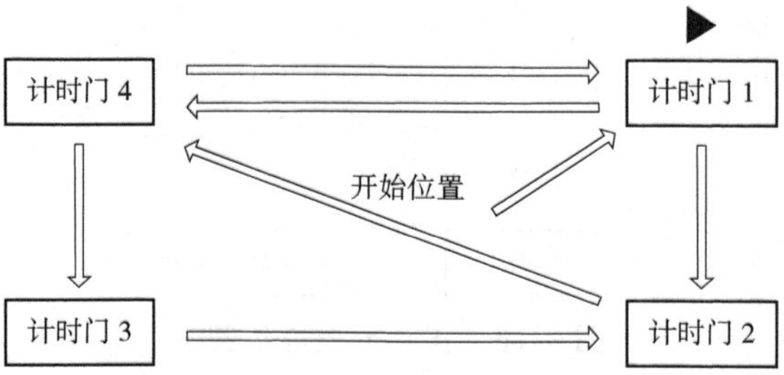

图 3-12 网格训练图解

（10）Pacing（步速训练）。

步速训练通过视觉提示为运动员提供速度信息，要求运动员完成适当的圈数从而完成训练。所需的步速会在下一个计时门上显示。当计时门的声音响起时，运动员应该已经通过了该计时门。在标准模式下，一次训练以完成触发次数为结束。起跑后，计时门会每隔设定的步速时间进行提示，提示时长也可设置。自定义方案需要在线编辑，可具体设置灯亮起的顺序和时间来定制训练方案。此类训练的最少计时门数为 3 个，步速的读取单位为秒。计时门的提示类型包括灯光/蜂鸣器/灯光与蜂鸣器组合等，灯光颜色有红/绿/蓝/全部可选，灯光持续时间的单位为毫秒。数据项包括数据序号、运动员序号、运动员姓名、运动员轮次、分段时间序号、门编号、分段时间、差值、总时间和评价等。如图 3-13 所示。

图 3-13　步速训练图解

（11）Reactive Pro Agility（反应灵敏性训练）

反应灵敏性训练旨在训练运动员快速改变方向的能力。这个训练是预先设置好的，需要至少 1 个计时门。通常采用 5-10-5 米的形式，但也可以根据自己的需要设置距离。运动员将从计时门中间开始，并在起点处结束。如果需要记录分段时间，可以设置更多的计时门。此类训练的最少计时门数为 1 个，提示类型包括灯光/蜂鸣器/灯光与蜂鸣器组合等。数据项包括数据序号、运动员序号、运动员姓名、运动员轮次、方向、分段时间和总时间等。如图 3-14 所示。

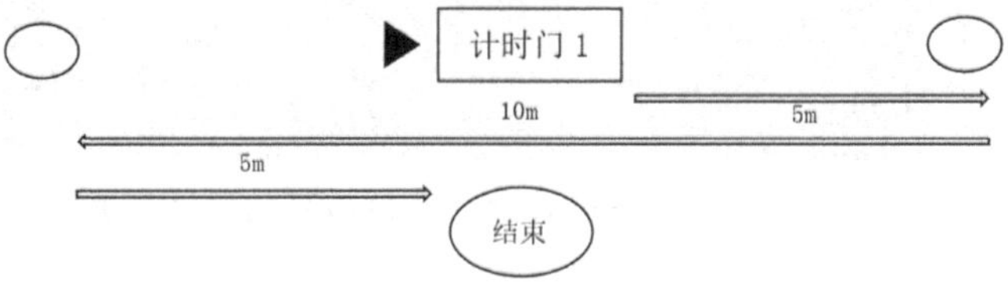

图 3-14　反应灵敏性训练图解

2. 分段计时系统的使用方法

本部分内容将以北京体育大学分段计时系统的详细操作为例，讲解操作这类系统进行测试与训练的步骤，如图 3-15 所示。

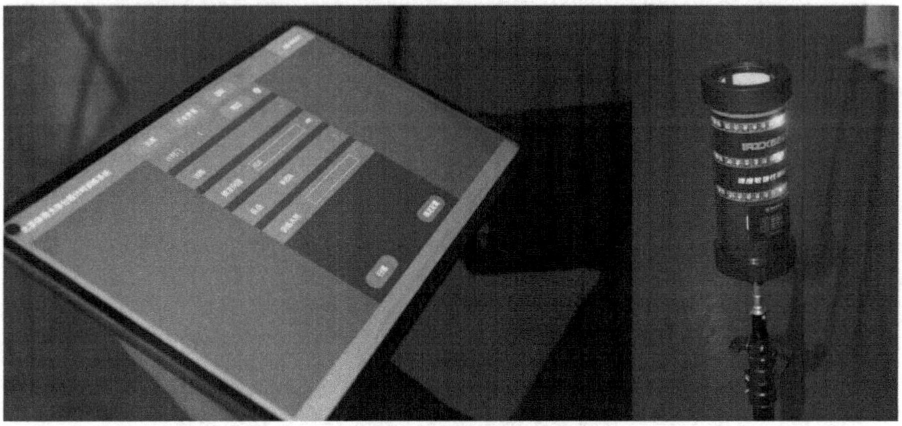

图 3-15　分段计时系统软硬件设备示意

（1）登录设备软件系统并通过蓝牙连接上系统的接收基站后，科研人员可添加测试或训练的队伍及运动员。之后，根据所需要进行的活动类型，在主界面左上角点击训练方案显示训练方案列表，如图 3-16 所示，单击条目选择训练。右侧栏中最上方显示当前连接的基站数量。触发间隔表示两次触发光电门的最短间隔，标准模式下为 500 毫秒，代表每次触发光电门后 500 毫秒内的触发不会被捕获。

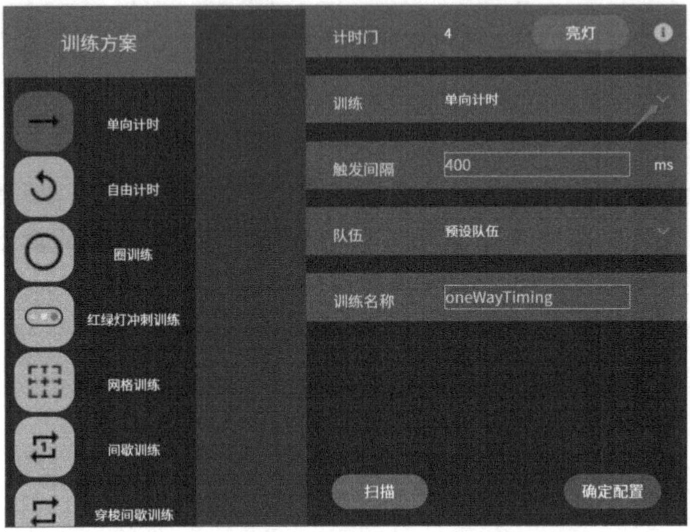

图 3-16　测试系统软件活动选择与基站确认界面

（2）点击该界面上的确定配置会跳转到二级参数设置及标定页，左边栏对应二级参数的设置，每种训练方案的二级参数都不相同，右边是该训练的简要说明。在设置完二级参数后点击确定配置按钮开启标定。在标定每一个光门时，点击修改配置可以重新编辑二级参数。点击重用标定按钮可以将上一次标定的顺序直接应用，重新配置会清空目前已标定的顺序。如图 3-17 所示。

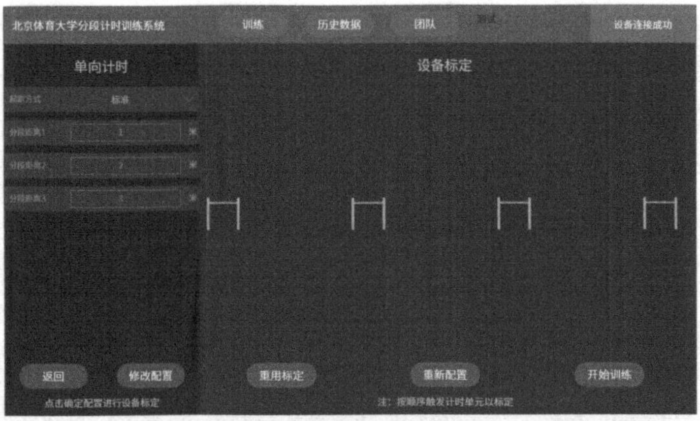

图 3-17　测试系统软配置确认与基站顺序标定界面

（3）当标定完成后，单击开始训练跳转到训练界面。训练中，主面板上栏为时间实时显示，中栏为控制按钮，包括暂停、重置、锁屏、结束训练、开启新训练等，其中重置代表清空目前训练数据,并将训练人员重置到第一位。结束训练会直接跳转到数据页,开启新训练会直接跳转到首页。单击数据显示可选择图表输出,如图 3-18 所示。

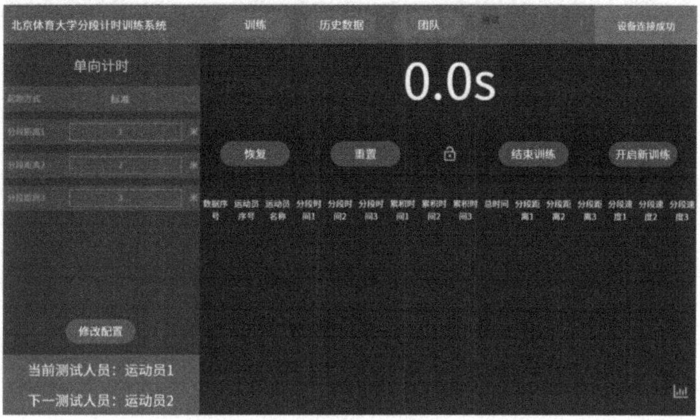

图 3-18　分段时间数据采集界面

1)单向计时说明。单向计时需要设置每两个门之间的距离。图示为三个门的情况,共有两个间距。该训练下,每位运动员按照顺序通过全部计时门为完成一次成功的训练。如图 3-19 所示。

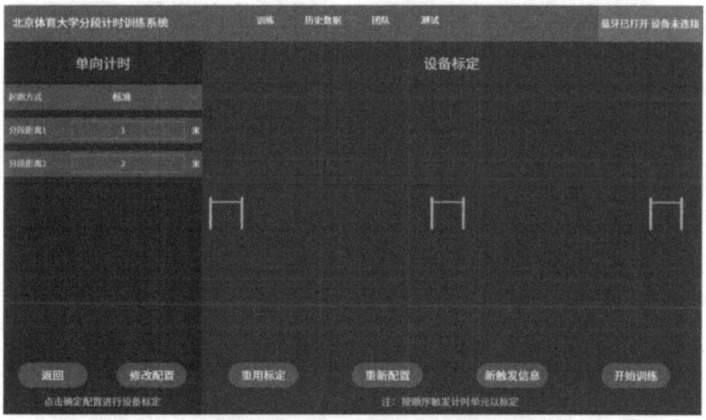

图 3-19　单向计时界面说明

2)圈训练说明。每条训练数据末端,左侧栏将历史数据按月份分类。每个月点开可以看见当月所有进行的训练。每条训练数据的命名规范为用户输入的训练名称。该训练创建的时的图标代表该数据是否已经同步至云端,绿色代表已同步,红色表示未同步。通过点击红色图标进行同步。自由标准下,每位运动员的训练不会自动停止,需要通过手动点击下一人结束。固定时间标准下,到时后,每位运动员的训练会停止,自动开启下一位运动员的训练。触发次数标准下,在首次触发后,再触发设置数目的计时门,训练即结束,如图 3-20 所示。

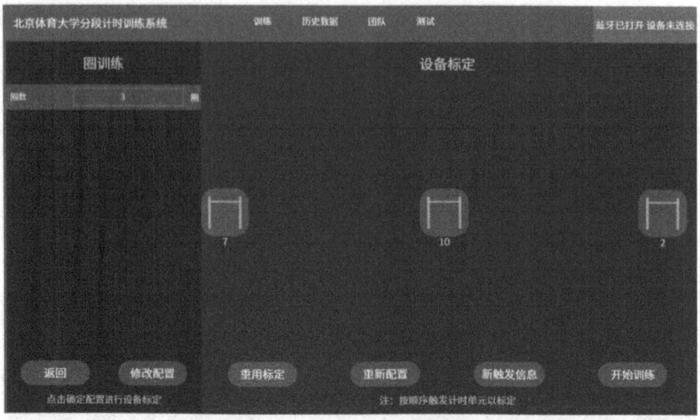

图 3-20　圈训练软件设置

3）红绿灯冲刺训练说明。红绿灯冲刺训练有两种起跑方式：其中，反应起跑下，首门灯会在设置好的延迟后亮起，亮起即为训练开始，此时运动员需要依次通过所有计时门，完成一次训练。红绿灯起跑下，首门会依次亮红灯——间隔 1 s 亮蓝灯——间隔 1 s 亮绿灯，在绿灯亮起后即为训练开始，运动员需要依次通过所有计时门，完成一次训练，如图 2-21 所示。

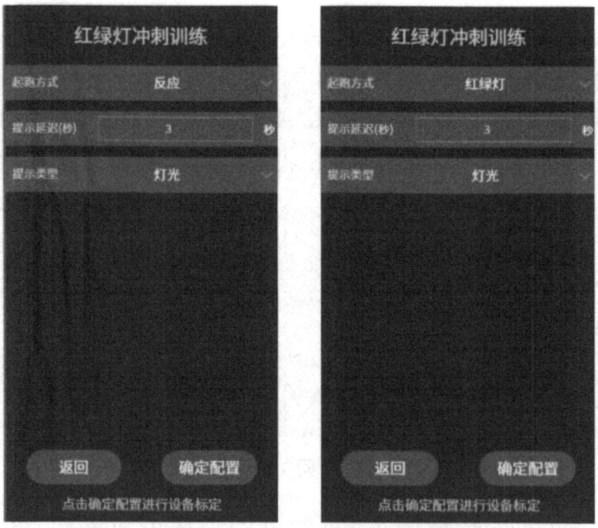

图 3-21　红绿灯冲刺训练设置

4）网格训练设置。网格训练有两种结束标准：触发次数和固定时间。训练开始后，每个被标定好的计时门会随机亮起，运动员需触发亮起的门后再等待下一次提示亮起。在固定时间标准下，时间一到，该运动员的训练即告结束；在触发次数标准下，若设置为 5 次，那么该运动员触发 5 次门后，训练即结束。此外，灯光类型可以选择亮起灯的颜色，延迟功能可以选择开启，并设置延迟的时间区间。如图 3-22 和图 3-23 所示，若设置 3~6 秒延迟，则意味着每次运动员触发一个计时门后，下一个提示亮起的时间会在 3~6 秒之间的一个随机延迟后出现。

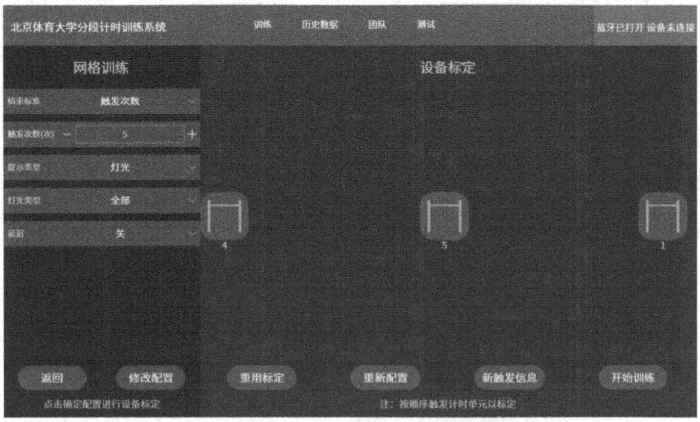

图 3-22　网格训练设备标定与配置设定界面

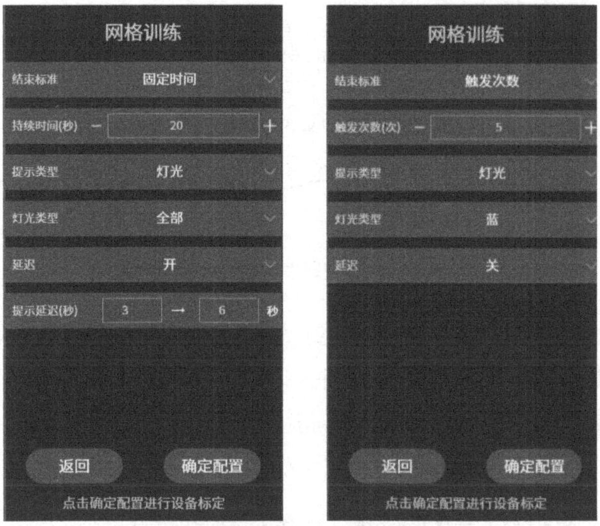

图 3-23　网格训练方式设置

3.3.2　基于速度的力量训练系统

想象这样一个场景：两位力量水平完全相同的运动员在进行相同重量的深蹲训练时，其中一位竭尽全力以最快速度完成，而另一位则没有。那么，他们的训练强度是否一致呢？答案显然是否定的。在日常训练中，为了更准确地监控和评估这种训练强度，一种新型的训练方式应运而生——基于速度的力量训练（简称 VBT 训练）。

1. 基于速度的力量训练（VBT 训练）简介

相较于人们所熟知的“训练量 × 重量=训练强度”的百分比训练方式，基于速度的力量训练将速度作为一个重要考量因素。它借助传感器实时测量力量训练过程中负重的运动速度,从而定量评估运动员的实际训练强度。在评估过程中,需要引入力-速曲线作为辅助工具。从力-速曲线图中可以看出,力量与速度之间呈现负相关关系,即随着速度的增加,力量逐渐减小;反之,随着力量的增大,速度也会相应减小。

由于不同类型的训练和运动对重量和速度的需求不同,因此可以将力-速曲线划分为以下五个阶段,一是以硬拉、力量举为代表的绝对力量阶段;二是以奥运举、高翻为代表的力量-速度阶段;三是以蹲跳为代表的峰值功率阶段;四是以反向纵跳、单腿障碍跳为代表的速度-力量阶段;五是以及以冲刺、跨跳为代表的绝对速度阶段,如图 3-24 所示。

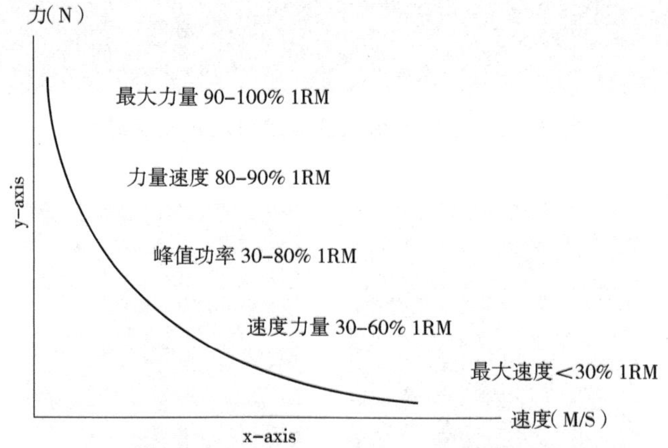

图 3-24 速度与力量的变化阶段

由此可见,基于速度的力量训练具有更为精细化和针对性的训练目标,能够有效解决传统百分比力量训练中训练目标模糊的问题。同时,传感器的引入使得训练进度的调整更加客观、科学,能够根据运动员的每日状态进行动态调整,从而大幅提高训练效率。

2. 基于速度的力量训练(VBT 训练)系统的使用方法

目前,市场上基于速度的力量训练的监控设备种类繁多,例如线性传感器代表 Gymaware。对于运动员的日常训练而言,使用这类设备的流程大致如下:首先,将 VBT 功率监测硬件设备放置在力量训练器械旁边,并将绑带牢固地固定在负重上;接着,在平板电脑上通过蓝牙连接硬件监测设备,并输入运动员的相关信息,选择需要训练的动作;设定好训练目标后,选择合适的训练参数并进行设置。常用的训练参数包括高度(米)、平均功率(瓦)、平均功率(瓦/千克)、平均速度(米/秒)、最大功率(瓦)、最大功率(瓦/千克)、最大速度(米/秒)等。训练目标则可以根据实际情况选择小组目标、运动员个人目标、上次训练成绩、最大目标等。完成这些设置后,输入负重的重量,点击开始训练,即可实时监控本次力量训练的情况。如图 3-25 所示。

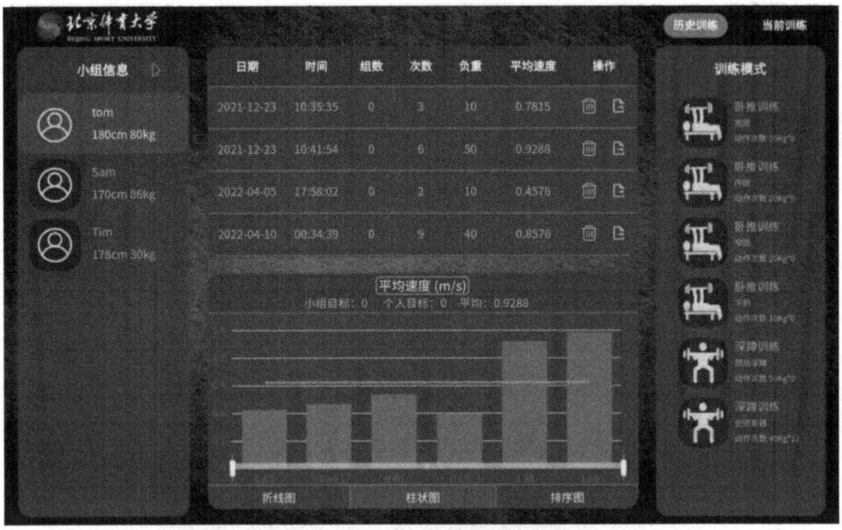

图 3-25　VBT 训练系统界面

除了运动员可以自行设置训练方式和计划外，教练员也可以在训练过程中随时通过系统设定和查看当前训练的动作、重量、组数、次数等信息。此外，教练员还可以在历史训练界面查看不同训练人员在过去的所有训练数据记录，以便为下一步的训练计划提供数据支持。

（1）设备及附件清单。

VBT 力速监测设备 1 台；充电线 1 根；充电头 1 个；备用绑带 1 条；备用 D 形扣 1 个；备用橡胶管 1 个；十字螺丝刀 1 把；六角扳手 1 把。如图 3-26 所示。

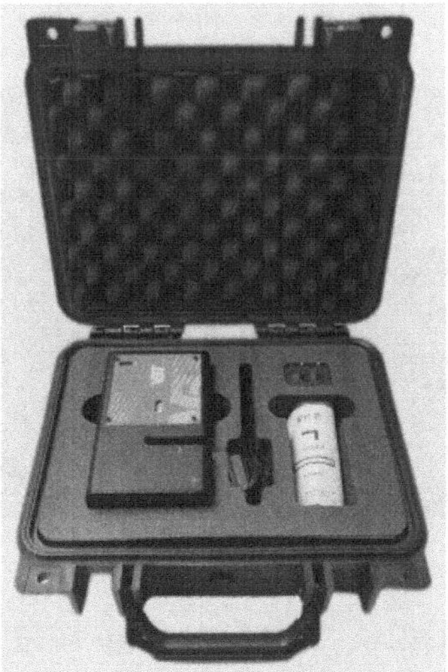

图 3-26　VBT 设备硬件图

（2）硬件。

设备右上角设有指示灯，从右至左依次为：第一指示灯（设备电源）、第二指示灯

(低电量提示)、第三指示灯(蓝牙状态)、第四指示灯(传输状态)。电量指示灯分别显示 100%、75%、50%、25% 四档电量,充电时闪烁。如图 3-27 所示。

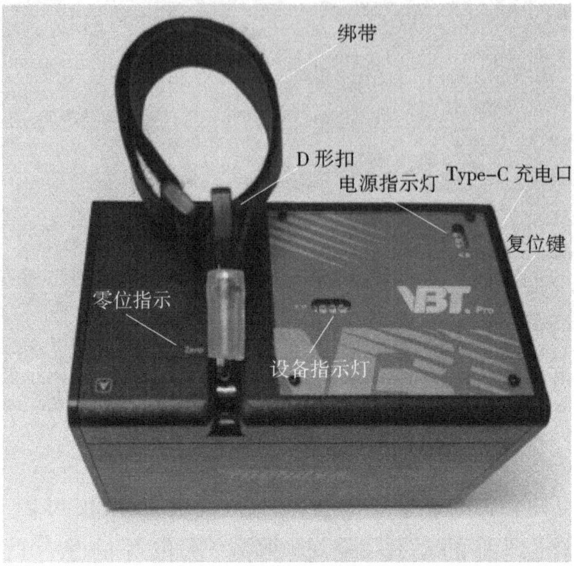

图 3-27 硬件展示图

(3)设备安装。

1)将功率设备利用底部的磁铁吸附在小重量杠铃片上,确保训练时设备不会脱离地面。

2)拉开功率设备的绑带,从一侧穿过 D 形扣绑在杠铃杆上,同时尽量保持绳子与地面垂直,如图 3-28 所示。

图 3-28 设备安装图

3)打开力速监测系统应用程序,界面如图 3-29 所示。

4)通过拉动绳栓唤醒功率监测设备;

5)点击"蓝牙已打开,点击连接设备"按钮,弹出设备选择框;

6)点击"搜寻可用设备"按钮,搜索已唤醒的功率监测设备;

7)选择设备名称进行连接,连接成功后功率监测设备将发出蜂鸣声。

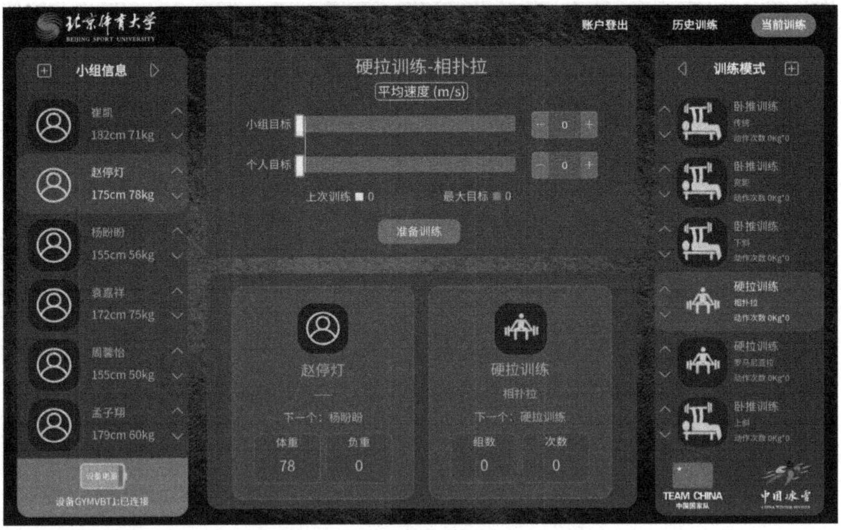

图 3-29　力速监测系统界面图

（4）开始训练。

训练界面的主要功能包括：训练记录的开始与停止、训练人员和动作的选择、训练参数和目标的调整以及训练数据的展示。如图 3-30 所示。

①点击“开始训练”按钮开始记录训练数据，训练结束后点击“结束训练”按钮停止记录并将本次训练数据保存至历史记录中。

②点击“返回主页”按钮可跳转回准备页面。若在训练中返回准备页面，则当前训练数据会停止记录并保存。

③点击“排行榜”按钮可查看运动员的排名情况。

④一次训练结束后，系统会自动跳转至下一位运动员，并在列表中循环。也可通过点击训练动作和运动员头像按钮手动选择调整训练顺序。

⑤训练数据通过折线图、柱状图和排序图进行展示。最左侧的折线图显示实时数据，中间的柱状图和最右侧的排序图展示单次拉起的数据。训练目标会在柱状图上以不同颜色的目标线表示。如图 3-31 所示。

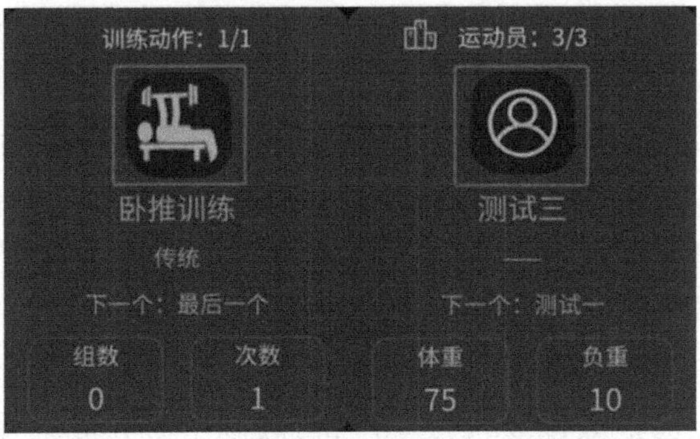

图 3-30　VBT 开始训练动作选择界面

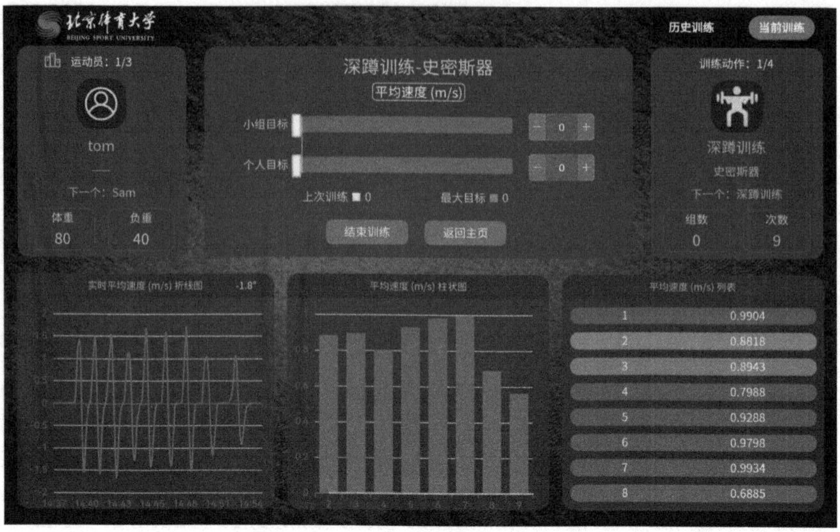

图 3-31　训练数据展示界面

3. 基于速度的力量训练（VBT 训练）的应用实例

基于速度的力量训练可以实时监控负重速度。因此，当训练过程中动作速度低于运动员自身的最低速度阈值（1RM 速度）时，需要停止训练或在专人保护下小心进行，以有效避免过度训练和运动损伤。使用者可以为不同动作设置最低速度阈值，以保护运动员。此外，根据运动员的需求，教练员可以为不同需求的运动员设计个性化的训练计划。例如，如果某个运动员现阶段追求绝对力量的增大，那么在日常训练中，可以采用 1~4 组的单腿深蹲和硬拉进行训练。更进一步地，根据力-速曲线和不同专项表现对速度和力量的需求关系，教练员还可以根据专项需求，更为精细地设计运动员的训练计划。比如，为增加力量表现，可以采用大重量、少次数的训练方案，允许运动员的平均动作速度适当降低；而为增加爆发力表现，则应适当降低负重，要求更多的次数以及更快的动作速度，从而实现不同运动专项能力的提升。

借助传感器技术的基于速度的力量训练，相比基于百分比的训练方式，具备实时速度监控、提示重量调整以及训练目标的精确指导等优势。同时，在实际使用过程中，操作简便，可随时查看过往数据以及制定以后的训练计划，可有效避免过度训练、辅助设计训练计划以及增强专项表现。近年来，国外有关 VBT 的研究井喷式涌现，迎合了运动训练科学化的国际发展趋势。运动训练的科学化始于量化，力量训练的科学化同样需要建立在力量训练负荷的量化基础上。VBT 的兴起得益于科技的发展，拉线测速、红外捕捉和加速度计等技术为力量训练中动作速度的量化创造了可能。尽管其为力量训练的科学化提供了契机，但作为一种新兴的训练理念和方法，VBT 仍存在诸多有待进一步改进之处。目前对 VBT 的科学研究过于注重与传统力量训练量化负荷方法的精确关联，对各种变量的信效度要求过于严苛，限制了研究成果在实践中应用的生态学效度。例如，绝大部分动作构建的速度与%1RM 关系方程是基于固定轨迹的史密斯架得出的，但在实际训练的应用中，大多采取自由重量的训练动作。

3.3.3 抗阻爆发力训练设备

一直以来，人类都在使用重力作为阻力来强健自己的身体。20世纪的许多传统固定器械，如配重块、挂片器械等，与使用哑铃、杠铃训练相比，除了能避免举重技术失误导致的意外，更专注于孤立训练之外，并无本质的区别。直到“凸轮”的加入带来了变化。1970年，Arthur Jones设计的设备进入市场，因为他设计的凸轮形状形似鹦鹉螺，所以他的设备被称为Nautilus Cam Machine。带有凸轮训练设备的特点在于，凸轮在转动时（无论是椭圆形、鹦鹉螺形等各种形状的凸轮），凸轮半径的变化会引起阻力矩的改变，从而匹配人体的力量曲线。理论上，凸轮确实可以使得阻力与人体产生力矩的能力更为匹配，但在实际运动中仍存在以下2个问题。

（1）惯性问题是使用重力作为阻力的固有问题。在动作的开始阶段，由于加速，实际阻力大于预设的阻力；在动作的结束阶段，训练者可以借助前半程快速运动积累的动量，使得后半程相对省力，实际阻力小于预设的阻力。动作速度越快，这些现象越明显。此外，在动作的进行过程中，当动作卡顿、不流畅时，动作速度的改变也会引起阻力的变化（与预设阻力有偏差）。

（2）个性化问题：固定的凸轮半径与预设的关节角度-阻力矩曲线（通过测试得到的人群普遍结果）并不一定适应每一个人。因此，凸轮只解决了部分问题，不过它还是在商业健身房中大为流行。

同时代的Keiser兄弟在设计有变化阻力设备时，也考虑到了使用重力作为阻力的固有问题——惯性。为了提供更顺滑、更易控制的阻力，他们转向了使用压缩气体作为阻力来源。1978年，第一台气阻——“变化阻力训练设备”问世。气阻设备工作的原理是：在向心阶段时，气体会被压入气泵；随着泵入气体的增加，通过传动装置使得阻力曲线呈现想要的形状；在离心阶段时，气体泵出，使阻力呈现与向心阶段相同的特征。气阻设备的最大特点是“无惯性”，从而在任何运动速度下都提供几乎一致的阻力曲线，如单关节近似抛物线型。气阻设备的开发者们认为，规避了运动开始时的加速和运动中由不顺滑的动作引起的加减速而产生的较大应力，对其他软组织的负荷更少，意味着更少的受伤风险。从训练的角度来说，肌肉在动作后半程不能偷懒，不能再借助前半程积累的动量完成动作；必须保持全程的激活、募集。不论运动速度多快，阻力曲线都保持预定的特征，对肌肉要求更高。

20世纪50年代后期，Hettinger提出了等速运动的概念。等速设备将适应肌肉所产生力矩的变化，并给出对应相反的力矩。在加速期、减速期之间的匀速活动范围内，机器会精确地适配每一时刻的力矩，既能保证肌肉在每一时刻的最大参与，也不会对关节、肌肉、骨骼产生过度负荷。等速概念刚提出之际，并没有引起太大的反响；但随着速度和阻力的控制技术的发展，它成了一个热点。在测试和训练中，它都十分有效。在所有尝试匹配阻力矩和人体力矩的设备中，它实现了最个性化的训练。

近年来，抗阻训练设备被广泛应用在运动训练和运动康复中。“绝影”是体育装备团队自主设计研发的数字化训练装备，主要用于运动员速度、爆发力、力量、灵敏性等素质的训练和测试。本装备通过智能数控阻力技术，能够依据不同训练需求为运动员提供持续恒阻、分段变阻的抗阻、牵引、启动、制动、变向等训练。抗阻训练阻力和牵引训练速度均可精确地进行数字化调节。500 Hz 的超高采样频率可精准地记录并实时显示时间、速度、加速度、功率、步幅、步频等运动数据，从而实现数字化训练。该装备在业内首次实现百米直道段的全程抗阻力和牵引助力数字化训练，其训练速度和训练距离远超国内外同类设备。如图 3-32 所示。“绝影”的功能及优势有以下 4 个方面。

图 3-32 抗阻爆发力训练设备

（1）直线性训练。

对于持续阻力训练，绝影可提供最大 24 公斤的恒定阻力，覆盖最远 120 米的阻力距离，且阻力可在 0~24 千克之间无级调节。对于分段变阻训练，它最多可提供 3 段不同设定距离的可变阻力，并能任意设置不同分段内的阻力与距离。至于超速牵引训练，绝影可提供最大 28 米/秒（100 千米/小时）的牵引速度，且最大牵引速度同样可在 0~28 米/秒之间无级调节；同时设有牵引脱离时的急停保护程序；并能提供最多 3 段不同设定距离与不同牵引力的训练。

（2）变向训练。

在启动训练方面，绝影可提供人体负方向阻力下的启动爆发力训练。在制动训练方面，它则能提供人体正方向牵引力下的停止制动爆发力训练。至于变向混合训练，绝影可提供最大广角 145° 范围内不同运动方向的变向训练。

（3）测试或训练结果展示。

绝影可提供最大 110 米的分段距离记录。在每个设定距离点，它都能详细记录当前的总时间、分段时间、分段平均速度、瞬时速度、瞬时加速度、瞬时功率以及全程最大速度、最大加速度、最大功率、步幅、步频等重要指标。这些指标客观反映了运动员的速度、爆发力、力量素质和运动对称性。此外，绝影还能提供随时间或位置变化的速度、加速度、功率等曲线图像,为步态稳定性(运动对称性)分析提供有力支持。如图 3-33 所示。

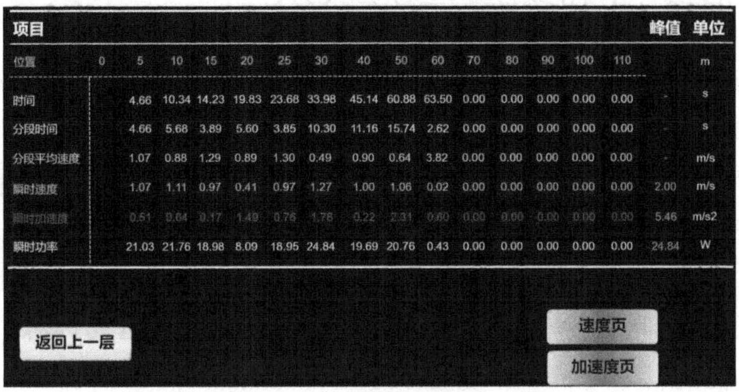

图 3-33 抗阻训练设备训练结果展示界面

(4)“绝影”的优势。

与传统手段或业内其他设备相比,“绝影”具备显著的优势,如表 3-2 和表 3-3 所示。

表 3-2 绝影与传统手段的优势对比

	本装备	传统手段(人力拖拽、弹力绳、雪橇拖拽、阻力伞)
可控性	强	差
阻力平顺稳定	是	否
影响技术动作	否	是
测试评估功能	有	无
安全性	高	低
实时监控反馈	有	无
符合专项需求	是	否
训练效率	高	低
受外界因素影响	小	大

表 3-3 绝影与业内设备对比

	本装备	国外同类型设备
训练速度范围	0~100 km/h	0~50 km/h
训练距离范围	0~120 m	0~90 m
线绳最大承重	200 kg	130 kg
重量	40 kg	26 kg
数据采集频率	500 次/s	330 次/s
通讯方式	WiFi	蓝牙
数据最大传输速度	100 Mb/s	2 Mb/s
操作平台	任意智能手机、平板、电脑	Win7 或 Win8 的电脑
步幅、步频分析	有	无

3.4 运动测评与训练监控的联系

当前,我国的运动训练监控已经过多年的发展,积累了大量关于身体表现、生理、生化及生物力学等相关学科中运动员监控的研究成果。随着现代科技的进步,越来越多的高新技术也被引入到运动训练的监控中。然而,对于运动训练的其他方面,如运动员选材、竞技体育组织与管理的研究,却略显不足。同时,监控过程中并未充分凸显运动员与教练员的作用,对于运动员竞技能力中心理能力和运动智能的研究也相对匮乏。本节将通过分析运动训练监控的现状,以全局视角探索其在运动训练中的可应用范畴,并为运动训练监控的科学化提供一些建议。

运动训练是竞技体育活动的重要组成部分,旨在提高运动员的竞技能力和运动成绩。而运动训练监控则是通过记录、测量、测试等手段,在运动训练过程中获取反馈信息,以评估训练安排与运动员实际状态的关系,进而对训练计划进行调整和优化,从而实现对训练过程的控制。运动训练监控采用教练员观察、运动员自我评价以及现代科技手段等多种方式,收集并分析运动员在体能、技战术、生理、生化、心理和思想等方面的变化信息,以及竞技体育组织与管理的相关信息。通过对这些信息的对策性调整,运动训练监控旨在更好地协助组织管理运动训练整体过程,帮助教练员制定训练计划,并与运动员的竞技能力提升最佳化相适应。

第 4 章　智能化运动负荷监控

4.1　运动员监控的形成与发展

运动员监控已成为分析运动员表现的重要组成部分。多数体育俱乐部在监控系统上投入了大量资源。几十年来,体育科学家一直在系统地收集关于运动员的详尽信息。例如,全球卫星导航系统(GNSS)、加速器等技术已被广泛应用于职业体育中以监控运动员的表现。因此,从业人员需要对这些技术有基本的了解。

长期以来,教练员一直通过训练日记系统记录运动员的训练情况。田径教练 Clyde Littlefield(1892-1981)和游泳教练 James Doc Counsilman(1920-2004)都会详细记录运动员的训练和比赛情况,并根据这些信息调整训练计划。1954 年,在 Roger Bannister 取得重大成绩突破的最后几个月训练中,奥地利教练 Franz Stampfl 对所有训练进行了手动计时。

随着 20 世纪 80 年代初技术的改进,如无线电测量心率(HR)监测器、便携式血液乳酸分析仪、快速反应的呼吸气体分析仪、可靠的计步器、功率计等的出现,科学界为运动员监控提供了新的可能性。如今的无线技术能够同步提供与生物力学中的加速度、生理学的葡萄糖水平以及运动表现学中的运动员变向等相关的连续性数据。这种监控信息现在被广泛认为是评估体育训练过程的一个基本支柱,例如揭示运动员是否对训练计划有反应。

通过各种数学算法(如急性:慢性工作负荷比)以及基于人工智能的新型预测分析来汇编和整合多个变量,引领着运动监控的当前发展和未来趋势。大量数据的收集是提供全面、中肯和相关信息以促进运动员健康和提高成绩的关键。使用运动监控可以提高对运动员和团队评估的准确性和充分性。图 4-1 为历史上的用于监控运动员健康和表现的运动监控方法。

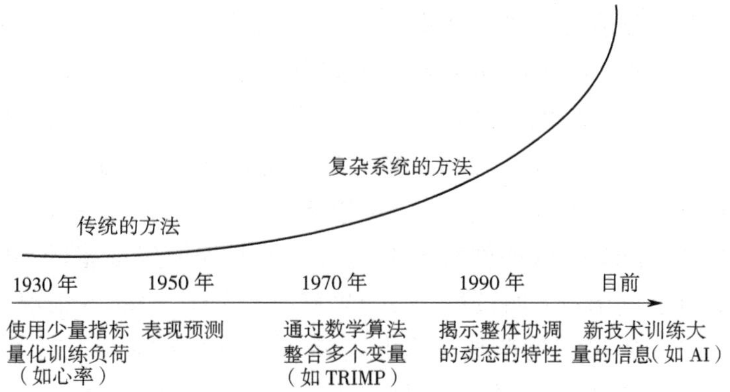

图 4-1　运动员监控技术的发展

4.2 运动员监控的概念与内涵

将运动医学、运动生物力学、运动心理学、运动生理学、运动生物化学、运动表现分析学等学科的理论与方法应用于运动训练过程中，通过综合方法和手段研究训练过程和训练效果，其最终目的是帮助教练员不断调整训练计划，使运动员在体能、心理和技术等方面达到最佳状态，从而最大限度地提高训练效果与运动能力。训练监控的概念，无论在哪个历史时期，本质上都关乎教练和运动员的交互。体育科学的作用是为教练和运动员的关系提供信息和支持，因此，需要明确教练需要从体育科学界获取什么信息。

4.2.1 运动员对训练刺激的压力反应

运动员的最终表现是个人训练课程积累的结果。因此，监控的一个关键目的是评估运动员对单个训练课程的压力反应，这些训练课程是整个训练计划的组成部分。实践者需要了解他们的运动员在训练课和比赛中的努力程度。测量训练的持续时间并在训练日记中记录下训练内容是简单而经济的方法。更复杂且成本较高的方法包括分析生化标志物（如皮质醇，一种压力激素）以及使用 GPS 和惯性传感器评估运动员的表现。然而，成本高并不一定意味着效果更好。简单的工具往往能提供与更复杂方法同样多甚至更多的信息。从业人员还需要了解训练期间和训练后的生理负荷对运动员的影响。训练强度和运动员反应之间的关系在很大程度上决定了训练计划的适应性，因为运动员恢复到平衡状态的过程受训练强度的影响。训练压力越大，恢复期必须越长。在确定训练课的压力反应时，有两个重要因素需要评估：训练准备和非训练参数。

监控有助于确定个别训练课程对运动员的身体表现状态和训练准备情况的影响。许多从业人员在训练课开始时评估运动员的训练准备情况，以确定是否需要对训练做出调整。例如，运动员出现过度疲劳的情况可能会从降低训练强度中受益。从业者可以采取一些简单的措施，如询问运动员“你感觉如何？”这种类型的主观信息对监控运动员的健康和疲劳程度非常有效。主观和客观措施的结合往往能帮助教练员更好地了解运动员对训练的准备情况。训练准备情况可以通过使用高速运动（如垂直反作用力跳跃或落地跳跃）来评估。从运动员处于最佳状态时建立一个基线结果，并将其作为后续评估的基准。例如，如果运动员的成绩低于峰值的 10%或更多，教练可以调整训练计划。一些教练使用高力量的动作（如大腿中部的等距拉动或等距下蹲）作为监控方法。力量产生的减少（例如，大于 5%）可能表明需要改变训练课程。运动筛查和观察运动员在热身时的表现可以提供有关他们为训练课程做好准备的关键信息。相关工作人员也可以使用手法治疗（如按摩关节）来确定运动员的准备情况。另一个越来越广泛用于评估训练准备状态的监控工具是心率变异性（HRV）。心率变异性提供了关于神经对心脏影响的信息，特别是交感神经系统的调节。此类数据可以在休息时用智能手机应用程序收集。

除了测量对训练课程的急性反应外，监测系统还允许从业人员监控训练和比赛之外的情况（例如营养、水化、睡眠和健康）。这使得相关从业者能够全面了解影响运动员表现的各种因素。运动员的压力不仅来自训练和比赛的压力，球员在学业压力大的时候也可能使受伤的风险增加。教练需要注意的不仅是运动员的身体状况和对他们的要求，而且还要注意其他压力源对运动员的影响。

4.2.2　运动员对训练计划的适应性

监控运动员的一个基本原因是衡量他们对训练计划的反应。队医可以决定在一个训练周期的开始和结束时测试运动员。这可以提供运动员对该特定训练的反应的有价值的信息。然而，如果这些测试期间的时间跨度太长（大于 6 周），教练可能会错过运动员反应的重要信息。运动前测和后测是评估运动员进展的标准方法，因为它可以做到以下 6 点。

（1）提供关于训练计划效果的客观数据；

（2）评估特定类型的干预措施的影响；

（3）帮助教练对训练计划的改变作出决定；

（4）识别运动员的身体优势和弱点；

（5）最大限度地提高教练员和运动员对运动需求的理解；

（6）增加优秀运动员的知识体系。

然而，身体能力，如强度和力量，可以迅速变化，特别是在发展中的运动员和那些训练年限较短的运动员中。即使在精英运动员中，强度和力量的水平也会在一个训练周期内增加。对于使用如 1RM 这样的力量衡量标准来进行训练的运动员，他们的力量水平将需要被定期监控。一个相对简单的方法是使用训练负荷来估计运动员的最大力量。在运动处方方面，定期监控应该使医生能够根据运动员对训练计划的反应做出明智的决定。定期收集关于运动员如何适应的反馈，可以帮助教练调整训练计划以优化适应性。体育是一个以结果为导向的行业，虽然有效的监控系统并不能保证运动员的成功，但它肯定能起到作用。监测运动员的数据有助于从事精英体育的从业者进行报告和问责。客观的信息有助于证实一个项目的有效性。例如，教练可能会证明该计划改变了运动员的身体特征，减少了受伤率，并有助于提高竞技成绩。这在赛季结束时对力量训练计划的复盘中可能特别重要。尽管监控信息可能不能保证工作人员的留任，但至少教练会知道她已经做了能做的一切来证明训练的价值。

4.2.3　过度训练导致受伤生病的风险

体育行业在运动员监控系统上投入很多资源的主要原因之一是为了让运动员继续比赛，减少因伤病而损失的时间。特别是在职业体育中，在球员身上投入了巨大资金，这些球员需要在最重要的赛事中随时准备参赛。运动员监控的目标是减少过度训练、生病和受伤的风险。高强度的训练不一定是训练适应不良的原因。相反,问题在于运动员如何到达那个点以及他们是如何积累训练量的。教练需要考虑运动员为达到目的所完成的训练,因此,考虑单次训练的急性刺激和训练的累积效应之间的关系是很重要的。疲劳是对训练的一种正常和预期的反应。在正常情况下,运动员会经历对训练课程的急性疲劳反应,然后在几小时到几天的时间内恢复。这种急性疲劳,在经过充分的恢复之后,应该会使得运动员适应并改善表现。

然而,运动员无法提高他们的表现,可能是训练的压力和恢复之间存在不匹配。如果在训练中出现导致疲劳的累积训练负荷和恢复水平之间的不匹配,运动员可能会进入过度训练状态。过度训练的特征是表现下降并伴有心理障碍。尽管训练负荷明显减少,但这种状态仍会持续很长时间。训练能力的恢复可能需要几个星期到几个月的时间,这对运动员能否参加重大比赛有至关重要的影响。过度的训练负荷不仅会导致成绩的大幅下降,而且会导致长时间的疲劳,使运动员处于更高的受伤和生病的风险之中。这对运动员的监控有非常严重的影响。一个能够帮助减少受伤或生病风险的监控系统将提供显著的表现效益。

训练负荷和生活压力的结合决定了运动员对训练课的急性应激反应。随着这些训练课程的积累,运动员会对训练作出慢性反应。如果持续一段时间的强化训练而没有充分的恢复,就会出现过度训练的状态。当运动员出现表现疲劳时,重要的是要确定这种疲劳是过度训练还是其他因素造成的。没有单一的诊断工具可以识别过度训练综合征。只有在排除所有其他可能影响成绩和情绪状态变化的因素后,才能做出诊断。需要寻找的迹象包括不明原因的表现不佳、持续的疲劳、训练和比赛中感觉到的劳累增加以及睡眠不安。

4.2.4 个体化运动监控的必要性

运动员监控的个体化方法对于从训练系统中获得最佳结果至关重要。训练强度和表现之间的关系在不同的运动员之间有所不同,很可能是受到遗传、训练历史和心理因素等多重因素的影响。尽管大多数体育科学家都是与运动员群体打交道,但重要的是要关注每个运动员的反应,而不仅仅是关注群体的结果。只看一组运动员的平均结果可能会导致错过重要的个体反应。与其采取一刀切的方法,为一队运动员制定一个通用的计划,不如在实施运动员监控时充分考虑运动员的个体差异。例如,有些运动员比其他运动员更能忍受训练负荷的增加。对个别运动员进行监测,可以使体育科学家识别出那些对训练计划没有反应的人。

4.3 运动员监控的负荷构成与量化

看着运动员表现出色,创造个人纪录或赢得比赛,对体育科学家和教练员来说是极大的乐趣。然而,当运动员表现不佳时,这会激发他们去深入分析训练计划的准备、战术或执行方面存在的问题。这种分析为推动体育科学研究提供了坚实的基础。通过基本的运动员监控,体育科学家和教练员能够更好地了解运动员当前的身体机能状况。其中,运动监控的核心内容是运动员的负荷监控,这包括内部负荷和外部负荷两个方面。

当运动员努力提升表现时,训练负荷的调整变得至关重要,特别是频率、时间和强度的增加。训练负荷在训练周期的不同阶段需要进行相应的调整,以增加或减少疲劳,具体取决于训练的阶段(如基线阶段或竞争阶段)。疲劳是一个复杂且多方面的现象,涉及各种可能的机制。实际上,疲劳的定义多种多样,往往取决于所采用的实验模型和/或其发生的条件。此外,疲劳受到刺激类型、收缩类型(等长、等张、间歇或持续)、运动时间、频率和强度以及肌肉类型等多种因素的影响。同时,运动员的生理状态、训练状态以及环境条件也会对疲劳产生显著影响。

监测训练负荷已成为了解运动员训练反应和比赛准备情况的一种现代且科学的方法。通过监测训练负荷,可以为成绩的变化提供科学的解释。从训练监控的数据中,我们不仅可以回顾性地检查负荷与成绩之间的关系,还可以对训练负荷和比赛进行更加合理的规划。更重要的是,实施负荷监测旨在尽量减少受伤、生病和非功能性过度的风险。监控数据还有助于团队的选择,确定哪些运动员已经准备好满足比赛要求。此外,在与运动员、支持人员和教练员的沟通和关系建立方面,监测也起到了积极的推动作用。当运动员参与监测时,他们的训练计划参与感得到增强,权力得到赋予,主人翁意识也得到提升。同时,从训练监测中收集到的数据有助于促进分析人员和教练员之间的沟通与合作。

然而,需要指出的是,并不是所有的教练员和科学家都从事运动员监测工作。对于一些运动员/团队/小型团队来说,资源不足可能是缺乏训练监测系统的一个主要原因。这种资源的缺乏可能表现为时间、金钱或收集、处理和分析数据所需的人力资源的不足。此外,即使进行训练负荷的监测,也不能保证运动员的成功表现,因此可能不会提供所需的资源支持。缺乏监测技术的知识或经验可能导致无法实施实用且可持续的监测系统,或无法准确解释所收集的数据。为了建立一个成功的监测系统,需要明确以下 5 个关键点。

(1)确定监测的明确目的;

(2)明确要监测的具体内容;

(3)决定合适的监测频率;

(4)准确解释数据并将其及时反馈给教练组;

(5)确保具备提供反馈的能力和机会,这对于一个成功的监测系统至关重要。

可用于监控训练负荷和疲劳的变量如表 4-1 所示。当监测训练负荷时,需要考虑负荷的外部和内部两个方面。传统上,外部负荷一直是大多数监测系统的基础。外部负荷指的是运动员所完成的工作,这些工作可以独立于他们的内部状态来进行测量。以公路自行车运动为例,一个外部负荷的实例就是运动员在特定时间内持续输出的平均功率(如 30 分钟内保持 400 W 的平均功率)。尽管外部负荷对于了解运动员的工作量和能力至关重要,但内部负荷也同样关键。内部负荷涉及运动员在训练中经历的相对生理和心理压力,它对于确定训练效果和随后的适应非常重要。

表 4-1 可用于监控训练负荷和疲劳的变量

变量	单元/描述符
频率	每天/周/月
时间	秒/分钟/小时
强度	绝对/相对
类型	方式、环境
Maximal effort	最大平均功率、起跳高度
Repeat efforts	Efforts 的数量和质量
训练量	时间、强度
对 effort 的感知	RPE
对疲劳和恢复的感知	问卷调查:REST-Q, VAS
生病	生病率、持续时间
受伤	类型、持续时间
生化分析	基准线、对训练的应答
技术	移动偏差
身体成分	总体重、体脂率
睡眠	质量、数量
心理	压力、焦虑、积极性
感受	有帮助的、中性的、无帮助的

由于外部和内部负荷对于全面理解运动员的训练反应都具有重要意义,因此将这两者结合起来进行训练监测可能更为有效。实际上,外部和内部负荷之间的关系可能有助于洞察运动员的疲劳状态。继续以自行车运动为例,尽管外部负荷(如功率输出)可以在一段时间内保持不变,但运动员的疲劳程度可能会通过不同的心率或用力感觉来体现。正是这种外部和内部负荷之间的差异,使得我们能够区分出运动员处于非疲劳状态还是疲劳状态。

4.3.1 运动员监控的内部负荷量化

量化训练内部负荷的方法,其基础是以 180 次/分钟的心率进行重复跑步,并以心率降至 120 次/分钟作为恢复间隔的标准。具体概念是,在设定的心率参数范围内,进行相对较短的(100~400 米)重复跑步训练。如果恢复间隔时间内心率未能恢复到 120 次/分钟以下,就必须降低困难路段的跑步速度,减少困难路段的长度,或者终止训练。随着运动员体能的提高,为了提供足够的训练压力,有必要提高跑步速度,或增加重复跑步的次数，以使心率达到 180 次/分钟。在最大心率 200 次/分钟的范围内，180 次/分钟代表了一个强度近似于第二通气阈值或乳酸阈值的训练水平。

间歇训练被理解为一种特定形式的训练，它包括一定数量的重复跑步和一定距离的重复，加上一定的恢复时间。完成困难部分的平均时间被用作监视训练效果的指标。由于某些训练可以以某种频率进行，因此出现了“指数训练”的概念来监测训练进展。自从间歇训练的概念确立以来，许多著名的教练和运动员都与之密切相关。在“指数训练”期间，可持续的平均速度与随后的比赛成绩之间存在着量化关系，这使得训练和比赛期间的表现具有一定的可预测性。例如，在“指数训练”中，10×400 米的平均速度与随后的比赛成绩之间就存在着一种公认的联系。如果 10×400 米的平均速度在 3 分钟内完成，那么与 1 千米内的比赛表现就有很好的相关性。一个平均每圈 60 秒的运动员，在比赛中可能会接近 2 分钟 29 秒每千米的成绩。这种训练与比赛之间的联系是如此重要，以至于某些间歇训练的平均时间成为评估训练效果的关键指标。

随着 20 世纪 80 年代初开始的技术改进（如辐射遥测心率监测仪、便携式血乳酸分析仪、快速反应的呼吸气体分析仪等），科学界能够为训练和比赛期间运动员的生理反应提供更准确的标记，并出现了内部训练负荷的概念，使训练能够更好地个性化。随后发展出的与新陈代谢阈值相关的概念，使运动员团队有能力以一种更加个性化的方式来监测和训练运动员。利用阈值概念和简单技术的结合，提出了“强度曲线”的概念。在这一时期，还出现了“最佳分布”的概念：即训练的“最佳分布”可能是将大部分训练负荷集中在“阈值区”内，以实现最佳的训练效果。

1970 年开始，Roger Bannister 和他的同事们提出了“训练冲动”的概念。这个概念提出，测量训练强度是心率储备百分比（%HRR）的一个函数，乘以一个非线性系数（概念上相当于强度与血乳酸的关系），再乘以持续时间，就可以得出一个数字（TRIMP），代表该次训练所带来的体能和疲劳方面的增益。如果这个数字在一个特定的时间段（如 1 周）内累加起来，就可以获得对训练量和训练强度的综合理解。在认识到与体能和疲劳有关的明显的“影响曲线”后，随后的表现可以通过体能和疲劳影响曲线的整合来阐释。在这一时期，训练监测的概念得到了根本性的发展，训练的细节可以被量化表达出来，并在时间上与成绩相关联。尽管它在数学上很复杂，但基本上是以稳态训练为基础的（例如，平均%HRR），并且是在亚精英运动员身上发展起来的。

在接下来的几年里，基本的 TRIMP 概念得到了修订，允许使用心率区间的概念来提供一个替代的 TRIMP，从而解决了假定的近稳态%HRR 和非线性乘数的复杂性。同时，这也利用了无线电心率监测仪的数据存储能力和阈值概念所提供的对代谢的深入理解。然而，对于使用多种活动模式进行训练的运动员来说，这仍然是具有挑战性的，因为“阈值心率”往往与特定的运动模式紧密相关。

多年来，人们一直关注亚最大运动期间的反应是否可以作为替代标志物。最初由 Astrand 和 Rhyming 用于预测最大摄氧量的技术经过调整，现在允许计算 PWC（体能工作量），这是一个可以对体能变化做出反应的标志物。在训练前进行的亚最大运动

(如热身)可以作为一种有效的监控技术,它允许以高频率测量运动员的状态,从而使教练能够迅速做出日常的训练决策。到目前为止,这个概念最具吸引力的模型是 Lamberts 和 Lambert 提出的亚极限自行车测试。该测试不仅能够跟踪体能的变化,还能预测随后的自行车运动表现。下面是一些内部负荷的具体监控方法。

1. 对运动的感知

感知疲劳的评分(RPE)是评估内部负荷的最常见的方法之一。RPE 的使用基于这样的概念:运动员可以在运动中监测他们的生理压力,并在训练或比赛后回顾性地提供关于他们感知到的努力程度的信息。在稳态运动和高强度间歇性自行车训练中,RPE 与心率有很好的相关性;但在短时高强度足球训练中,RPE 的相关性则相对较弱。虽然 RPE 是评估运动强度的有效手段,但其有效性可能并不如人们预期的那么高。RPE 也经常与其他变量结合使用,如训练时间、心率和血乳酸,以提供对运动员所经历的内部负荷的更全面的了解。

2. 对话感知疲劳评分(RPE)

量化训练负荷的对话 RPE 方法包括将运动员的 RPE(1-10 分)乘以训练的持续时间(分钟)。对话 RPE 方法的开发旨在消除使用心率监测器或其他评估运动强度的方法的必要性。虽然对话 RPE 方法可能简单、有效且可靠,但增加心率监测可能有助于解释它所不能涵盖的一些差异性。

3. 心率(HR)

监测心率是评估运动员内部负荷的最常用手段之一。运动中使用心率监测是基于稳态运动中心率和耗氧率之间的线性关系。然而,最大心率的百分比经常被用来规定和监测运动强度。由于心率存在日常变化,亚最大心率的变化可能较大,因此控制诸如水化状态、环境因素和药物使用等因素是很重要的。

4. 心率与 RPE 之比

在固定的亚最大强度下检查生理和感知上的负荷指标可以提供关于运动员疲劳状态的信息。结合心率和运动强度的感知(HR-RPE 比率)可以帮助阐明疲劳状况。

5. 训练冲动(TRIMP)

训练冲动(TRIMP)通常被认为是评估训练负荷的一个有用工具。TRIMP 是一个衡量身体运动量的单位,是根据训练时间以及运动过程中的最大、静止和平均心率来计算的。

6. 乳酸浓度

血液中的乳酸浓度对运动强度和持续时间的变化非常敏感;然而,在训练和比赛中使用定期监测乳酸浓度的方法存在许多潜在的限制。这些限制包括乳酸积累的个体间和个体内的差异性,这取决于多种因素,如环境温度、水化状态、饮食、糖原含量、先前的运动以及使用的肌肉量等，以及取样程序（包括时间和地点）。

7. 乳酸与RPE的比率

与HR-RPE比率类似，乳酸与RPE的比率在确定内部负荷和识别运动员的疲劳状态方面可能非常有用。同样地，在固定的亚最大工作量下，这些参数的变化可能有助于识别内部负荷的生理和感知变化。

8. 心率恢复（HRR）

心率恢复（HRR）是指运动停止后心率下降的速度，它已被视为评估运动员自律神经功能和训练状态的重要指标。自律神经系统由交感神经和副交感神经组成，运动中心率的上升是交感神经活动增加和副交感神经活动减少的结果。HRR的特点是自律神经系统活动的反向变化，即副交感神经活动的增加和交感神经活动的减少。HRR可以在不同的时间段内进行计算，通常在30秒到2分钟之间；最常用的是运动结束时的心率与运动后60秒时的心率之差。

9. 心率变异性

静止或运动后心率变异性（HRV）的测量被认为可以反映对训练的积极和消极适应情况。然而，由于采用的方法不同以及环境和稳态因素每天的变化较大，导致在不同的监控情况下得出的结论存在不一致性。与大多数用于监测精英运动员的工具一样，纵向监测和了解心率变异性对训练、减量和比赛的个人反应是至关重要的。

10. 生物化学/荷尔蒙/免疫学评估

血清肌酸激酶活性由于样品收集和分析的简便性，通常是一种流行的测量方法。然而，这种测量方法的变异性非常大。唾液皮质醇和睾酮的测量也与超负荷运动员的表现有一定的关联。

11. 问卷和日记

问卷和日记可以作为一种相对简单且经济的手段来确定训练负荷以及随后对训练的反应。然而，问卷和日记都依赖于主观信息，因此可能需要与生理数据进行相互印证。运动员有可能操纵数据或高估或低估训练负荷。重要的是要考虑问卷调查的频率和长度，以最大限度地提高依从性并避免问卷调查的“疲劳”。虽然问卷调查可以提供简单且通常有用的主观信息，但是诸如发放频率、完成问题所需的时间、问卷的敏感性、所需的回答类型（书面回答或选择回答）、完成的时间以及提供适当反馈所需的时间等因素都应予以考虑。

12. 睡眠

睡眠不足或被剥夺会对表现、动机、运动的感知和认知以及许多其他生物功能产生重大影响。监测睡眠的质量和数量对于在观察到明显的表现下降和健康问题之前进行早期检测和干预是非常有用的。例如，活动记录仪（利用加速计的腕表装置）可以在

7-14 天的较短时间内提供更详细的信息。行为测量法可以提供关于入睡时间、觉醒时间、睡眠潜伏期（入睡所需时间）、睡眠中的觉醒次数和睡眠效率（对睡眠质量的评估）的数据，以及提供关于睡眠习惯的信息。由于对睡眠重要性的认识不断提高，睡眠监测和评估正在成为精英运动员、教练员和辅助人员的首要选择。随着技术手段的进步，市场上出现了越来越多的内部负荷量化系统。

（1）康迪（COMPUMEDICS）多导睡眠监测系统。

澳大利亚康迪（COMPUMEDICS）是全球最大的睡眠和神经电生理检查设备制造商。康迪公司在睡眠监测、脑功能研究、经颅多普勒领域一直处于领先地位，并于 2000 年在澳大利亚证券交易所上市。澳大利亚康迪多导睡眠监测系统是世界上第一个使用 4K 高清晰度并用于非标准信号质量的脑电图监测系统。它的性能特点包括以下 10 点。①唯一具备 24BIT 采集精度的 PSG；②唯一具备 16 384 Hz 采样频率，存储频率高达 2 048 Hz；③唯一具备 600 MV 的动态范围；④唯一具备直流耦合放大器，且抗干扰能力较强、噪声较小；⑤具备所有导联全部集成模块；⑥超低 EEG 频率（0.02~0.2 Hz），超高 EEG 频率（400~10 000 Hz）；⑦采用 POE 网线供电并实时传输数据，也可实现无线实时传输功能；⑧面板清晰直观，所有传感器直接安装，方便拆除；⑨内置自动辨别灯光传感器；⑩记录器具有阻抗测试灯提示功能。

（2）康迪（COMPUMEDICS）脑电监测系统 Grael EEG。

其性能特点包括以下 6 点，包括①配备直流耦合放大器；②采样频率高达 16 384 Hz；③所有通道均采用高分辨率 24 位同步采样；④各电极实现同步采样；⑤采用单电缆连接，设置整洁、简单、方便且灵活；⑥预留快速接口，便于连接脑电电极帽。

（3）心率检测系统。

优质的心率监测器能够提供更准确的读数。尽管跑步和铁人三项手表备受欢迎，但在锻炼时，它们只能通过测量手腕来获得心率读数，尤其是在汗流浃背的情况下。这正是心率带和臂带发挥作用的时候：这些可穿戴设备所使用的技术不会轻易丢失信号，因此能够更频繁地提供更为准确的读数。对于认真对待训练的运动员而言，无论是胸带还是臂带式的心率传感器都是必不可少的。在某些情况下，佩戴心率监测器是在锻炼期间跟踪心率的唯一选择，例如在进行重量训练时，尤其是在练习壶铃时，无法使用腕部可穿戴设备安全准确地进行跟踪。在做抓举等运动时，即使是市面上最好的跑步手表也无法承受反复冲击。心率监测器，尤其是智能胸带式监测器，能够提供更准确的心率跟踪，原因有二：一是它们不必像光学传感器那样“看到”皮肤；二是安装传感器的弹性带更适合躯干。虽然一些可穿戴设备（例如顶级铁人三项运动手表）可以在水下测量心率，但就像跑步时一样，佩戴防水心率监测器可以获得更为准确的结果。

① Garmin HRM-Pro 。Garmin HRM-Pro 集 Garmin HRM-Run 与 Garmin HRM-Swim 等其他 Garmin 心率监测器的精华于一身，成为专业人士的首选。利用 HRM-Pro，用户不仅能追踪高级的跑步指标，还能在连接兼容的智能手表时监测游泳数据。其跑步指标传感器更能助您估算乳酸阈值；更值得一提的是，搭配 Garmin HRM-Pro

与兼容的智能手表（如 Garmin Forerunner 745），其算法能确定在不耗尽肌肉的情况下完成 10K 或半程马拉松的最佳配速，特别适合缺乏比赛经验并希望以恰当速度训练的跑者。Garmin HRM-Pro 还能通过蓝牙和 ANT+同时与多个设备连接，如将心率数据同时传输至智能手表和 Wattbike。这款心率带即便在无手表的情况下也能收集日常活动数据。即使您在进行壶铃训练等未佩戴手表的活动时，心率数据仍会被捕获并同步至 Garmin Connect 应用，实现全天候无缝监测。

② Polar H10。这款设备内置运动记忆功能，只需将心率监测器置于胸前，在 Polar Beat 应用中开始锻炼，便可将手机留在一旁。回家后，表带将与手机自动同步数据。Polar H10 支持蓝牙和 ANT+连接，可轻松对接各类健身应用、运动智能手表及健身设备。它能同时与蓝牙和 ANT+设备连接，如手表和 Turbo 教练机。Polar H10 虽非专为游泳设计，但仍适用于水中活动；为达最佳效果，建议穿着三件套或潜水服以确保其在游泳时紧密贴合皮肤。配备的 Polar Pro 表带内侧带有防滑小点，确保设备稳固不移位，同时提供舒适的佩戴体验。Polar H10 还支持 Polar 的 Orthostatic 测试，能记录心率变异性，为用户提供恢复状况及训练优化的宝贵信息。

③ Polar Verity Sense。这款心率监测器适用于跑步、游泳、骑行等多种运动，设计舒适易用。作为芬兰顶级健身品牌 Polar 的最新力作，它凭借光学传感器在传统电子传感器中脱颖而出。与 Polar Beat 结合使用，用户友好度更胜一筹；您可从 Polar Beat 应用开始锻炼，同时利用手机实时监测心率和卡路里消耗，手机俨然成为 Verity Sense 腕带的扩展显示屏。

④ Garmin HRM-Run。它能精确测量六大指标：步频、垂直摆动、触地时间、触地时间平衡、步幅及垂直比。电池续航长达一年，并支持蓝牙和 ANT+连接。随附的表带舒适不磨肤。更值得一提的是，Garmin HRM-Run 与兼容的 Garmin 手表搭配使用，可执行乳酸阈值测试。当运动员超越阈值时，疲劳感将急剧增加。对于经验丰富的田径运动员而言，阈值通常出现在最大心率的 90%左右，这对应于 10K 和半程马拉松比赛配速之间的某个临界点。

⑤ MIO LABS MIOPOD。这款 mioPOD 心率监测器与专属的 mioApp 完美结合，旨在缩小被动心率传感器与跑步手表之间的差距。它采用独特的臂带设计而非传统的胸带，类似于 Polar OH1 但功能更为丰富：提供触觉反馈和心率区间视觉提示。后者名为 Cardio Pilot 功能，能在运动员跨越不同心率区间时发出提醒。mioPOD 内置的 Valencell 光学传感器精确无比，还能通过 mioApp 实时查看心率数据。此外，mioApp 还具备出色的运动功能，如评估训练负荷和恢复状态；在应用中您还能查看卡路里消耗及步频等高级跑步指标。

4.3.2 运动员监控的外部负荷量化

一些经过验证的问卷已经被开发出来，它们简单易用，便于管理，为教练提供了进行高频率评估和快速决策的可能性。同时，可靠的计步器的开发为监测运动员的行走量注入了新活力，进一步丰富了外部训练负荷的评估维度。随后，高分辨率视频分析和数字加速器的发展使得对运动强度的精细分析成为可能，而三维运动分析技术的出现也展示了复杂体育活动可以通过先进的分析手段为教练提供有价值的信息。这些技术在战术分析方面已经展现出了显著的价值，并为对外部训练负荷进行深入分析提供了广阔的前景。

此外，特别适用于训练的高精度功率计的开发，尤其是在自行车和其他涉及"曲柄"运动的高度精确的功率计方面的进步，已经开始改变基于传感器的训练监测的格局。以下是外部负荷测量的一些关键方法。

1. 功率输出、速度和加速度

为了深入了解外部训练负荷，运动员和教练员可以采用一系列技术手段。在自行车运动中，像 SRM™ 和 PowerTap™ 这样的功率输出测量设备可以持续监测工作率（即功率输出）。训练和比赛数据可以被记录下来，并通过分析提供关于多个参数的信息，包括平均功率、归一化功率、速度和加速度等。自行车的功率输出数据还可以通过市场上的软件转化为训练压力分数 ™（TSS™），从而允许根据相对强度、持续时间和频率对训练进行量化评估。

2. 时间-运动分析

在团队运动中，时间-运动分析（TMA）正变得越来越受欢迎。这种分析方法包括使用全球定位系统（GPS）跟踪以及通过数字视频（如 ProZone™）进行的运动模式分析来监测运动员的表现。然而，GPS 监测运动的可靠性受到多种因素的影响，如采样率、速度以及任务的持续时间和类型等。一般来说，运动速度越高，GPS 的可靠性就越低。此外，在评估需要频繁改变方向的任务时，GPS 的可靠性也会降低。而且，GPS 无法量化跳跃、踢球和攻防动作等特定类型的负荷。通常，在使用 TMA 进行监测时，会设置一系列任意的速度阈值，这些速度阈值类别可能包括步行、慢跑、跑步、跨步、冲刺等不同的运动状态。例如，由 CATAPULT 提出的一种评估方法是通过计算球员在 x-y-z 三个方向的加速度平方和来得出运动员的外部负荷，这种方法更多地考虑了球员在运动过程中由于加速或减速而产生的疲劳。

3. 神经肌肉功能

对神经肌肉功能的测量，如跳跃测试（包括逆向运动/蹲跳）、短跑成绩、等速运动和等惯性测力等，在团队运动环境中经常使用。跳跃测试的常见变量有平均功率、峰值速度、峰值力、跳跃高度、飞行时间、接触时间和力的发展速度等。进行跳跃测试所需的设备可能包括接触垫、便携式或非便携式的测力平台和旋转编码器等。然而，等力学和等惯性测力由于需要专门的、通常昂贵的设备，并且无法完全复制运动中的特定动作，因此在实际应用环境中往往不用于严格的运动监控。

未来的训练监测很可能会受到新兴技术的主导，这些技术将为外部训练负荷的分析提供新的可能性。然而，由于训练监测的核心在于个体，即帮助教练员更好地了解他们的运动员，因此内部训练负荷的元素似乎更可能持续发挥重要作用。特别是，将已经被视为内部训练负荷一部分的各个元素整合到一个统一的结构中，也显得尤为重要。例如，总训练负荷、训练强度分布模式以及训练负荷的日常变化（如单调性）都与成绩独立相关。

教练设计的训练计划并不总是能被运动员很好地执行。事实上，即使教练员在场观察训练，他们的观察结果也并不总是与运动员所经历的训练计划完全吻合。简单的技术可以使设计和执行的训练计划在视觉上相匹配，从而提高训练效果。最后，关于运动员如何对训练做出反应的信息基础实际上仍然非常薄弱，这需要更多的研究和探索。

在过去的一个世纪里，训练监测已经取得了长足的进步。它已经从几乎不存在发展到对场地敏感的指数式训练，再到现在具有一个相对统一的结构来评估内部训练负荷。然而，在衡量训练中实际完成的内容（外部训练负荷）与训练者的即时体验之间仍然存在矛盾。以及这两个因素如何相互作用以产生对训练的反应，从而使运动员能够改进训练效果，仍然是一个未解的问题。体育科学家在其中最多只能起到辅助作用，而教练和运动员之间的关系才是最重要的。体育科学家应该运用各种工具（如训练负荷、训练强度分布、训练的单调性和紧张性、减量等）来协调教练的计划和运动员的训练经验，以实现最佳的训练效果。

（1）团体运动中的应用。

训练是为获得特定的运动技能和提高身体能力而进行的系统过程。当运动员进行适当训练时，这种训练会引发功能性的适应性反应，从而带来身体表现的变化。单次运动可以产生引起急性适应性反应的刺激，而系统地重复这种刺激和相关反应则是产生慢性适应的必要条件。训练刺激必须在足够长的时间内持续应用，且必须达到足够的强度，以防止这些适应性在比赛前消退。

以篮球运动为例，篮球作为一项间歇性运动，其动作短而激烈，通常不超过 3 秒，而活动和恢复的时间则相对较长。由于篮球的这种特殊性质以及个人对活动的反应差异，规定适当的训练负荷对于确保引发适当的急性和慢性适应至关重要。对运动员进行适当的监控使教练员能够确定负荷与损伤风险之间的潜在关系。对运动和非运动负荷的持续检查和精确分析也是跟踪运动员表现及其情绪健康的一个极为重要的因素。监控训练还可以加强对训练反应的理解、揭示疲劳程度、检测恢复需求以及提供运动计划的反馈，并协助做出训练计划的决策。

在篮球运动中取胜需要结合特定运动的训练来优化表现，提高运动员在特定竞争环境中的潜力，并限制球员暴露在受伤的风险情景下。对这些变量的分析旨在获得信息以实现两个目标：最大限度地提高成绩和最小化受伤率。在团队运动中，当每周的负荷变化相对较小，而不是出现大的负荷波动时，运动员可以获得更好的表现，且受伤的风险也较低。只要运动员以渐进和受控的方式达到这些负荷，高负荷和高强度的体能训练就可以对损伤起到保护作用，因为适应和身体素质的发展起到了中介作用。相对于运动员已准备好的承受训练负荷的能力而言，运动员所承受的负荷的过度和快速增加是增加运动员受伤风险和降低其表现的主要因素之一。急性训练负荷应用的巨大变化（如强度、持续时间或频率的快速增加）与较高的运动损伤风险相关。在这种情况下，急性和慢性负荷之间的关系可以用来模拟负荷和受伤风险之间的变化。急性负荷通常被定义为过去一周的负荷，而慢性负荷是指过去四周的累积负荷。如果慢性负荷逐渐增加到高水平，而急性负荷则保持在低水平，球员就能为比赛做好充分准备。另一方面，如果急性负荷超过慢性负荷，球员则被视为准备不足，并且损伤的风险更大。

（2）单人项目中的应用。

奥运会举重运动员可能会使用训练日记来记录练习、组数、重复次数和负荷等基本信息。可以在每次训练后的 10 到 30 分钟内进行 RPE（主观疲劳感知程度）测量，并用于计算训练负荷、单调性和应变。神经肌肉的疲劳可以通过垂直反作用力跳跃测试来进行日常跟踪。此外，运动员可以每周完成三次关于健康、睡眠、肌肉酸痛、疲劳等问题的调查问卷。对于疗程内的监测，医生可以在每个疗程中用线性位置传感器测量一个关键组的杠铃速度。用于监测的运动和负荷必须保持一致。运动员可以决定使用抓举（周一）、挺举（周三）和抓举或挺举（周五）进行训练，在 4 周的微循环中都以 1RM（一次最大重复）的 80%进行。最重要的是，运动员要尽可能获得运动成绩的直接测量结果。这在举重中相对简单，因为 1RM 的抓举和挺举可以定期直接测量，或者用训练中的预测方程来估计（例如，基于 3RM 的预测方程）。虽然可以考虑测量唾液中的睾酮和皮质醇以及血液中的肌酸激酶来进一步了解运动员的身体状况，但成本和不实用性可能是限制因素。

锦标赛可以为从事个人运动的运动员提供有趣的情景和挑战。例如，在网球等运动中，制定计划可能是困难的，因为有许多未知的因素，如运动员何时退出比赛以及比赛的持续时间等。监控可以帮助教练衡量运动员的疲劳和恢复情况，但这种监控必须给运动员带来最小的负担，特别是在比赛期间。简短的问卷调查（如恢复和压力量表）可以用于测量压力和恢复的程度。另一个选择是用视觉模拟量表来测量延迟发生的肌肉酸痛（DOMS）的程度。网球运动员可以每天早上进行垂直对抗跳跃测试来评估其恢复状况。首先定义一个基线分数（如 39 厘米或 15.4 英寸），然后以此基线的上升或下降作为对运动员进行某种类型干预的依据，如增加对恢复策略的关注或减少训练课程强度等。

4.4 智能化运动员监控系统应用

随着国家对运动训练的科学化、可持续化、高效化发展的逐渐重视，体育的科学化程度也在相应提升。运动训练监控越来越多地引起人们的关注。当前，我国在不同运动项目中的训练监控方面已经取得了较多研究成果，涵盖了大球项目、小球项目、传统项目、冰雪项目等。在这些项目中，对于运动员的生理、生化、生物力学相关监控已经形成了较多的可监控指标，例如血液相关指标（如血色素、血素氮、血红蛋白、血氨等）、内分泌相关指标（如血睾酮、皮质醇等）以及心肺机能相关指标（如心率、最大摄氧量等）。通过文献检索发现，多数研究围绕现代科技手段对运动员进行生理生化及生物力学指标的监控，或是探索更多的科技监控手段进行训练监控。然而，对于教练员在训练过程中的观察分析、运动员对训练的反馈，以及训练对运动员心理的影响、不同初始状态下运动员的反应以及不同意志影响下的训练效果等相关调查研究却较为缺乏。由此可见，随着科技的进步和大量高新技术进入体育领域，人们开始借助现代科技手段对训练过程进行监控，且主要集中于训练过程中一些当前技术手段可测量的生理及生化指标。

随着国民经济和国家体育事业的发展，国民的体育水平得到了很大的提高，越来越多的国际性、综合性体育盛会也陆续在中国举行。从 20 世纪 90 年代的北京亚运会到 21 世纪的 01 年北京大运会、08 年北京奥运会、10 年广州亚运会和 11 年世界大学生夏季运动会（深圳），各承办城市的经济水平获得了较快的增长。城市经济发展反哺于体育事业，各类新材料、新设备、新工艺也逐渐应用到了新场馆的建设、改造之中，为承接更大型、更高水平的体育盛会做好充分准备。经济发展与体育事业的相互协调、相互促进，为城市经济的发展形成了一个良好、向上发展的循环体系。

在体育场馆的视频监控系统建设中，已经基本确立了“全方位、立体式”的建设目标，尤其在智能监控系统部署上提出了全面监控的要求，其中包括多种最新智能视频技术的整合应用。智能视频分析主要包括两大类：一类是基于背景建模技术的智能行为分析；另一类是基于特征识别技术的智能特征识别。智能行为分析的原理主要是对视频流采用运动目标检测、跟踪、分类技术，将视频内的目标经过背景建模、目标分割、跟踪及分类等图像识别算法，完成由图像数据到事件参数的转变，从而实现对各种突发事件的实时智能检测。智能特征识别则是通过建立特征识别数据库（无需背景模型）来描述目标物体的特征，因此机器会在图像中寻找与特征库里具有一定相似程度的物体以进行匹配。特征库里描述的特征越多，得到的结果越准确，当然需要的计算量也越大。

4.4.1　运动训练监控应用范畴探索

运动监控技术在体育运动中的应用历史悠久。早在 20 世纪早期，A.V. 希尔（1886-1977）便使用一种计时装置测量运动员在场上的速度。当时，短跑运动员在训练中身着带有电线和磁铁的线圈，这被视为现代计时技术的雏形。他们胸前佩戴的磁带则可以被视为可穿戴技术的早期实例之一。同时期，奥古斯特-克罗（1874-1949）设计了一款自行车测力计来衡量运动强度，并据此开展研究。富兰克林-亨利（1904-1993）在众多与运动员监测相关的领域均有涉猎，包括使用 50 码以上的计时灯。到了 20 世纪中叶，亨利采用连接到起跑器上的压力记录装置，对短跑起跑的力-时间特性进行了深入研究。在过去的 50 年里，运动监控系统已被广泛用于测量运动员的最大耗氧量等情况，而体育监控技术如今也具备了更高的便携性和实用性。现在，市场上已有众多商业公司专门销售用于运动员监控的设备。

1. 加强运动员初始状态监控

在训练过程中，所有等级的运动员都具备一定的初始运动能力或处于某种初始状态。充分了解和掌握运动员的初始状态数据规律，是挖掘其运动潜力的第一步。运动员在参与训练前的状态，如睡眠、心理状况等，会对其训练过程产生显著影响。因此，在相同负荷的运动训练下，不同运动员所承受的实际负荷必然存在差异。为了更准确地对运动员进行适宜训练，必须对他们的初始状态进行有效监控，从而更好地组织训练过程。

2. 强化运动员心理能力监控

运动员的心理能力对其运动表现具有重要影响，尤其在运动员水平提高的过程中，心理素质的作用愈发凸显。良好的意志品质一旦形成，将在长期内对运动员产生积极影响，使他们能够以高昂、稳定且乐观的情绪，充沛的精力和坚韧不拔的毅力，战胜和克服各种困难，直至取得成功。在运动训练或竞赛的各个阶段中，对运动员的心理指标进行更好的监控至关重要。从运动员被选拔到参加训练和竞赛，直至最终离开训练队列，整个过程中的心理变化都需要与运动训练监控进行更好地融合。

然而，在当前的运动训练监控中，尽管正在运用和吸取各种方法手段来监控运动训练过程，但仍未能将生理、生化、生物力学、运动心理等相关监控方法全面联系起来。这导致我们往往只能从某一角度去分析运动训练过程中的变化，从而忽视了训练过程本身受多方面因素影响的复杂性。因此，从单一角度获得的监控信息无法全面反映其他相关因素对运动训练的影响。

对运动员伤害影响最大的并非体育科学工作者，而是那些直接与他们接触的人。持续且一致的运动监测和数据收集可以让教练员有效了解和改善运动员的健康状况、强化体能，并提高与他们的沟通能力。如果正确实施，结合主客观指标和人体运动分析报告可能是监测运动员的最有效方法。

3. 客观运动表现指标：构建训练的基石

表现指标可细分为一般比赛指标、战术指标、技术指标及生物力学指标。为了从绩效分析中全面且客观地解读数据，数据的比对与分析显得尤为关键。表现指标的标准化与规范化，也应与公认的数据分析形式相结合，得到更广泛的应用。我们鼓励生物力学家与体育科学家更多地聚焦于比赛数据，从而丰富对这些运动表现的分析内容。

过去的几十年里，运动科学家们积累了大量关于运动员的信息。例如，全球定位系统（GPS）与加速度计等技术，在监测运动员方面的应用，如今已在高水平的专业运动员群体中得到广泛普及。因此，从业人员需要对这些技术有基本的了解。除此之外，关于运动员测评的研究也在持续增多。从业人员面临的挑战在于，如何避免盲目且无依据的数据收集,转而利用有效的数据信息,帮助运动员改善他们的运动表现。

运动员最终的运动表现,是个人系统训练积累的成果。因此,运动监测的主要目的之一,在于评估每个训练周期的应激反应,这些反应构成了整个训练计划的基石。训练监测者需要清晰地了解他们的运动员在训练和比赛中付出了怎样的努力。

训练监控者面临的一大挑战,是如何从众多的运动测评方法与技术中,挑选出适合的方法与技术。监测方法既可以是简单的低成本手段,如记录训练时长与各个训练阶段;也可以是更为复杂且成本较高的方法,包括分析生化标志物(如皮质醇这一运动应激激素),以及使用 GPS 和运动传感器来测量运动员的活动轨迹。

此外,这些信息能够即时协助教练观察运动员在一段时间内的变化。尽管泡沫轴、跑步机或其他训练设备可能无法实现其声称的所有功能,但任何能够收集、分析并关联到运动员肌肉与关节系统运动数据的方法,对所有相关人员而言都至关重要。

训练测评人员还需要了解训练期间及训练后的身体负荷对运动员的影响。训练量与运动员训练反应之间的关系,在很大程度上决定了运动员对训练计划的适应程度。运动员恢复到训练前体内平衡状态的时间,受训练量的影响:训练产生的应激越大,所需的恢复时间就越长。

4. 主观监控的利弊

当主观运动测评的整个过程认真而诚实时,提出正确的问题——如训练意愿、能量水平、睡眠质量,甚至是疼痛感——这对于训练监控也是非常有效的。主观监控是一个让运动员分享其准备情况以及对训练和比赛看法的直观过程。这并不需要太复杂的思考,因为运动员通常愿意分享他们对训练努力的反馈,并在需要时能够达到有竞争力的情绪状态。

在大多数情况下,只有明显的问题才会浮出水面,例如运动员咳嗽或步速步频下降,这些都是缺乏正确监控的反应性后果。对话式的方法或问卷并不总是有效,实际情况中,一些篮球运动员可能因严重扭伤而苦苦挣扎,却几天来都没有得到任何人的支持,因为大多数训练项目的教员与运动员比例都不高。教练无法在几个月后回忆起运动员所说的话,因此,需要数字化的手段来帮助教练对运动员进行周期管理和健康预警。

一些生理监控解决方案利用主观指标将运动员的感受与他们对训练的生物学反应联系起来。这样的主观指标确实具有很大的价值,但它不能替代教练和运动员等专业人士之间的互动和沟通。

许多教练都在谈论通过力量训练进行自动调节,但却忽略了身体恢复的重要性。他们只专注于杠铃速度,却错过了生物反馈的核心。为了最大程度地提高人与人之间的互动效果,自动调节所需要的不仅仅是预热或工作。它需要更多的投入,并对运动康复与运动适应如何协同工作有更深入的了解。

我们必须通过客观地监控内部对训练的反应来增强主观指标的功能。需要将外部负荷或基本锻炼联系起来，以查看其中的因果关系。数据不仅仅是信息；如果有一个流程的起点和终点，那么这就是一个包含行动和洞察力的数据集。

5. 运动员体能监测的艺术：监控是为了更有效地沟通

也许本节最重要的部分并非关于数据或科学，而是关于如何与人共事。令人惊讶且有些自相矛盾的是，只要切实可行且不浪费时间，对运动员的监测就应该尽可能多地进行。建设性的运动测评其实是对每一位职业运动员的责任。长期持续性的监测，更是一种对职业的热爱和尊重。虽然技术带来的客观运动分析数据不能解决所有的问题，但通过客观分析来支持主观判断和沟通，可以与运动员的身体绩效形成有效的强关联，给我们的选手更多的关注，因为真正的关注是当今任何人都能给予的最好礼物。

即使在训练紧张的情况下，也要理想地照顾运动员的需求。监控是一个倾听并根据所发现的内容传达支持或做出决定的过程。如果从理解的角度出发先入为主，那么与每个运动员一起度过的时间就更有意义。数据和人为因素实际上并不矛盾，它们彼此之间是协同和共生的。

6. 监控的是数据，关注的是人

运动监控是教练教学训练的一个开放的领域，其范围从随意的互动到可以想象的最全面、最复杂的科学体能监测项目。大多数教练会陷入困境，试图做足够多且有意义的事情，但同时也不希望像对待小白鼠一样对待运动员，以免破坏运动员的竞技知识和经验。值得一提的是，许多教练可以通过简单的运动监控实践来节省时间，并使自己的训练计划更为出色，这是任何人都可以做得到的。现在，拥有正确的数据化信息可以帮助教练有效地管理更细分的问题，成为坚定的运动监测的倡导者，从而避免在日后的训练中出现无法挽回的损失。过去，运动监控可能只是一种选择，但相信将来对运动员来说，运动监控更是一种必然，是正确的选择。

随着现代竞技比赛的激烈程度不断升级，运动员在比赛中夺得奖牌的难度也越来越大。训练监控作为一个重要的手段，在训练中的应用也越来越广泛。运动训练监控未来发展的新趋势与优势在于，在训练过程中就开始监控运动员是否出现异常反应，而不仅仅是在训练结束后进行监测。同时，还要在训练过程中密切关注运动员的训练状态，并对不同项目和具有不同生理特点的运动员选择有针对性的训练方法与手段。通过分析各种监控指标，可以及时发现运动员是否出现运动性疲劳或损伤等问题。训练监控作为重要的手段，是运动员取得优秀训练成果和比赛成绩的关键。

4.4.2 运动监控的信号类型

近几年，以苏炳添等为代表的我国运动员在短跑竞技中不断取得突破。在引进发达国家先进训练理念的同时，我们也系统性地引进了 Freelap 计时系统、Polar 心率监测等先进的可穿戴式训练分析与评估仪器。这些仪器内部的传感器能够实时检测和反馈人体活动，评估肌肉发力、速度、身体协调性等训练效果。同时，它们还可以量化地实时监测与分析呼吸、心率、肌氧、血乳酸等体征信息，以此监测运动员的疲劳度，预防训练损伤，并制定科学的体能恢复与训练计划。生化传感器主要负责监测生物化学信号，如神经信号和化学物质，并将其转化为可供分析的数字化信号；而运动传感器则监测如脉搏跳动、心率、关节活动、肌肉活动等人体体表微动或全身运动，并将其转化为电信号等数据信息。可穿戴传感器是当前智能设备功能实现的关键单元。

在短跑运动员的后程跑训练中（后程降速问题是目前我国短跑相比于世界顶级运动员的关键短板），我们不仅需要针对 80~90 米处的步长、步频、触地时间、爆发力进行精细的定量分析，更需要全程实时记录与分析运动员的呼吸、血乳酸、肌电等生物体征信号。现有的基于视频技术的动作捕捉在发力、体征监测方面无法进行量化分析，而目前市场上的爆发力、呼吸、乳酸、血氧饱和度、肌电等体征监测设备又存在佩戴舒适性差、灵敏度低的问题，这使得实时监测运动员自由状态下的体征信息并获取准确数据变得困难，从而严重影响了训练效果。

研究调查显示，可穿戴设备的市场份额每年能达到 350 亿美元。然而，目前可穿戴设备的关注度已明显下降，主要原因包括：市场同类产品众多但功能较为单一；市场推广的可穿戴设备材料大多为硬性材料，导致佩戴舒适性差；以及现有可穿戴设备的检测灵敏度和准确性不高，无法提供更深层次的体征信息，例如体征的关联性。

随着柔性电子、微加工封装技术、大数据和人工智能等新技术的飞速发展，柔性可穿戴传感设备得到了极大的推动和蓬勃发展。传感器正逐渐朝着微型化、集成化、智能化和多元化的方向演变。在运动过程中，人体会产生各种类型的运动生理信号，包括运动生物姿态信号、电生理信号、分子标记的生物化学信号、生物组织动力学信号以及运动表现信号等。这些不同类型的信号都蕴含着特定的生理特征和身体信息。通过实时监测这些信号，我们可以客观评价运动员的训练效果和身体状况。

高水平运动员能够取得优异的成绩，主要取决于以下两点：一是制定并完善科学的训练方案，设立专业的训练团队，并根据高水平运动员的个体身体特征和体能状况及时调整训练方案；二是利用完整且科学化的训练监测设备对运动员的生理指标进行分析，纠正运动姿态，制定合理的训练计划，并判断个人对训练的适应性和不良反应等，从而最大限度地避免疲劳和受伤，提高运动员的整体竞技水平。

通过实时监控运动过程中产生的各种类型信号，我们可以获取运动员的不同体征和生理信息。这些信息根据信号类型可以分为运动生物化学信号、运动电生理信号、运动生物姿态信号、生物组织动力学信号以及运动表现信号。其中，运动生物化学信号、运动电生理信号和生物组织动力学信号主要用于评估运动员的身体机能，而运动生物姿态信号则主要用于评价运动员的技术动作。运动表现信号则涵盖了运动员的体能、负荷、技战术等因素。通过采集和整理优秀运动员的运动信号数据，我们可以构建高水平运动员的运动信号数据库。利用大数据分析技术，我们可以为每位运动员提供最为合理的训练计划，全面提升运动员的竞技水平，并推动相关领域的持续发展。

1. 运动生物化学信号

运动生物化学信号是指在人体运动过程中，各项生化指标变化所产生的信号。这些信号从分子层面，如葡萄糖、乳酸、蛋白质、尿素等进行分析，通过研究相应化学成分的含量变化规律，反映运动员在运动过程中的机能变化和能量代谢等生理信息。在运动训练监控领域中，葡萄糖和乳酸是目前最为常见的生物化学监测信号。这两种成分分布在人体的各种生物体液中，并且较为容易采集与检测。同时，这两种小分子的检测对于判断运动员的训练状态具有重要意义。

葡萄糖是衡量运动员训练负荷状态的主要指标。通过监测葡萄糖浓度的变化，可以实时评价运动员的体能状态，从而为运动员提供合理化的训练方案。乳酸是糖原在无氧条件下酵解供能的代谢产物，乳酸积累是导致运动员肌肉疲劳和疼痛的一个重要因素。因此，乳酸不仅是衡量无氧能力大小的指标，也是评价训练或比赛强度的一个重要指标。通过对乳酸的监测，可以实现对运动员疲劳状态的科学评估。

目前，专业运动员的生化指标监测方法主要是通过采用生化分析仪、血乳酸仪、气体代谢仪等设备，采集运动员在训练前后以及高强度比赛后的血液样品，进行相关生化指标分析，从而了解运动员的身体状况。这种方法是目前体育领域应用最为广泛且准确的监测方法。然而，该方法只能实现训练前后生化指标水平的监测，无法实现动态持续的监测，导致无法获取运动员在运动过程中实时的身体状况。因此，如何实现连续监测运动过程中的动态生化指标，是目前亟须解决的问题。

2. 运动电生理信号

运动电生理信号是在运动过程中，人体各种细胞和组织，尤其是神经元和神经元组织产生的动作电势的总和。这些信号主要包括脑电信号、心电信号、肌肉电信号等。心电信号是主要监测心脏规律性变化的信号；肌肉电信号是肌肉收缩时伴随的电信号，是在体表无创检测肌肉活动的手段；脑电信号是由脑神经活动产生的电位活动的电信号，是脑神经细胞的电生理活动在大脑的反映。

运动电生理信号在监测运动负荷、了解疲劳与恢复程度方面起到重要的作用。通过监测肌电信号，可以了解肌肉组织的发力运动情况，指导训练动作的优化以及运动康复与诊断等；通过心电信号的监测，可以及时发现运动员的心脏相关情况，避免运动员心肌猝死等危险事故的发生；通过对脑电信号的监测，可以实时反馈运动员的情绪状态以及睡眠状态等。在短跑运动员的技术分析中，肌电信号是较为常用的监测指标。通过贴附在运动员相关肌肉部位的表面电极和肌电采集系统，可以实现实时无线数据传输，得到短跑运动员运动过程的实时数据。然而，目前肌电采集过程通常较为复杂，难以实现独自监测。因此，肌电设备逐渐向可穿戴化发展。

除此之外，电生理信号的监测在高强度运动条件下可能会受到严重的运动伪影干扰，导致准确性下降。这是目前电生理信号监测面临的一个共同问题。

3. 运动生物姿态信号

运动生物姿态信号是通过监测在运动过程中人体姿态变化来衡量动作变化的物理信号。通过对运动姿态的分析,可以获得运动参数如步频、步长、动作幅度、关节角度变化等。这些参数对于评估运动员的技术水平和训练效果具有重要意义。例如,在步态分析过程中,通常测量一个步行周期中各个关节角度在各个运动平面的变化来衡量运动员的步态。通过分析顶尖运动员在比赛跑步过程中的步频和步长,可以总结出他们合理的跑步策略。

针对运动生物姿态信号的监测主要是基于视频分析的原理。这种方法可以快速帮助运动员获取运动过程中相关运动参数,并对自己的技术动作进行分析,及时调整训练方案。然而,目前基于视觉分析的技术还无法实现可穿戴化,监测过程需要大量的设备,不利于实时监测。因此,未来发展方向是实现摄像设备的智能化与微型化以及与无人机的结合,发展智能跟随、宽视野、第三视角视觉分析技术,以提供多视角、实时的运动姿态分析。这将有助于运动员和教练更全面地了解运动员的技术水平和训练效果,为制定更科学的训练计划提供有力支持。

4. 生物组织动力学信号

生物组织动力学信号是指运动中人体组织的动力学特性所产生的信号。其中,血管动力学信号是主要的组织动力学信号之一,它涵盖了血管产生的生物物理信号,如血压、脉搏波速、心排血量等。血压是这些信号中最为常见的生理指标,它反映了血液在血管内流动时对血管壁产生的压力。血压包括收缩压和舒张压两种。一般而言,经过剧烈的运动后,运动性骨骼肌内的小动脉血管会发生扩张,心排血量增加,而外周血管阻力降低。研究发现在运动过程中,收缩压会逐渐升高,而舒张压则可能轻微升高或保持不变。通过对运动员在运动过程中的血压进行全程监控,可以制定合理的训练方案,避免运动员因过度训练而导致身体损伤。生物组织动力学信号在运动生理体征监测中具有重要的生理意义,它们可以作为预警信号,对心脏疾病等进行提前预测和预防。

5. 运动表现信号

运动表现信号是运动过程中运动员的体能变化、负荷、技战术等一系列因素的统称。对运动表现进行监控的核心目的是给教练、运动员及决策者提供准确、高信度和效度的信息,以促进决策能力的提升。这一过程始于数据的收集,终于反馈报告的生成,并涉及教练、队医等所有相关信息的综合考虑,旨在提高运动表现。对运动表现的监控可以从体育赛事中或比赛后通过视频片段等方式收集数据。目前,收集运动表现数据的工作可以在比赛场地、教练席或单独的表现分析区域进行,通过特定软件观察赛场、标记重点事件和动作。这些软件能够即时为教练呈现出分析报告和反馈,以及比赛的高光时刻。然而,赛后通过更多时间进行的分析可以提供更细节全面的表现分析与评估。此外,赛后分析还可以提供普通观察所得不到的信息,如定性数据(如心理方面的数据)以及运动员可穿戴设备导出的多种数据,如心率、血乳酸、加速度、速度、位置等。这些数据一部分可以内部存储在运动队中,而外部存储数据则可以用于补充内部数据库。通过对运动员的持续追踪和表现分析,教练可以获得有关球队或球员的简报,从而帮助他们更好地规划训练课和球员的未来发展。这些简报和分析报告是教练员制定训练计划和比赛策略的重要依据。

4.4.3 运动员监控系统应用

监控过程中应用的指标种类繁多,在监控相同指标时,所运用的分析仪器往往具有相似性。目前,对运动员疲劳的监控方式已广泛应用于实际训练中,旨在以科学方法监测和指导运动员的训练过程。近年来,研究主要集中于监控运动员的疲劳指标,这些指标涵盖医学、生物学、化学等多个领域。根据不同指标的数据,教练员可以查阅对照表或凭经验观察运动员是否出现运动性疲劳。通过医学、生物学等手段,可以对运动员运动后的状态进行监测与诊断,并为运动员的恢复提供必要措施。

然而,以往监测手段的局限性在于无法实时监测运动员的运动状态,只能在运动后进行,且常用手段如心电图、血乳酸等并不能准确反映运动员的实际状况。这些缺点的存在推动了运动训练监控手段的不断改进和完善。

现代运动训练监控将多学科、多方法应用于运动员的训练过程,如医学手段监测疲劳或恢复等。此外,生物学和化学等手段也用于监测运动员的训练状态,以提高训练效率和效果。随着科技的快速发展,运动训练理念不断更新,新思想和新手段层出不穷。新器材的优化不仅提高了训练积极性,还保障了运动员的安全,提升了训练效率。

基于移动互联和云平台技术,可以研发出具有快速实时反馈功能的便捷应用设备。例如,心率表能准确监测运动员的心率,为运动训练和恢复提供科学、便捷的途径。根据训练过程中收集的数据,运用相关计算机软件进行分析,并与优秀运动员的指标或自身历史数据进行对比,可以发现运动员在训练中的不足之处,进而调整训练计划,提高运动成绩。

在运动训练中,轻便、安全的电子产品如运动手环、智能手机等具有广泛应用前景。在高强度项目中,这些设备可以监测运动员的运动强度,提前预防伤害和损伤,保障运动员的健康。然而,由于技术原因,这些电子产品可能存在一定的局限性,如精度和稳定性不足等,这为技术发展提供了更大的空间。

对运动员进行长期系统监测是了解其训练状况、制定合理训练计划并预测比赛成绩的基础。通过多种监测方法综合评估运动员的训练状态,可以发现优秀运动员的共性规律并揭示其内在本质。将收集到的数据进行量化处理并运用计算机软件进行模拟分析,可以找出各指标之间的相关性。这样,当某些数据难以直接测量时,我们可以利用其他相关数据进行推断和预测。

科学的监测与诊断可以使运动员的机能状态更加直观地展现出来,帮助教练员准确了解运动员的实际情况并进行有针对性的调控。通过不同的方法和手段,如心理调节、恢复手段等，教练员可以帮助运动员调整训练过程、改进训练方法并保持稳定的竞技状态，从而在比赛中取得理想的成绩。

1. 运动员监控系统简介

在竞技体育快速发展的背景下，世界各国运动员都在不断完善自身的训练方案，以追求成绩上的新突破。随着柔性电子、集成微电子、人工智能等技术的不断进步，运动传感器逐渐实现智能化、多元化、微型化和可穿戴化。这些传感器能够全方位、多角度、多层次地采集运动员运动过程中产生的信号。通过构建高水平运动员运动数据库，并运用大数据分析技术，可以实时监控运动员的各项生理指标，对训练过程中潜在的风险进行合理预判，从而更加高效地避免运动损伤，为科学化训练方案的制定提供充足的理论依据。

近年来，随着大数据技术的不断发展，柔性可穿戴设备将向万物互联方向发展。在人工智能的技术协助下，柔性可穿戴传感器的数据将从原来的单一化、孤立化向大容量、多样化转变。

目前较有代表性的监控方法主要分为两类。一类是可穿戴设备，以 Drive Hockey 为例，它的冰球比赛追踪系统致力于给青少年比赛带去与职业球员一样的数据分析待遇。该系统部署相对简单，只需环绕冰场部署 12~14 个可移动追踪锚，并让球员佩戴上小型传感器装置（据了解，之后的版本会将传感器插入球杆末端下方），击打带有传感器的冰球，便可以开启球场上的各类数据采集。与应用于职业联赛的追踪系统的数据分析模块不同，Drive Hockey 开发的数据分析软件更关注于青少年球员的发展，并围绕这一核心开发功能。该系统将追踪分析带到草根级别比赛，为青少年冰球运动的发展提供了有力支持。

另一类是计算机视觉系统。体育行业目前有很多计算机视觉相关的创新应用。例如，SportVU 是一个基于摄像头的球员或球体追踪系统，最初是为足球领域开发的。后来在 2008 年，Stats LLC 收购了该技术后，将其改成了篮球专属。两年后，四支 NBA 球队安装了该系统；在 2013 年，该系统被推广到了整个 NBA，为篮球运动的数据分析革命奠定了基础。NFL 和 NHL 的球员们拥有自己的追踪传感器，放置在肩垫里；但是像 NBA 和 MLB 这些联赛的球员现在还没有携带任何设备。同样的，个人跑动数据是分别由他们的数据合作伙伴 Second Spectrum 和鹰眼所提供的。他们使用环绕球馆的一系列摄像机，以三角定位法确定球员的位置和朝向。

刷新传感公司基于智能生物传感系统 BIOSYS 开发的可量产汗液传感器及解决方案，除了实验室的传感器测试外，还可以根据需要定制成可穿戴设备，满足实时测试和商业化需求。BIOSYS 除了提供 I-T、OCPT 方法外，还支持 CV、DPV、SWV、RES 等测试方法，适用于大部分电化学体系的液相检测和气相检测。例如，电化学生物传感器、电化学气体传感器、离子传感器、重金属检测传感器等。刷新传感提供从传感器研制到商业化整套技术解决方案，助力国内生物传感器的科研和落地应用。

智能生物传感系统 BIOSYS(又称“U 盘工作站”)采用“云+端”的结构。设备主机采用无线传输方式,通过移动终端 APP 或蓝牙基站等将数据送到云端统一进行分类、筛选、存储和应用。BIOSYS 系统具有以下特性:(1)集成度高,可视需求、场景定制开发为各类形态;(2)动态实时观测实验过程和结果;(3)批量实验数据可自动分析;(4)实验数据可平行移植至量产产品;(5)系统软件实现 OTA 远程升级功能。这些特性使得 BIOSYS 系统在运动员监控领域具有广泛的应用前景。

汗液作为一种可无创获取的样本,具备作为健康管理指标的潜力。汗液主要是由外分泌腺分泌的。外分泌汗腺由一个分泌线圈组成,它是汗水的发源地;而汗水是由真皮管通过表皮输送到皮肤表面。在这个过程中,各种分析物(包括离子、代谢物、氨基酸、激素、蛋白质和多肽等)从附近的血液和组织液中排出融入汗水中,形成汗液排到体外。这些生物分子和化学元素携带了大量的人体健康信息,有很大的挖掘价值。因此,通过汗液传感器对汗液成分进行检测和分析,可以为运动员的健康管理和训练监控提供有力支持。

刷新汗液传感器以 BIOSYS 为基础平台,运用 I-T(时间-电流曲线)法表征生物酶传感器(如葡萄糖、乳酸检测等);运用 OCPT(开路电势)法表征选择性离子传感器(如 K+离子、Na+离子、pH 检测等)。选用丝网印刷电极的三电极系统(WE 使用石墨烯电极、PB 电极或 Pt 电极等均可,RE 为 Ag/AgCl 电极)实现汗液中葡萄糖、乳酸的检测;选用丝网印刷电极的两电极系统(WE 为碳电极、RE 为 Ag/AgCl 电极)实现汗液中 Na^+、K^+离子与 pH 的检测。同时,配合刷新开发的“BIOSYS 生物传感器流道测试系统”,可以模拟出汗场景的测试;通过精准控制流速来调节“出汗量”,根据测试结果不断优化传感器和系统性能,提高监控的准确性和可靠性。

2. 运动员监控系统——CATAPULT

澳大利亚的可穿戴设备 CATAPULT 目前已成为足球市场的主流监控系统。CATAPULT 的可穿戴设备主要包含两个模块:一是球员穿戴的背心;另一则是数据收集器,该收集器通常嵌入在背心中,利用内置的 GPS 系统及加速度感应器来收集球员的各项指标。通过这两方面数据的整合,可在操作平台上实时监控球员数据,并最终生成一份综合数据报告。值得一提的是,这套设备中的数据收集器已通过了国际足联的 IMS(国际比赛标准)认证,这意味着球员在正式比赛中也可佩戴此设备上场。目前,已有超过 1500 个精英团队与 Catapult 建立了合作关系,包括美国的 Dallas Cowboys(达拉斯牛仔队)、Green Bay Packers(绿湾包装工队)和 Atlanta Falcons(亚特兰大猎鹰队),欧洲的足球巨头切尔西、拜仁慕尼黑和多特蒙德队,以及澳式足球俱乐部、超级橄榄球队和澳大利亚橄榄球联盟俱乐部等。在中国,也有多支中超俱乐部采用了这一系统。如图 4-2 所示。

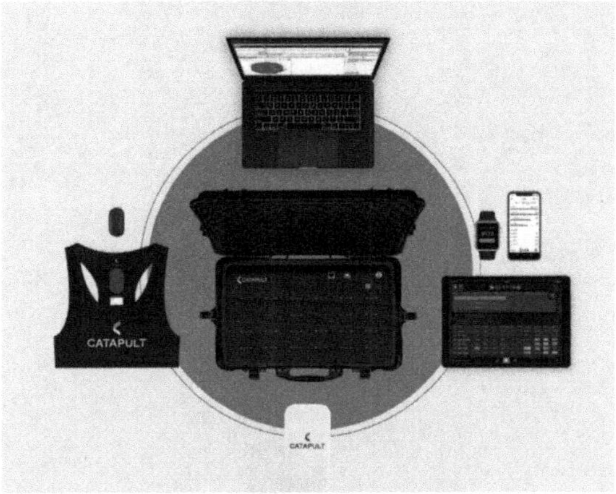

图 4-2　CATAPULT 监控系统

该数据采集设备的核心在于将最新的 GNSS 技术与严谨的工程技术相结合，以提升在有遮挡的体育场内的卫星覆盖效果。当体育场完全被遮挡时，Catapult Vector 可与 ClearSky 兼容使用，确保从 GPS 到 LPS（本地定位系统）的顺畅过渡。它整合了 GPS 和 LPS 功能，使得无论是在训练还是比赛中，都能在室内和室外场景之间实现无缝切换。Catapult Vector 在体育场内测得的数据，即使在最具挑战性的环境下，也能保证极高的精准度和可靠性。

为了提供更优的使用体验和数据质量，Catapult 设计了实时监测流程。通过智能手机和苹果手表的 App，用户可以通过蓝牙在短距离内直接从 Vector 设备获取数据，无需使用接收器和电脑。Vector 实时监测系统采用了超宽带通信技术，显著降低了 WiFi 干扰的影响。同时，可使用多个 Vector 接收器以最大化球场覆盖范围。Vector 接收器可将数据直接无线传输到 iPad 或笔记本电脑上，使得运动员数据可以随时为教练所用，而不仅限于在场边查看。设备强大的数据处理能力与超宽带通信技术的结合，为数据质量提供了坚实的保障。此外，通过同时使用多个接收器，还可以进一步扩大实时追踪的覆盖范围。如图 4-3，图 4-4，图 4-5 所示。

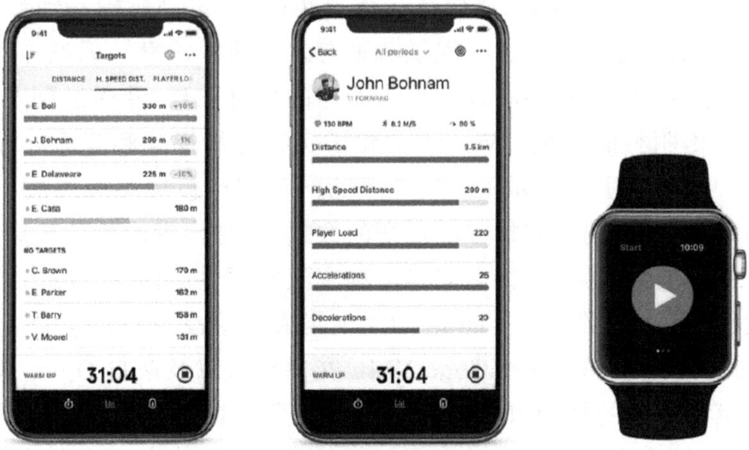

图 4-3　智能手表获取球员数据界面

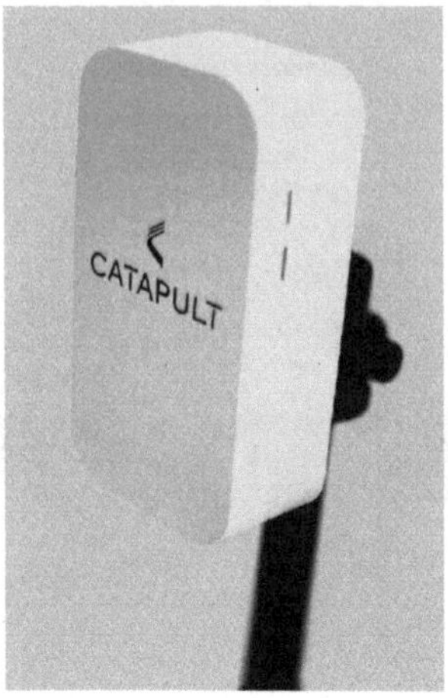

图 4-4 CATAPULT 信号接收装置

图 4-5 球员的实时监测

作为提供整套服务的视频分析平台，Catapult Vision 的设计初衷在于优化工作流程并提高关键运动表现洞察的沟通效率。从视频捕捉、定制化标签到数据导入和动态演示，Vision 都能更快地解读数据并提供清晰有效的执教信息。无论是回顾过往赛事、分析对手还是发掘新球员，Vision 都能提供所需的所有工具，并通过令人信服的视频分析帮助教练员做出明智的决策。Vision 优化了实时采集视频和赛后处理视频的流程：在实时环境下，可以使用 Vision 在采集视频的同时进行打标签和回放；赛后则可以导入任意格式的媒体文件，同时添加多场比赛的数据，并导出编辑好的视频或直接进行演示。Vision 不受数据格式限制，完全兼容市场主流数据供应商的产品，从而降低了分析过程的复杂性。Synergy 数据与 Vision 的完全集成使得视频和数据能够在平台内直接整合。此外，Vision 还支持 SportsCode XML 文件导入以及来自 Opta、WyScout 和 In-Stat 的数据。没有数据的视频可能因缺乏背景信息而难以解读；通过将关键信息可视化，Vision 确保能够全面地分析运动表现。通过与 Catapult 的数据的全面整合，Vision

可以揭示运动员在做出高强度动作和决策时的场上背景，从而帮助我们更深入地了解运动表现。Vision 自身具备强大的绘图能力，无需依赖第三方绘图工具。它打破了语言障碍，将所有展示工具整合到一个平台上，帮助分析师进行清晰有力的分析。

图 4-6 为 CATAPULT 穿戴设备的构成示意图。其中，充电设备为可容纳 24 个设备的 Vector 充电座，搭配坚固的便携箱和便于取出的托盘设计；同时支持一键开启/关闭所有设备的功能。它自带电池和运算能力，可在训练场边或赛场边直接使用，为教练和球员提供了极大的便利。

VECTOR 设备	
尺寸	81 毫米 x 43 毫米 x 16 毫米
体积	48 立方厘米
重量	53 克
续航时间	6 小时
全球定位	10 赫兹 GPS、GLONASS 及 SBAS（或 18 赫兹 GPS）
本地定位	10 赫兹 Catapult ClearSky
无线通信	超宽带技术 & 第五代蓝牙
无线网络覆盖距离	可达 300 米（超宽带）
运动员人数上限	100 名
心率	心电图获取心率数据（Vector S7、G7）& 兼容 Polar 5.5k 赫兹传输频率（所有型号）
加速度传感器	3 轴 +/- 16，采集频率 1000 赫兹，提供 100 赫兹数据
陀螺仪	3 轴 2000 度/秒 @ 100 赫兹
磁力计	3 轴 +/- 4900 μT @ 100 赫兹

VECTOR 充电座	
设备数量	24
续航时间	6 小时

VECTOR 接收器	
通信技术	超宽带技术，本地 WiFi 无线网络（2.4/5G 赫兹）& USB C
续航时间	6 小时

图 4-6 CATAPULT 穿戴设备的构成

CATAPULT VECTOR 的设计旨在降低对运动员的附加影响，同时提升采集精准心率数据的便利性。“生理学的洞察是运动表现分析的重要组成部分。Catapult Vector 通过嵌入在优质背心中的传感器直接获取心电图（ECG），从而准确获取心率数据。这一创新设计使得我们在无需额外心率硬件的情况下也能获得高质量的心率数据。”这对于实时监控运动员的身体状态、预防运动损伤以及调整训练计划都具有重要意义。

运动监控是一个复杂多维度的分析过程，需要一个庞大的运动监控系统进行支撑。这个过程涉及对相关生理指标及运动表现指标的量化与分析，需要不同类型传感器的协调运作和各自发挥相应的作用。每种类型传感器的性能提升都将对整个运动监控系统性能的提升产生积极影响。随着各学科领域的交叉融合以及智能制造的发展推动，传感器的性能和功能都得到了显著的提升。未来，通过不同功能的传感器集成阵列有望解决单一因素检测的问题，实现更加多元化的运动监控。科学化运动训练需要一个完整的运动监控系统来支撑；这个系统需要整合多种柔性可穿戴运动传感器。随着可穿戴传感器以及集成技术的不断发展，构建一个多功能化运动监控平台将成为可能。该类平台应具备运动训练生理指标监测、运动技术战术分析、运动心理情况分析以及运动损伤预测等功能；其研发将有望解决运动员运动训练过程中需要多台监控设备和多位技术人员的问题；从而大大降低成本并节约时间。科学化运动训练监控系统的发展将成为竞技体育成绩突破的新科技助力；它有望帮助运动员取得新的突破并为青少年运动员的培养与优秀运动员的选拔提供更加精细、准确的参考与指导；进而推动我国

“体育强国”建设的进程。

综上所述,未来可穿戴设备的持续发展将使训练监控更加便捷、高效;让科技的力量渗透到每一堂训练课中。随着科技的快速进步和监控手段的日益精确化;我们相信未来运动训练中可穿戴设备的应用与发展将使监控设备的使用频率和广度达到前所未有的高度;为教练和运动员提供更加全面、深入的数据支持;助力运动训练的科学化、精准化水平迈上新的台阶。

4.4.4 运动监控数据的使用与分析

1. 运动监控数据的分析背景

运动员监测数据是一类重要的运动数据,它提供了有关运动员对训练和比赛要求的反应信息。评估这些数据对于确保运动员接受足够的训练以满足比赛要求,同时保证他们能够适应训练计划至关重要。这一过程有助于最大限度地减少过度工作负荷的风险,并提高运动员的表现潜力。在团队运动中,体育科学家和辅助人员经常收集大量与运动员承受的外部和内部工作负荷相关的监测数据,以及与疲劳的生理和心理评估相关的数据。然而,目前关于如何选择关键变量、如何分析这些数据、如何提取有意义的信息以及如何最有效地展示这些数据的研究仍然有限。应用体育科学家面临着广泛的监测技术选择,因此必须选择和利用对疲劳最敏感、最合适的变量或方法来回答教练的问题。在解释训练监测数据时,应了解该工具的有效性、可靠性以及对伤病和运动员预期表现的任何潜在影响。同时,还应考虑其他因素,如测量误差、个体化和数据的离散性,并进行相应的讨论。本节将介绍一系列常用的数据分析方法,这些方法可应用于研究和实际应用环境中,以确定和解释数据中的有意义变化,协助决策制定。最后,将讨论各种数据可视化概念和方法,旨在通过有效沟通相关信息来提高监测系统的成功率。

2. 运动监控数据的处理要点

鉴于运动员对特定训练刺激的不同反应,个体化监测的重要性显而易见。这种不同反应可能会影响适应速度,而运动员之间的差异可能由多种因素造成,这些因素包括年龄、性别、训练历史、健身水平、心理状态和遗传因素等。在分析和解释运动员监测数据时,这些因素至关重要。当描述个体数据的变化时(如体能测试),从业者应关注运动员内部的变化,并使用个性化方法(如 Z 分数)来强调变量的相对变化。在研究中同样需要重视个体化因素,因为个体特征可能会改变治疗效果或训练反应。研究人员应承认并尝试测量这些不同的个体特征,以更准确地解释结果。由于对照试验通常需要大量样本或对重复测量进行平均以补偿测量误差,因此报告平均数和标准差(SD)是很重要的,它们描述了运动员反应的变化并反映了个体之间的差异。此外,还可以包括置信区间(CI),以提供更准确的个体反应差异估计值。

另外,通过 GPS 分析来说明外部训练负荷的个人特征的一个例子,是使用个性化的速度阈值来确定高速跑动的距离。这种方法考虑了运动员的速度能力（而不是使用绝对的阈值，如 5 m/s），因为不同的能力会导致不同的高强度跑步起始速度。专有的 GPS 软件通常允许定制这些阈值，这些阈值可以根据无氧能力、间歇运动能力、最大有氧速度、最大跑步速度或各种指标的组合来确定。虽然绝对阈值允许在不同的运动和/或比赛之间进行比较，但 GPS 制造商、取样频率和数据处理方法的不同，可能会影响这种比较的准确性。因此，从业人员在选择评估和指导训练处方的数据时，应考虑哪种方法最适合其特定需求和情况。

将连续数据分类为离散的类别（即离散化）在应用环境中很常见。例如，可以基于速度和加速/减速的阈值和 Z 分数来确定类别。数据的离散化有助于总结和展示数据，因此在体育运动中得到了广泛应用。然而，这种做法也引发了一些问题。当类别过多时，数据的离散化可能会导致统计信息的损失，因为预测因素和结果之间的关系可能会被削弱。具体到受伤风险，离散化假设每个类别中的个体风险相同，从而忽略了类别内的变化。因此，从业人员在收集运动员监测数据之前，必须考虑一系列因素，并根据运动的具体背景和监测系统的目的，做出明智的决策。

运动员监测正成为最大化运动员表现、降低受伤风险和优化比赛准备的标准做法。对于某些项目而言，深入了解负荷与表现以及负荷与损伤之间的关系，对于理解运动员如何应对训练和比赛中的压力至关重要。归根结底，运动员的表现受到压力积累和训练效果的影响。因此，评估训练和比赛期间施加的压力，以及每个运动员产生的压力非常重要。了解压力源（如剧烈运动、高温、低温、海拔等）与生物系统（即人体）所经历的应变（身体对压力的反应）之间的区别，对于指导运动员的监控准备工作至关重要。除了评估训练效果外，运动员监测还有其他益处，例如为成绩变化或受伤风险提供科学解释，增强教练和从业人员在调整训练负荷时的信心，以及促进运动员、教练和从业人员之间的合作关系。这些都有助于提高监测实践的效果和认同度。监测运动员的主要目的，包括优化准备状态、确保适当的压力和恢复（周期化）、降低受伤风险，以及监控安全和有效的训练计划。尽管每个目的都很重要，但团队可能会根据自身的负荷监控理念来强调不同的优先级。

除了量化测试类型（如比赛、训练、恢复等）的强度分布外，GPS 指标通常作为综合措施进行报告，例如高强度的跑步距离、短跑次数和平均速度等。然而，GPS 技术在检测除位置变化外的外部运动方面存在局限性。此外，它在追踪室内运动方面也受到严重限制。这使得对篮球和排球等室内团队运动的监测处于不利地位。然而，现代球员跟踪技术通常使用集成的惯性传感器（如加速度计、陀螺仪和磁力计）来帮助量化在所有三个平面上施加的压力。来自这些集成惯性传感器的计算指标（如 PlayerLoad TM）与跑步性能指标密切相关，如覆盖的总距离。同时，它们还能估计身体上的一般负荷，从而评估诸如攻防转换、加速、减速、变向和碰撞等动作产生的压力。由于惯性运动传感器能够检测三个方向上的运动幅度，因此使用单一的任意负荷单位，可能更准确地反映活动期间产生的总压力。

生理和心理测量,如心率、乳酸、肌肉含氧量和感知疲劳的评分(RPE),都可以用来监测内部持续的负荷。在众多客观量化内部负荷的方法中,最常使用的是心率衍生物,如以最大心率的百分比表示的心率区间时间,以及加权分数,如训练冲量(TRIMP)。这些措施可以将训练压力分为高、中、低三个相对区域。在通过主观手段量化内部负荷的方法中,迄今为止最常见的是使用 RPE 和基于不同训练环节的 RPE(session RPE,简称 sRPE)。sRPE 是训练/比赛时间和训练/比赛后运动员报告的 RPE 的乘积。这种主观衡量标准与外部的跑步成绩衡量标准有着良好的关联性。

监测准备、恢复和健康需要生理和心理的评估,以获得对运动员真实状态的了解。这些评估可以简单到询问运动员"你感觉如何?",也可以复杂到使用微技术(如遥测技术或光脑成像技术)来确定休息或睡眠时心脏跳动间隔的可变性。监测对训练和/或比赛的反应,使从业者对个人的剂量-反应关系有了深入的了解,并有助于精确调整恢复做法。例如,如果运动员过度疲劳,教练员可以安排恢复性训练或减少当天的训练负荷。目前,监测运动员在活动前准备情况的做法,包括基于心率的自主神经系统评估(如心率变异性,简称 HRV;心率恢复,简称 HRR),神经肌肉功能测试(如对抗运动跳跃,简称 CMJ;反应测试),以及健康问卷/评估(如压力、疲劳、酸痛、焦虑等)。更广泛的监测,如生化/免疫/荷尔蒙评估(如血液、唾液和尿液生物标志物)和心理调查(如情绪状态简介、运动焦虑量表、休息和恢复问卷),如果进行纵向评估,可以深入了解过度训练或适应不良的情况。

3. 影响运动监控数据分析的因素

最大限度地提高运动员的可用性和准备性是体育科学家的一项重要责任。对于精英体育俱乐部而言,伤病和因此错过的比赛时间给俱乐部带来了明显的经济负担。因此,体育科学家应该仔细考虑如何筛选、监测和模拟运动员的数据,为基于运动监控的运动员健康和表现决策提供信息。作为一项总体原则,体育科学家应致力于协调他们的理论、数据收集和数据分析,最终为他们的解释和报告提供依据。此外,运动员的监控数据也可应用于运动员的疲劳预测。使用历史数据预测运动员未来的疲劳状况和比赛中的负荷对运动员自身的影响,是监控数据的一大用处。

虽然监测运动员有很多好处,但在实施监测计划时必须考虑到一些限制。监测运动员并不总是需要大量的资金支持(例如,训练负荷的主观标记与健康报告相结合),但分析数据确实需要时间、人力和经验/技能。随着大量的数据从多种技术和调查问卷中涌入,通常需要具有数据管理和分析经验的人员在简单的描述性报告之外得出意义和解释。此外,如果没有看到即时的回报,有时很难获得运动员和教练员的认可。关于技术上的限制,技术制造商之外的各方很少进行验证和可靠性测试。因此,原始数据的处理和过滤方式因制造商和软件版本而异。由于软件的更新可能相当频繁,而且过滤和报告数据的方式也会改变,因此设备的有效性和可靠性也会同时改变。这对确定纵向测量的精度和一致性有严重的影响。

综合来看,训练计划必须权衡运动员监测的好处和限制。如果没有数据管理的结构、没有基于数据分析的实施计划、没有运动员和教练的认可,监测运动员可能是对时间和资源的浪费,而这些资源可以用来在其他方面获得优势。然而,如果在推广、构建和实施一个有目的、实用的监测计划时小心谨慎,团队就会在最大限度地提高他们的运动员的健康和表现方面获得巨大的优势。

第 5 章　比赛表现数据的智能化分析

本章节以比赛运动表现为应用场景,重点介绍运动表现分析这一运动科学领域的发展与内涵、比赛表现分析过程中数据的采集与分析流程。以足球、篮球、网球为例,详细阐述如何利用智能化数据采集系统实现对运动员或运动队比赛表现的评估。

5.1　运动表现分析的概念与目的

“运动表现分析”(sports performance analysis)既是一种体育实践应用,也是运动科学领域的一个分支学科或学术研究领域。后者源于前者的需求,而前者则依赖于后者的支持与指导。在实践中,运动表现分析直接探究运动员和运动队在实际体育比赛和训练中的表现,而非依赖实验室测量、问卷、访谈等自我评价手段。

McGarry 等学者认为,作为学术研究领域的运动表现分析具有跨学科性质,目前尚无绝对清晰的定义。然而,较为公认的定义是:“运动表现分析是对运动员和运动队在实际体育比赛和训练中的表现的直接探究,旨在提供客观、具体的反馈意见,以帮助他们更直观地认识和理解自己的表现,并为提升表现提供指导。”此外,运动表现分析的研究范围还涵盖比赛技战术分析、体能指标(如跑动距离、跑动速度、心率等)分析以及比赛心理和行为分析等方面。

运动表现分析最主要、最直接、最本质的目的是为那些试图提升比赛、训练和锻炼表现的人群(如运动员、教练员、身体锻炼者等)提供客观、具体的反馈意见。这种反馈有助于他们更直观地了解自己在各方面的表现,从而找到改进和提升的方向。随着运动比赛表现分析的不断发展,其应用范围也越来越广泛。例如,运动员和教练组可以利用这些分析来探测比赛对手的信息;体育俱乐部的管理人员可以利用这些分析来评价本俱乐部运动员的竞技表现,为转会、选材提供参考;科研人员可以对这些分析进行总结与归纳,形成理论体系,推动学科的发展与完善;而电视、网络、报纸等大众媒体则可以将这些分析的结果运用于比赛报道之中,为观众提供更深入、更专业的解读和视角。

“比赛-观察与分析-信息反馈-训练-比赛”的训练、竞赛和科研循环是运动表现分析在实践中的重要应用模式。这一模式通过不断地观察、分析比赛表现,提供及时反馈,指导训练和比赛策略的调整,从而实现运动员和运动队表现的持续提升。这一过程如图 5-1 所示,形成了一个紧密相连、相互促进的循环体系。

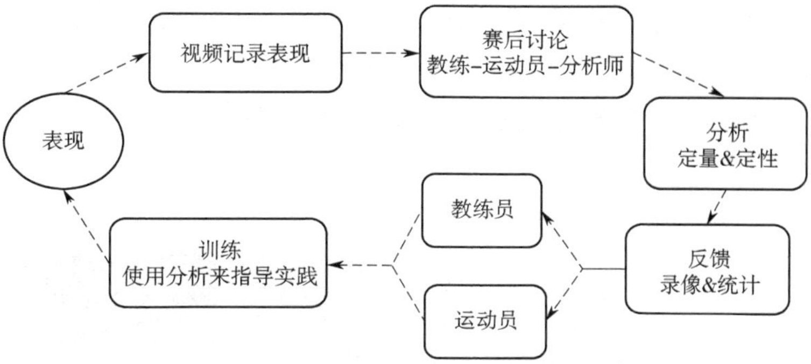

图 5-1　训练-竞赛-科研关系示意图

简单来说，运动表现分析为运动员和教练提供客观信息，助力他们了解并提升团队及球员的表现。分析工作通常由分析员或教练完成，他们在比赛和训练期间会观察和记录关键事件和行为。这些记录既可以关注团队整体表现，也可以聚焦于单个球员。通常，这些事件和行为会被标记在时间轴上，随后由运动表现分析软件生成详细的统计数据。当这些数据以图表和图形的形式直观展现时，就能为教练和球员提供即时且准确的反馈。此外，运动表现分析还能提供视频资料，帮助球员直观地了解自身的不足和改进方向。

运动表现分析有助于教练和球员全面认识团队及个人的优势和劣势，从而完善比赛计划、提升球员技能，并为即将到来的比赛做好更充分的准备。为了持续取得成功，教练和球员必须深入了解哪些比赛计划、策略和变化是行之有效的，哪些是徒劳无功的。而运动表现分析正是基于实测数据提供这些观察结果，而非依赖于猜测或直觉。借助运动表现分析，教练能更轻松地洞察构成优异或糟糕表现的要素。研究表明，教练在比赛中通常只能关注到大约 40%的关键绩效因素。如果所观察到的信息不准确，那么球员的表现提升就会受到限制。相比之下，基于运动表现分析数据做出的决策显然更为精准。

运动表现分析还有助于球员提升技术和战术意识。当球员了解到自身的改进空间时，他们就能明确应该将时间和精力集中在哪些方面。这样，球员就能做出更加明智的“比赛中”决策。知识就是力量，如果团队成员充分了解比赛计划、最佳执行方式以及队友的表现，那么在压力下做出决策就会更加得心应手。所有这些因素都将增强团队成员的比赛信心，促使他们展现出更出色的表现。

5.2　运动表现分析的发展与分类

运动表现分析最初被称为“运动计数分析(notational analysis of sports)”，主要涉及对体育比赛中的关键事件、行为和技战术变量进行记录。其历史可以追溯到 20 世纪 20 年代，当时 Rudolf Laban 在舞蹈分析中创立了一种计数系统。运动计数分析被视为运动表现分析的前身，具体的发展历程如图 5-2 所示。由于两次世界大战带来的社会动荡和经济停滞，20 世纪 60 年代前运动计数分析的发展相当缓慢。然而，随着电子信息技术和体育运动的快速发展，到了 20 世纪 70-80 年代，在 Mike Hughes、Thomas Reilly 和 Ian Franks 等一批研究先驱的推动下，运动计数分析在运动科学领域逐渐站稳脚跟。

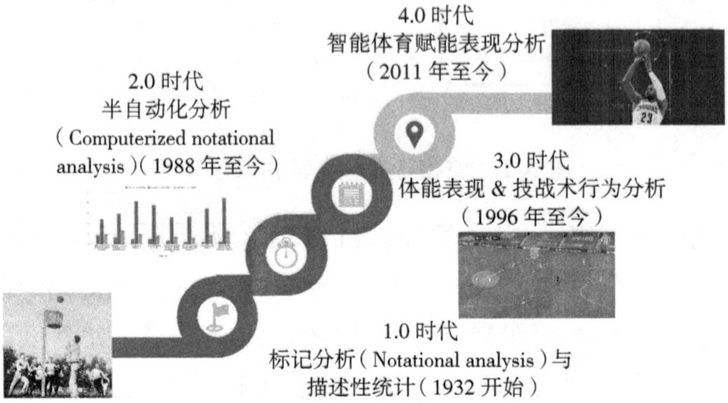

图 5-2 运动表现分析的发展历程

进入 20 世纪 90 年代，运动计数分析迎来了高速发展期。1991 年，第一届“世界运动计数分析大会（World Congress of Notational Analysis of Sport）”在英国举行，同年，“国际运动计数分析协会（International Society of Notational Analysis of Sport）”成立。每两年一届的“世界运动计数分析大会”对这个学科的推广与发展起到了至关重要的作用，越来越多的欧洲和北美高校及研究机构开始设立相关专业。正是在最初的几届大会中，运动计数分析专家和运动生物力学专家决定将“运动计数分析”更名为“运动表现分析（sport performance analysis）”。相应地，“世界运动计数分析大会”和“国际运动计数分析协会”也分别更名为“世界运动表现分析大会（World Congress of Performance Analysis of Sport, WCPAS）”和“国际运动表现分析协会（International Society of Performance Analysis of Sport,ISPAS）”。

2001 年，国际运动表现分析协会创办了期刊《International Journal of Performance Analysis in Sport》（《国际运动表现分析杂志》），该期刊于 2013 年被 SCI 收录。此外，在运动科学领域颇具影响力的两个 SCI 期刊——《Journal of Sports Sciences》（《体育科学杂志》）和《European Journal of Sport Science》（《欧洲体育科学杂志》）也都开辟了“运动表现分析”专栏。至此，运动比赛表现分析相关研究的发展和学科体系建设已达到相对完善的状态。

2013 年，国际运动表现分析协会推出了最新的 5 级“运动表现分析”资历认证标准，如表 5-1 所示，为运动表现分析领域的从业资格和人才划分提供了依据，进一步完善了该学科领域的人才培养机制。

表 5-1　运动表现分析资历认证标准

证书等级	学术科研路径（Scientific Route）		体育实践运用路径（Applied Route）	
	申请资格	授予头衔	申请资格	授予头衔
1 级证书	本科生	从业资格（Practitioner）	视频编辑、剪切，数据收集、分类等实践工作者	实践者资格（Practitioner）
2 级证书	硕士研究生 本科毕业实习生	俱乐部资格（Club）	俱乐部教练助手	俱乐部实践者（Club）
3 级证书	博士研究生	研究者（Research）	专业体育机构正式雇佣的表现分析师	高水平运动分析师（Elite analysis）
4 级证书	讲师	学者（Academic）	国际水平运动员/运动队的表现分析师	国际水平运动分析师（International）
5 级证书	专家教授	专家学者（Academic expert）	专业体育机构表现分析负责人	世界水平运动分析师（World class）

根据运动项目的不同，Scopus 数据库中对搜索到的 3 958 篇论文进行了分类，共涉及 30 个热门运动项目。其中，足球以 722 篇论文和 18 560 次被引用的成绩成为最热门的研究项目，自行车和篮球分别以 220 篇和 200 篇论文紧随其后，位列第 2、3 位。排球作为另一大球类运动，位列第 7，共有 124 篇论文。在拍类运动中，网球最受关注，位列第 10，共有 90 篇论文。而在搏击类运动中，柔道成为研究焦点，相关论文有 44 篇，位列第 18。从结果中可以看出，运动表现分析领域几乎涵盖了世界上所有的主流运动项目，且包含了绝大多数夏季奥运会比赛项目。值得注意的是，仅有滑冰和滑雪两个冬季奥运会项目位列其中，分别排在第 16 和第 20 位。因此，冬季项目在运动表现分析领域的研究仍需加强。

作为一个科研领域，运动表现分析的发展轨迹与其论文数量、作者数量和被引用次数紧密相连。相关论文自 20 世纪 70 年代开始在国际运动科研期刊中出现，经过 80 年代的平稳发展，从 90 年代中后期至今，进入了高速发展时期。

表现分析作为体育科学研究的一个分支，吸引了众多利益相关者（如教练、技术人员、表现分析师、经理、媒体、球迷和球员等）的广泛关注。新技术（如跟踪系统、视频分析等）的开发和实施为测量个人或团队表现提供了多种实际应用，进一步加强了运动表现分析的重要性。传统方法主要侧重于静态的回顾性表现分析；然而，现代研究人员越来越多地采用动态和复杂的分析方法（如非线性多维尺度、分类和回归树、逻辑回归等）来更深入地了解训练和比赛期间的运动表现。

这种方法为评估运动员在环境和任务相关因素下的行为维度提供了框架。在评估与比赛相关的环境和训练任务时，建议整合生物力学、生理学、心理学、技术、战术以及位置和力量等多方面的信息，以避免单一方法的局限性。创新的运动表现分析结合新技术，有助于更深入地了解球员和团队在真实和生态环境中的行为，从而促进更好的表现发展和应用。

随着体育专业精神和数据收集的发展，教练组、运动员和表现分析师面临新的场景，需要适应性工具来满足对体育表现的各种需求（如人机交互、视角、创新、多功能性、可视化、评估、反馈以及未来规划等）。运动表现分析可根据不同的划分方法进行分类，如按参与人数可分为个人、双人和团队；按研究变量可分为体能、位置、技术、战术、心理和教学等；按研究对象可分为运动员、教练员和裁判员等。此外，还可将运动表现分析的内容划分为表现分析、表现评估、信效度分析、非线性表现、战术分析、性别分析以及环境变量和体育新技术等类别。根据本章节所讨论的内容，分析与应用方向可以划分为五个类别，即技术动作、技术效率、战术与决策评估、体能与移动和行为与心理，如表 5-2 所示。

表 5-2 运动表现分析的类别

分析与应用方向	运动员	教练	裁判
技术动作	√		
技术效率	√		
战术与决策评估	√	√	√
体能与移动	√		√
行为与心理	√	√	√

5.3 比赛表现数据采集智能化

本小节将以 Kinexon、鹰眼以及足球大数据系统为例，重点阐述可穿戴设备、视觉领域应用以及大数据系统在比赛表现数据智能化采集方面的应用。

5.3.1 Kinexon

FIFA 国际足联于 2015 年批准了电子表现和追踪系统（Electronic Performance and Tracking Systems，EPTS），并要求设备供应商提供相关医学证明，以确保设备不会对场上球员构成任何威胁。在 2018-2019 年期间，FIFA 对全球主要的追踪系统供应商进行了设备安全与精度的检测，并出台了可穿戴设备规格、检测流程和数据形式的标准，使得可穿戴设备在比赛中的应用逐渐标准化和完善。

KINEXON 是一家总部位于德国慕尼黑的私营企业，创立于 2012 年。企业的两位联合创始人——奥利弗·特林凯拉博士（Dr. Oliver Trinchera）和亚历山大·霍肯伯灵博士（Dr. Alexander Hüttenbrink）都曾是慕尼黑工业大学的科学家。自公司成立以来，KINEXON 一直致力于借助先进科技连接世界，专注研发精准定位与运动感应设备及其配套方案。凭借公司的两大核心科技创新——精确到厘米级的传感器网络技术和运动感应设备，KINEXON 在物联网领域的主攻方向包括工厂物流和运动训练监控。

Kinexon 提供了一套基于超宽带技术的本地定位系统运动员追踪设备,可以完成球员跟踪并实时提供运动员监控数据。这套设备使用厘米级精度的 3D 位置数据,为用户带来全新维度的精度体验,同时适用于室内和室外环境。它整合了运动数据,能够检测加速、减速和方向变化,还可以集成附加数据,例如动态心率的传输。现在,Kinexon 的技术甚至已经集成到球中,支持球员和球在所有方向上的移动,最高精度可达 10 cm,并能在 20 ms 内实现实时反馈。

Kinexon 的基站(Sensor)具有非常高的精度和稳健性。其独特的射频技术确保了精确到厘米的位置跟踪,而可变的标准化通道则能有效避免干扰。基站采用 WiFi 即插即用设计,无线基础设施便于室内外设置,具有简单、可扩展且经济高效的特点。集线器功能则能无缝集成附加数据并与第三方系统兼容,超低延迟的实时统计为用户提供即时反馈和媒体内容。

Kinexon 的追踪标签(SafeTag)可以记录 x、y、z 三轴位置上的变化,更新率高达 60 Hz。同时,内嵌的 9 轴惯性传感器能够记录运动学数据(加速度计、陀螺仪、磁力计),用于检测加速/减速、旋转和方位角(滚动、俯仰、偏航)。标签采用蓝牙连接和低功耗接口,用于连接和传输来自其他附加传感器(例如心率带、汗液传感器)的数据。此外,其轻便(仅 14 克)和小巧的设计便于穿戴于肩胛骨之间或短裤里,能够持续工作 4 小时,并在 1 小时内充满电。如图 5-3 所示。

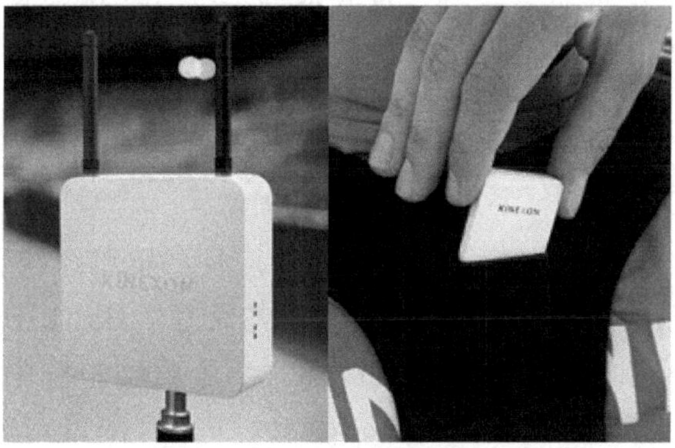

图 5-3　Kinexon 的基站与追踪标签

除此之外,Kinexon 还能为运动员和教练员提供专业性的体能负荷监测。用户可以人为设定训练强度、跑动负荷强度、冲刺速度的阈值,同时还可以监控心率变化。其中,机械负荷是指球员在不同强度下进行的加速和减速次数的加权总和;体能负荷则用于衡量球员根据体重所跑过的速度和距离;加速、减速和冲刺事件则按不同阈值分类为持续爆发性运动计数。跑动距离则包括覆盖的总距离和每分钟千米数。完成球场标定后,系统还可以提供球员在球场不同速度区域所花费的时间和距离,并记录重要的跳跃次数和高度等信息。

德甲官方使用的 SELECT/Derbystar 比赛用球中嵌入了 Kinexon 的 xBall 传感器,

该传感器的重量不到14.175克，能够跟踪比赛速度、球的运动轨迹、触球情况以及球的旋转数据。在会议上，Kinexon展示了如何利用这些数据为直播提供新的统计数据和增强图形。随后，德国足球联盟在两个德甲学院俱乐部之间组织了一场比赛，该比赛使用了嵌入Kinexon传感器的比赛用球来实时跟踪数据。这场比赛的对阵双方是FC Köln的21岁以下球队和门兴格拉德巴赫的19岁以下球队。此外，Kinexon还在球场周围安装了本地定位系统（LPS），以辅助跟踪球的运动。

总部位于慕尼黑的Kinexon自2018年开始在德国四级足球比赛中应用其智能球技术。2022年2月，嵌入Kinexon传感器的SELECT/Derbystar球成为首个获得FIFA Quality Pro认证，并指定用于联赛比赛的足球。葡萄牙联赛作为该国的顶级足球联赛，在四月开始的季后赛中首次使用了这种智能球。

与此同时，Catapult也是一种可穿戴设备，在团队运动中有广泛应用。它基于GPS全球定位系统配置，能够监测速度、轨迹、冲刺等体能信息。此外，Catapult还为普通球员和守门员分别设计了不同的佩戴标签。尽管Catapult仅适用于室外场景，但其在配置和架设装备上相对便捷，并且能够实时生成可视化的数据报告，为运动队提供高效的数据支持。

Drive Hockey的冰球比赛追踪系统则致力于为青少年比赛提供与职业球员相同的数据分析待遇。该系统的部署相对简单，只需在冰场周围部署12-14个可移动的追踪锚，并让球员佩戴小型传感器装置或将传感器插入球杆末端。击打带有传感器的冰球后，系统便可以开始采集球场上的各类数据。为了在冰场上标记这些移动锚的位置，该公司建议使用地板上的透明贴纸进行初步测绘。

5.3.2 鹰眼（Hawk-Eye）

鹰眼系统是一套在板球、网球等运动中广泛应用的电脑系统，能够追踪记录球的路径，显示实际路径的图形图像，甚至预测球未来的路径。Hawk-Eye是一个精准的摄像系统，可在比赛期间实时追踪球的轨迹，被视为当今运动领域中最先进的裁判工具之一。该系统由英国汉普郡拉姆西的Roke Manor研究有限公司的工程师于2001年开发。这项专利由保罗·霍金斯医生和大卫·雪利共同持有。随后，这项技术从原公司中独立出来，成立了名为“鹰眼系统创新有限公司”的企业，并与电视制作公司Sunset+Vine进行了合资。

“鹰眼”的正式名称是“即时回放系统”，其技术原理虽不复杂，但执行起来极为精密。该系统主要由8个或10个高速摄像头、四台电脑以及一个大屏幕组成，如图5-4所示。首先，通过电脑的计算，将比赛场地内的立体空间精确分隔成以毫米为单位的测量网格。接着，利用高速摄像头从不同角度同时捕捉球的飞行轨迹数据。然后，这些数据通过电脑处理，生成三维图像。最后，利用即时成像技术，在大屏幕上清晰地呈现出球的运动路线及落点。从数据采集到结果展示，整个过程耗时极短，通常不超过10秒钟，非常适合电视转播使用。

图 5-4　即时回放系统——“鹰眼”组成

这项技术自问世以来便备受瞩目，并荣获了多项大奖。2001 年初，它获得了英国皇家电视协会颁发的科技革新奖；2003 年，又因其在网球转播中的广泛应用而荣获全美电视最高奖——艾美奖的“杰出科技贡献奖”。对于网球界来说，鹰眼技术的引入无疑是一项革命性的进步，其重要性可与 36 年前引入的抢七制相提并论。当队员要求查看鹰眼回放时，实际上是对裁判的判罚提出了质疑，这在一定程度上挑战了裁判在场上的权威地位。作为专门负责审核这项技术使用情况的专家、四届大满贯得主美国名将考瑞尔表示：“对于一项很少改变传统的运动来说，这是一个非常大的进步。”

为了准确测定球的位置，系统需要对球场的各条边线进行软件校准。这样，当球被各部摄像机捕捉到后，其轨迹才能通过画面精准地呈现出来。系统采用 3D 技术来模拟球的运动轨迹，成像依据则是被架设在“边角位置”的三部摄像机所捕捉到的素材。这个过程需要以 2 000 帧/秒的速度从每部摄像机中提取影像，并实时传输给主控电脑。每帧画面都经过精确校准，以确定球的运行路线，并计算出球沿此轨迹运行的落地弹跳点，确保误差控制在 3 毫米以内。

Hawk-Eye 的光学跟踪、视觉处理、视频审查和创意图形技术不仅提升了比赛的公平性和安全性，同时也使比赛更具吸引力和智能化。

凭借射门速度、球的视觉轨迹等实时数据，以及作为 ATP1000 大师赛场外场的“眼睛和耳朵”，鹰眼系统使我们能够更生动地讲述比赛故事并与球迷分享最佳场上时刻。对于制作团队来说，在比赛期间访问额外的视频内容至关重要，他们可以将这些素材提供给全球的广播合作伙伴。在过去的七个赛季中，使用 SMART Replay 主干的多角度回放系统（MARS）能够按需提取比赛镜头的 ISO 角度，极大地减轻了主播的负担。

如今，鹰眼系统可以远程直接访问多场比赛的所有摄像机源，并能够实时导出剪辑内容。这意味着在事件发生后的几分钟内，编辑人员就可以完成剪辑并分发给合作伙伴和网络平台。创新技术正在不断改变体育裁判、制作、内容管理和球迷参与的面貌，而我们的同步多角度回放技术（SMART）正是这一变革的核心基础。“跟踪”系统则是一种用于性能跟踪、球跟踪和对象跟踪的光学跟踪和相机校准技术，为比赛提供了更全面的数据支持。此外，INSIGHT 还提供了一套完整的技术套件，包括数据整理、存储、聚合、交付和可视化等功能，进一步提升了鹰眼系统的性能和应用范围。

除了网球之外，鹰眼系统在足球比赛中也有广泛应用。由于足球比赛中的快速决策需要依赖复杂的技术支持，因此每个球门都安装了 7 个摄像头（一场比赛总共需要 14 个摄像头），这些摄像头通常位于体育场的屋顶以获得最佳视野。摄像头会处理每个图像以精确识别球在球门内的位置，并确定球绝对不在的区域。此外，摄像头还能够捕捉到球的任何图案以进行更精准的跟踪。有些人可能会对这种系统的准确性表示怀疑；但事实上，如果在球门内的 7 个摄像头中有 2 个能够捕捉到球，系统就能够准确定位球的位置。该系统的准确性极高，因此广播公司无需重播可能有争议的判罚决定。一旦球越过界线，系统就会立即向裁判员的手表发送信号，为比赛官员提供即时反馈，确保比赛的公正和顺利进行。如图 5-5 所示。

图 5-5　足球中的鹰眼系统

5.3.3　足球大数据系统

足球大数据系统是一个基于中国足球协会超级联赛（Chinese Football Association Super League，简称 CSL）比赛信息的体育大数据分析系统。该系统专注于足球领域，采用模块化、层次化的设计理念，旨在构建一个包含比赛数据可视化展示、比赛表现评估和比赛实时数据收集与分析的全面且多维度的足球数据分析平台。

该系统主要由三部分组成，分别为数据可视化展示系统、球员和球队的比赛表现评价模型和比赛实时数据收集与分析系统。

1. 数据可视化展示系统

该系统实现了对 2016-2019 赛季 CSL 基础数据的可视化展示。它整合了超过 160 万条的事件数据，构建了一个涵盖赛季整体概况（图 5-6）、球队表现报告、单场比赛报告以及球员个人报告的数据展示平台，全面覆盖了进攻、防守、组织、传球等各个方面，如图 5-7 所示。

图 5-6　足球大数据系统球队界面

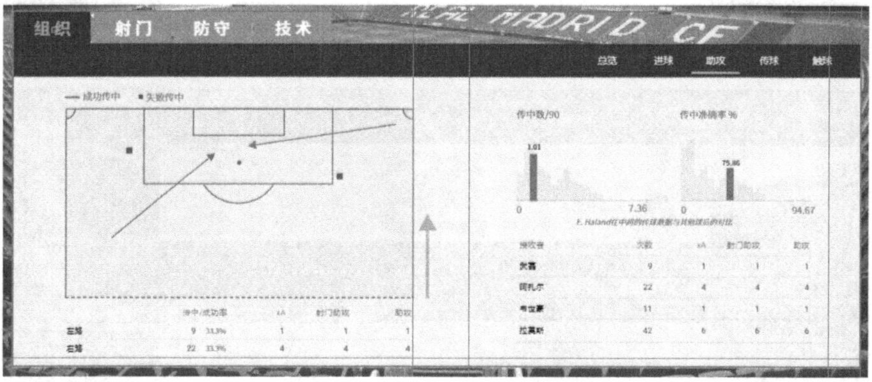

图 5-7　足球大数据系统球队界面

足球运动是一个天然的社交网络，球员之间的传球联系特征反映了球队内部交流联系的固定模式。本环节旨在通过 PCA 主成分降维，将球队传球网络中的多个网络指标归纳为三类传球能力：连接性表现、同质性表现以及聚集性表现。通过对这三类传球能力的综合评分，可以反映球队的传球水平。

连接性表现揭示了球队内部整体的连接水平，反映了球员之间在互通连接上的多样性，这是对球队传球网络表现的总体概括。同质性表现则反映了球队内部是倾向于全民皆兵的整体进攻模式，还是依赖于少数球星承担大部分传接球任务。同质性表现的网络指标包括特征向量中心性和网页排序中心性。聚集性表现则揭示了球队内部存在的一些固定的传球路线和模式，聚集性表现的网络指标包括聚类系数和中介中心性。其中，聚类系数量化了一个球员及其队友在球队中聚集而形成小网络的程度，而中介中心性则反映了球员在最短传球路径上扮演桥梁角色的比例。

2. 球员和球队的比赛表现评价模型

该模型采用非负矩阵分解、支持向量机、提升树模型等机器学习算法，对比赛事件

（如传球、进球、犯规、助攻等）及其他相关数据进行深入分析。我们独立开发了一套运动表现评价系统，该系统涵盖球队球员赛季表现评分、球员比赛风格表现评价以及球队综合表现评分，如图 5-8、图 5-9 和图 5-10 所示。

图 5-8　足球大数据系统球员评分排名界面

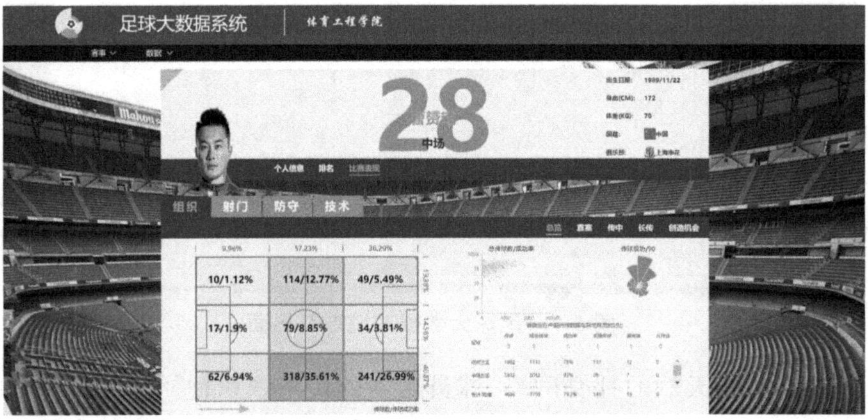

图 5-9　足球大数据系统球员表现界面

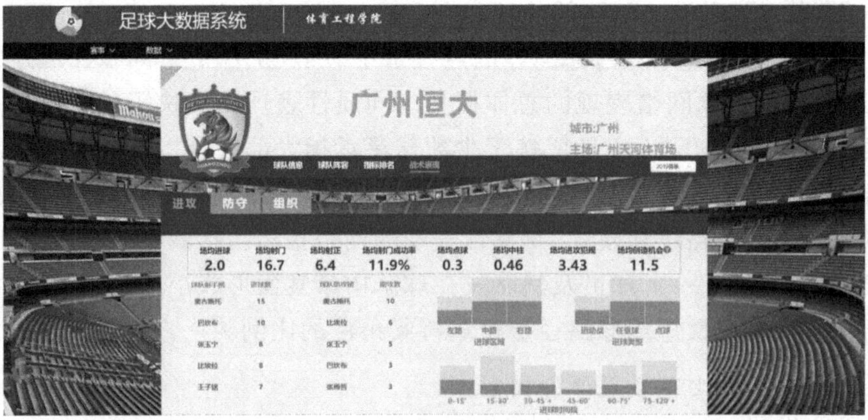

图 5-10　足球大数据系统球队表现界面

球员表现评分由六个部分构成，具体为得分能力、组织能力、技术能力、防守能力、定位球能力和守门能力。在评估得分能力时，我们综合考虑射门坐标、距离球门的长度、角度以及射门结果（进球或未进球）等历史数据，通过机器学习模型精确计算出每次射门的期望进球（xG），即射门得分的概率值。随后，我们将所有球员赛季平均每场比赛的进球数与期望进球数进行聚类分析，划分为高、中、低三个档次。最后，以球员在比赛中的射门表现指标（如射正、射偏、射中门框等）为特征，以上述三个档次为标签，训练机器学习分类模型。通过这一模型，我们能够得出球员在比赛中射门表现所属档次的概率，进而计算出其得分能力评分。

定位球能力则细分为定位球得分能力和定位球助攻能力两部分。定位球得分能力的计算方法与上述得分能力评估类似；而定位球助攻能力则基于定位球的期望助攻值（xA）进行计算，即评估定位球直接创造的后续射门得分的期望值。将这两部分相加，便可得出球员的定位球能力总评分。

对于组织能力和技术能力的评估，我们运用机器学习模型来分析一次组织或技术相关行为（如传球、过人等）后续五个行为中本方或对方射门的概率，通过计算二者之间的差异来得出具体的评分。至于防守能力和守门能力的评分方法，我们也有详尽的定义和计算流程。此外，我们还对球员的比赛风格进行了划分，并对球队的整体表现进行了全面评分。

3. 比赛实时数据收集与分析系统

本系统采用超宽带室内定位技术，实时捕捉球员在比赛中的轨迹数据和体能信息。通过对球队整体及子组的同步性进行实时分析，并结合空间优势计算，为教练员的战术布置提供有力辅助。

在构建球员实时轨迹时，原始位置坐标（范围 0~1）需经过预处理，转换为适应本项目系统的坐标范围（0~100）。为减少轨迹复现的抖动，我们采用 Savitzky-Golay 滤波器算法对原始 25 Hz 位置坐标进行处理。该滤波器能够在不改变信号趋势和宽度的情况下提高数据精度，通过线性最小二乘法拟合相邻数据点的连续子集，实现平滑滤波。其优势在于，可根据需求灵活调整窗宽，满足不同阶段的序列处理需求。

结合前人研究，我们将实时轨迹与空间指标相融合，以可视化方式呈现球队的时空位置信息。空间指标包括比赛宽度、长度、有效比赛空间、越位线、防守球队剩余防守面积以及球队整体和动态子组的协同性。这些指标生成的数据将为教练员的战术决策提供有力支持。同时，采用泰森多边形等方法计算球队在训练和比赛中的空间优势，帮助球队更好地掌控场上局势。

此外，我们根据球员位置数据计算其跑动距离和速度。速度区间划分参考业内知名公司 Amisco 的标准，包括低速跑、慢速跑、中速跑、快速跑、高速跑和冲刺跑。系统中的时空数据均来源于职业联赛，未来若加入不同级别比赛，将根据具体联赛和球员体适能状况调整区间划分。通过对球队体能状况的实时监测和评估，为教练员的换人调整和战术布置提供辅助依据。

技术创新方面,在保留综合评分的基础上,引入提升树和支持向量机等算法,创新性地对球队和球员的各类能力进行全面评价。同时,针对球员比赛风格与球队契合度问题,本项目基于非负矩阵分解开发最新的球员风格区分方法。通过识别和分析各位置球员在每场比赛中的不同风格表现,为球探和教练提供更客观的球员评估依据。在借鉴前人经验并结合足球运动特点的基础上,我们还开发针对足球运动的实时比赛胜率预测模型,为比赛结果预测提供新的视角和方法。

足球大数据系统落地后有望成为国内首个以多维数据采集为基础、结合智能算法进行数据融合与分析的足球运动表现分析方案提供商。在训练赛中应用该系统可提高运动员训练任务的落实效率;在实际比赛中则可辅助教练员实时预测阵型变化、评估运动员体能状态并做出正确决策,从而提升运动队的比赛成绩。

5.3.4 STATS Sport VU 比赛分析系统

尽管本土职业联赛和体育市场并不发达,以色列却孕育了众多在体育世界中耳熟能详的基于计算机视觉的科技公司。仅物理学博士塔米尔一人,就参与创办了奠定篮球数据分析革命基础的 SportVU、基于视频的人工智能教练解决方案 Pixellot、服务于德甲的单机位追踪系统 Track160、3D 比赛视频拍摄 TetaVi 以及服务于赛事的自动驾驶无人机 CamHera 等 8 家公司。此外,Playsight、WSC Sports、Videocites、Physimax、LVision、Movez 等公司也均有以色列背景。这些公司的创始人和他们所使用的技术,大多数源于以色列的国防军工领域。这种独特的模式与以色列的强制征兵制度息息相关,许多优秀的学生被安排到情报单位(如专攻网络安全的 8200 部队和专门从事视觉情报的 9900 部队),使得他们在离开军队后,在科技创业领域兼具丰富的经验和卓越的能力,能够游刃有余地处理庞大复杂的问题。甚至有这样一种说法:以色列国防军是超越谷歌、苹果等科技巨头的世界上最大的技术生态系统。

Sport VU 诞生于 2005 年,由以色列导弹追踪及高端光学识别专家麦基·塔米尔发明。塔米尔后来尝试用相关技术追踪以色列的一些足球赛,分析其中的数据,再后来,这项技术被应用到了追踪 NBA 比赛上。

在集体运动项目中,技战术分析系统对于运动员之间的战术配合与选择是决定比赛结果的重要因素。因此,有必要对运动员在比赛中的运动进行持续跟踪与分析。不同运动项目的技战术分析方法虽不尽相同,但基本步骤类似:首先进行原始数据采集,然后提取有效信息,再对数据进行深入分析。在大部分正式比赛中,运动员身上不允许穿戴额外设备,因此,比赛中的信息采集方式主要为基于视频拍摄的方式。

美国职业篮球联赛的金州勇士队被公认为利用人工智能技术获得赛场上战术优势的代表。2010 年,勇士队开始使用智能篮球比赛分析系统 SportVU。该系统由悬挂在球场上空的 6 个运动跟踪相机构成,可以自动完成对球员以及篮球的追踪,进而分析出球员每一次运球、传球以及与队友的间距和在比赛中的跑动距离等。除了可以提供传统助理教练依靠纸笔记录完成的几乎所有数据记录外，该系统更能够回答大量传统数据分析师无法回答的问题，例如："当球员 A 持球超过 5 秒再传球给球员 B 时，球员 B 的命中率是多少？"SportVU 把过去无法量化的、看似混乱的比赛信息转变成可以进一步深入挖掘的数据集合，再使用机器学习方法进行应用，帮助球队数据分析师与教练更好地洞察球队的内在运行规律。依据这些数据分析结果，勇士队进行了大刀阔斧的战术调整。这个曾被认为是一场战略赌博的改变令球队收获了令所有人吃惊的出色效果。在这个实践中，智能化的数据分析系统为比赛提供了另一种理解方式，对传统的教练执教方法形成了良好的补充，甚至在一定程度上起到了替代作用。

SportVU 系统能够追踪每一名球员在球场上的动作。信息获取能力的提升带来了待处理数据量的大幅增长，这导致系统能够追踪的信息远超教练个人所能够分析并理解的信息量。SportVU 的使用者普遍认为，所使用到的数据比重不及系统所提供数据总量的 10%。为了能够更好地挖掘数据价值并发展人工智能技术的重要性，SportVU 转而全面采用人工智能公司 SecondSpectrum 的解决方案。SecondSpectrum 是一家以计算机视觉分析见长的人工智能技术公司。其系统除了能够对运动员与球进行连续追踪外，更能够借助人工智能算法全面理解比赛的策略并做出趋势概率的预测。值得一提的是，NBA 与人工智能数据公司 SecondSpectrum 和 Sportradar 一起共同签订了 6 年的合作协议，合同金额超过 2.5 亿美元。这个创纪录的合同金额足以说明人工智能技术目前在 NBA 中受到的重视程度。NBA 对于合作公司的重新选择体现了其对人工智能技术领先性的重视。相比于 SportVU，SecondSpectrum 借助人工智能算法更加深入地对数据进行挖掘，解读数据背后的运动规律。例如，以挡拆为例，系统可以识别出各种不同的掩护，判断掩护者是准备挡拆后切入还是掩护后的切出，以及防守球员应该如何响应、换防或者补防、夹击。同时，计算出与每种战术相应的成功率。具备了更高智能的 SecondSpectrum 事实上已经扮演了一名具备一定自主分析能力的篮球教练的角色。这正是未来人工智能教练或数据分析师的重要技术发展方向。

尽管有 SecondSpectrum 这样的成功案例，但这并不代表目前的人工智能技术已经发展到了足够成熟的程度。在未来几年中，人们将会看到这个领域出现快速的、长足的发展。一方面，在信息采集上不断有新的技术突破。例如，在 2018 年 1 月的 CES 展上，英特尔展示了其最新的 TrueView 技术。该技术利用安装在球场周围的多个高清 5K 摄像头，对镜头内的三维空间进行信息采集，空间中的每一个单位体积被称为"voxel（三维像素）"，与平面摄像中的"pixel（像素）"概念相对应。这样的立体信息采集方式，应用在橄榄球场中，每分钟就会产生 3 TB 的采集数据。如此海量且精准的信息，无疑为人工智能方法提供了更大的发展空间。另一方面，以深度学习为代表的人工智能技术发展突飞猛进，在图形图像处理、自动驾驶等方面取得了巨大的成绩。当这些研究方法更多地被引入体育分析中后，无疑将对行业带来巨大的冲击。

目前，NBA 的 30 支球队都使用了 Sport VU 系统。每座球馆天花板上空都悬挂有 6 个与计算机连通的摄像头，每个半场设置 3 个，如图 5-11 所示。这些摄像头每秒能抓取 25 幅图片，每张图片都记录有时间，并由计算机自动处理。计算机可以为比赛实况报道提供数据。Sport VU 系统能够追踪每一个球员的每个动作，包括每次传球、投篮、触球、移动、与队友的距离，以及全场比赛的跑动距离等比赛相关数据都会被记录。球队可以根据获取的数据调整队伍的战术安排，并为未来球队的战略调整提供依据。

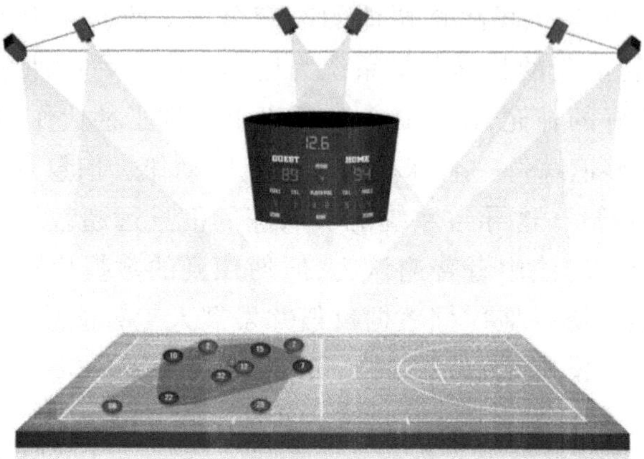

图 5-11 STATS Sport VU 数据采集系统

Sport VU 通过智能分析，帮助教练更加细致、深入地观察比赛中的细节。下面就 Sport VU 在训练与比赛中的应用进一步举例说明。

1. 投篮

个人最佳投篮位置的选择、最佳投篮方式的选择以及防守策略的制定。通过 Sport VU，教练可以追踪每个球员的投篮弧度对比，分析运球后投篮、接到传球后投篮的命中率。统计表明，雄鹿队球员阿特托昆博的得分主要集中在“三秒区”内，如图 5-12 所示。他身材高大，但脚步灵活，让与之对位的球员难以防守。他擅长从三分线起步，以大幅度的欧洲步突破，遇到夹击则分球，找到空当便直接上篮。但是，通过 Sport VU 的分析可以清晰地看出，阿特托昆博在外线投篮方面存在不稳定的问题，尤其是在某些位置的命中率极低。因此，针对他的风格特点，雷霆队制定了专门的防守策略，逼迫阿特托昆博无法在舒适区出手，使其屡屡勉强传球，从而大大降低了球队的整体投篮命中率。

通过 Sport VU 的数据分析，教练不仅可以了解每个球员在每个区域的命中率，还可以客观掌握比赛过程中球员投篮技术的运用情况。例如，在有防守状态下和无防守状态下投篮的命中率和弧度的差异性，以及接球之后立即投篮和调整之后投篮的命中率及弧度的变化。这些数据对于完善球员的个人技术以及制定针对性的防守策略都至关重要。

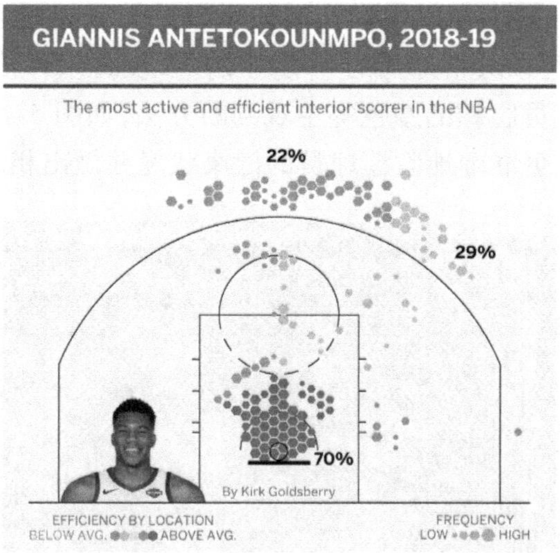

图 5-12　2018-19 赛季雄鹿队阿特托昆博得分分布

2. 篮板

球场上场均篮板数最多的球员常被誉为最佳篮板手，但这个数据仍然无法全面反映球员对篮板的控制力。通过 Sport VU 的分析，教练能够深入探究过去可能从未留意过的篮板数据。例如，利用篮板机会（指球员距离球 1 米的范围内，有希望拿到篮板时）抓下的篮板数。在 2011/2012 赛季中，杜兰特在 422 次距离球 1 米以内的机会中抢到了 308 个篮板球，而加内特在 450 次这样的机会中却只抢到了 297 个篮板球。这些数据为教练提供了更全面的评估球员篮板能力的依据。

3. 传球

由于不同球队的球员身处不同的环境，因此很难直接比较他们的传球能力。例如，在 2012/13 赛季中，大多数人可能认为纳什是比朗多更出色的传球手，但事实上朗多的助攻数却更高。这是因为当朗多送出传球后，其队友的接球后投篮命中率更高，从而使得朗多的助攻数更高。Sport VU 可以提供更加多样化的数据分析手段，例如分析某球员接应另一个特定球员传球的投篮命中率等，从而帮助教练更加细致地对数据进行分析和评估。

4. 运动能力

Sport VU 的一项革命性功能在于它能够在无需任何可穿戴设备的情况下测量球员在某场比赛中的移动速度、弹跳高度以及完成投篮的时间等关键指标。此外，该系统还能准确记录球员在球场上全速奔跑的速度和距离，为教练提供更全面的球员运动能力评估数据。

5. 健康状况

教练通常会根据球员的身体语言来判断其疲劳度，但这种方法往往存在主观性和偏差。通过 Sport VU 的数据分析功能，球队可以更加客观地了解球员的体能变化情况。具体而言，该系统可以分析球员的平均速度以及变化来评估其体能状态，而不是仅仅依赖助力教练观察球员脸颊的颜色等主观判断方法，如图 5-13 所示。这种科学的数据分析方式有助于教练更准确地掌握球员的健康状况并做出相应的调整安排。

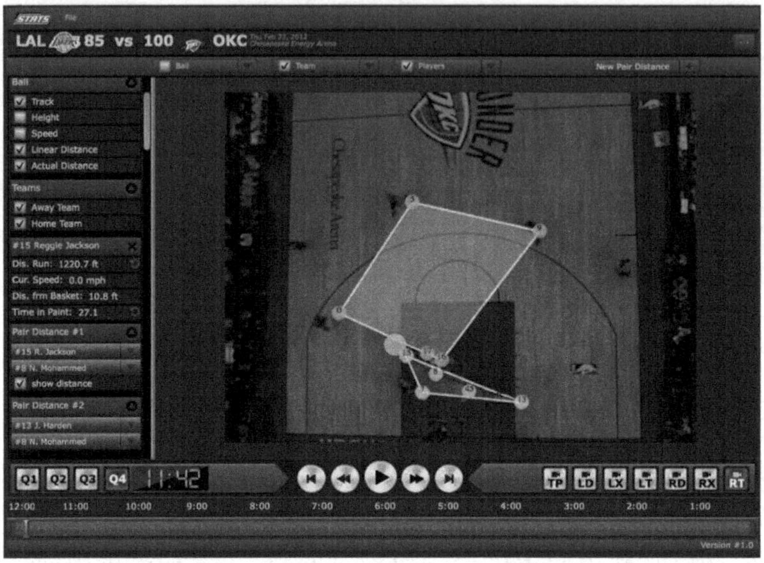

图 5-13　STATS Sport VU 数据分析

5.3.5　其他技术与应用

还有一些技术用于感知并收集运动员、运动器材（如球、球拍、球杆、滑板等）在训练与比赛中产生的各类数据。这些技术主要包括：用于记录方向、冲击力、加速度的惯性传感器，记录位置、距离、速度、进行人体识别、动作识别的全球定位技术，超宽带定位技术，光学技术，红外热成像技术，以及线阵摄像机等。测量速度和方向的技术有激光雷达技术，测量心率的技术包括 LED、ECG、BCG 技术，而测量肌电和脑电则依靠 EMG 和 EEG 技术。在信息传输方面，则运用了 NFC、ZigBee、WIFI、蓝牙、4G、5G 等技术。

数据采集的智能化离不开先进的传感技术。此类传感设备具有柔韧、可弯曲、可拉伸、可回复等特性，改变了传统无机固体器件刚性的物理形态，极大地促进了人机共融。同时，这些设备集成了嵌入式技术、人工智能技术、可视化技术，确保其数据的采集和校准的准确性。可穿戴设备通常会将惯性传感器、压力传感器、肌电传感器等集成在一起，用于分析如手部精细动作等多种信息。同时，通过虚拟化建模，将检测到的数据在虚拟现实场景中模拟，以提高其交互性和可视化程度，从而可用于功效性的训练。

基于贴附式动作捕捉系统的运动生物力学研究，为避免数据手套类采集方式可能出现的传感器与手部位置滑动、累积误差、影响手感等问题，开发了一种贴附式手部精细动作惯性动作捕捉系统。该系统可以用于乒乓球、羽毛球、网球等运动的生物力学研究。另外，基于石墨烯薄膜的柔性可拉伸弯曲传感器，结合运动学、动力学的知识，可对人体各个关节的运动学信息进行捕捉。这种传感器具有良好的可延展性、生物相容性、高分辨率和良好的线性度，可以实现手指姿态数据和指尖压力数据的双模态融合，同时具有良好的柔顺性、延展性、生物相容性和手势识别准确率。

高性能的柔性织物应变传感器具有优异的灵敏度、量程、耐久性与稳定性，可直接贴附于人体皮肤，实现人体关节运动、声音语言、脉搏状态、呼吸频率等多种生理信息的检测或识别。此外，可穿戴足底阵列式多维测力系统可对足底各个区域的三维受力进行实时测量和分析，具有可穿戴性且不受空间范围限制。这一系统能够弥补传统足底压力测量方式的缺陷和空白，实现足底受力检测的精细性、多维度、动态性的全息实时智能感知。

1. Track160 足球智能分析系统

Track160 是一款独特的系统，仅需单点摄像头部署便能完成追踪数据采集，如图 5-14 所示。除了大多数系统都具备的功能，如球员跑动数据（冲刺速度、跑动距离等）和赛场事件识别（传球、射门等），它还独具特色地能根据标签筛选自动生成相应的视频剪辑，例如全队所有的防守失误或某位球员的所有冲刺画面。此外，该系统还创新地定义了危险指数和控制指数，综合考量多种信息以计算每一帧中球队所面临的危险程度以及对比赛的掌控力。值得一提的是，Track160 还具备姿态识别功能，能够生成球员的三维骨骼图，进而判断球员在执行如接球、射门等动作时的朝向，为数据分析增添了新的维度。

图 5-14　Track160 固定与便携式摄像头

对于教练们而言，时间和金钱是除了顶尖俱乐部之外最为稀缺的资源。鉴于此，Track160 致力于提供既经济又高效的解决方案。相较于那些需要环绕球场部署的硬件设备，Track160 的单一位置部署摄像头系统显然更具成本效益。其深度学习技术能够自动辨识场上事件和球员动作，并快速生成相关视频剪辑。这种技术不仅让追踪数据广泛应用于各级足球赛事，也使 Track160 成为顶尖俱乐部在训练场馆中的理想第二系统，甚至能够服务于低级别职业俱乐部的比赛日数据采集，乃至普及至业余球队。

Track160 的强大 AI 功能极大地减轻了教练和数据分析师的工作负担。他们无需再手动标记赛场事件或拼接相关视频片段，因为这些烦琐且耗时的任务已由深度学习算法高效完成。球员的各种身体移动数据，如冲刺、加速和跑动距离等，均可由算法精确计算得出。同样地，赛场事件数据如传球网络和射门数据也能得到准确的处理和分析。

2. SMT 赛车数据分析系统

SMT 赛车数据分析工具是基于卫星定位（GPS）、惯性测量单元（IMU）以及发动机控制单元（ECU）所收集的各种详细数据构建的。在获得纳斯卡赛事（NASCAR）官方的授权后，SMT 成功地将这套系统安装在了赛车上。SMT 不仅配备了 GPS 系统，还与俄罗斯的格罗纳斯（GLONASS）定位系统兼容，能确保利用 10 到 12 颗卫星进行三角定位，定位精度高达 2.50~2.54 厘米。同时，ECU 能够采集赛车的刹车、油门以及转向等关键数据。目前，众多纳斯卡赛事车队和车手都选择采用 SMT 的数据分析系统，以优化驾驶策略、积累比赛经验并打磨操作细节。

此外，该分析系统不仅是一个简单的数据库；它还借助 Unity 游戏引擎，为观众呈现虚拟比赛画面，使人们能够从各种难以想象的角度观看比赛——这与 MLB 的 Statcast 3D 和布鲁克林篮网队的 Netaverse 所实现的效果异曲同工。在单车排位赛中，转播方可以在屏幕上展示 SMT 开发的“幽灵车”。当车手出发后，这辆“幽灵车”将与真实车手同场竞技，从而可以直观地对比两位竞争对手的驾驶表现，如图 5-16 所示。

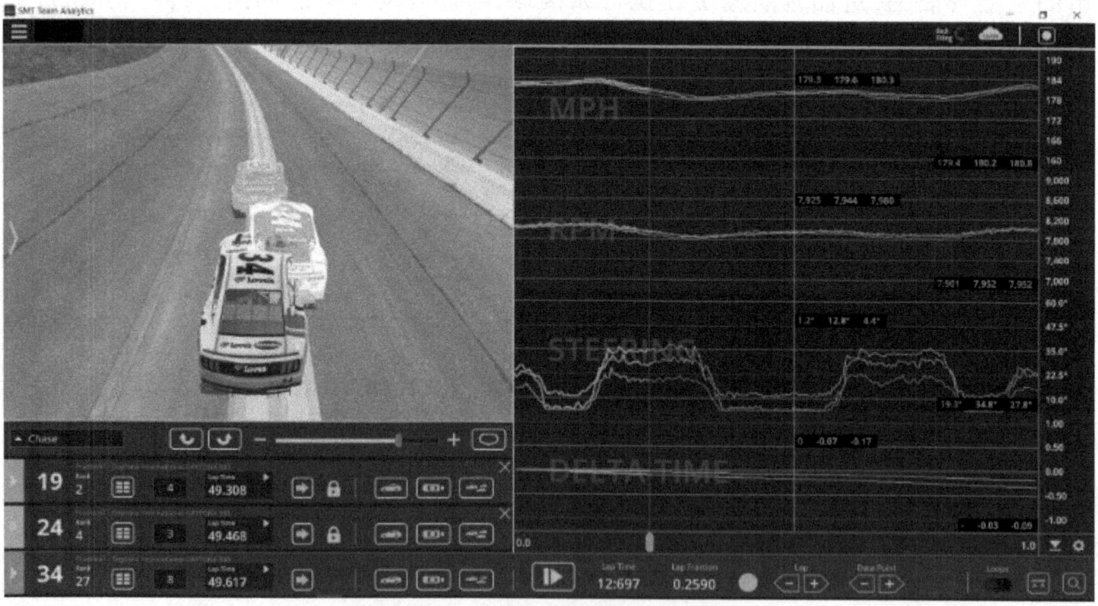

图 5-15　SMT 的车队分析工具

5.4　大数据驱动的比赛表现分析现状

前文介绍了关于人体生理数据、运动技术数据及运动表现数据的相关采集技术，并通过典型案例阐释了这些数据如何在不同运动项目领域中为训练提供助力。随着科技的日新月异，数据采集方式持续进步，新型技术手段层出不穷，使得与体育运动相关的可采集数据种类及数据量均得到迅猛增长，进而为大数据分析奠定了坚实基础。

在竞技体育高速发展的时代，教练员与研究人员应积极搜集各类信息，充分利用大数据分析手段，将其全面融入训练与比赛的各个环节，包括基于大数据的体育决策管理。科学的决策管理依赖于大量真实可信的数据，并按照特定程序进行。目前，体育决策支持系统按其实现方法主要分为三类，一是基于人工智能的智能决策支持系统、基于大数据库的智能决策支持系统，以及基于范例推演的智能决策支持系统。其中，基于人工智能的系统涵盖了专家系统、机器学习等不同类别；二是基于大数据库的系统则是通过对数据库中数据源的综合分析，揭示隐藏在数据中的总体特征和发展趋势，进而进行决策；三是基于范例推演的系统，该系统是从过往经验（即构成范例库的历史事件）中寻找解决当前问题的线索。在实际应用中，这三类方法亦可结合使用。

基于海量、多源、多类别的数据，对运动员训练、技术以及比赛战术等进行深入剖析，挖掘更多内在规律，以提升运动员的训练与比赛水平，这已在实际应用中取得了显著成效。接下来，我们将对相关的典型案例进行具体介绍。

5.4.1　足球

1. SAP 大数据比赛分析系统

德国国家足球队能够最终夺得 2014 年世界杯冠军，除了球队本身具备的强大实力外，其背后的大数据分析也起到了巨大的作用。早在 2013 年，德国足协就与著名的 SAP 公司建立了合作关系，以提升和优化足协的业务流程。之后，为了提升国家队的比赛成绩，双方的合作延伸到了联合创新以及软硬件系统解决方案方面。SAP Match Insights 正是这项合作的产物。在这个系统中，球员的鞋内和护腿板中放置了传感器，整个训练场地内也布满了传感器。通过这些装置，系统能够捕捉球员的各种细节动作和位置变化。他们的跑动和传球路线被实时传输到 SAP HANA 平台上，如图 5-16 所示。经过后台迅速处理，教练只需手持平板电脑就能在 Match Insights 的界面上获取球员的全部数据和录像。

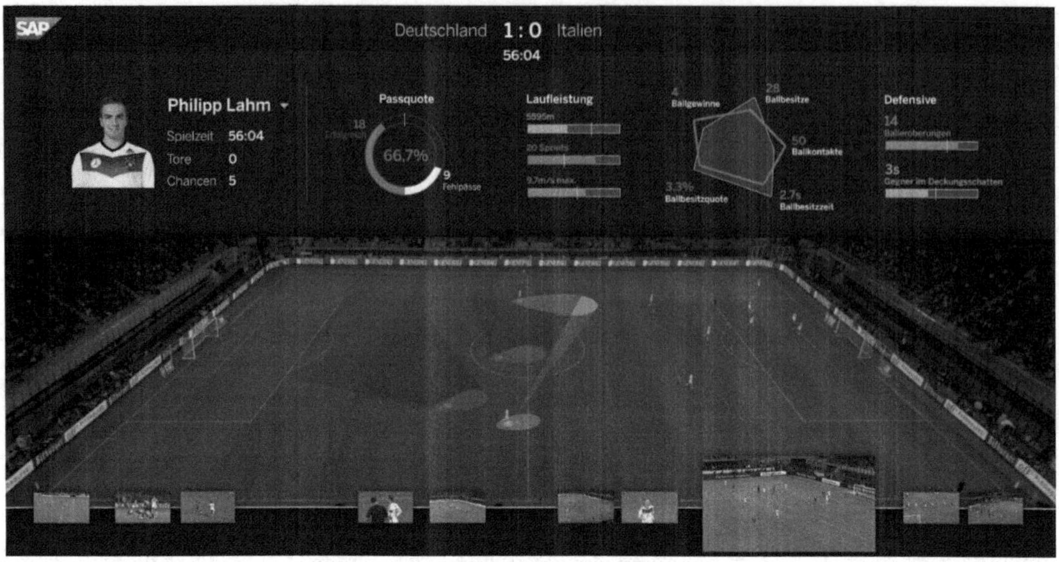

图 5-16 SAP HANA 平台系统

在这些数据中,所有球员的运动轨迹、进球率、攻击范围等都会实时呈现在界面上,供教练员进行决策。德国队教练在技术人员的帮助下,利用应用程序将球员技术数据、场上情况及相应的解决方案发送给球员,以帮助球员更全面、清晰、详细地了解和调整自己的技战术和场上表现。

除了了解自己,德国队还利用这一工具对比赛对手的技术数据进行分析,并根据分析结果确定相应的战术。比埃尔霍夫举例说:"在与法国队对阵前,我们通过数据分析发现,法国队非常注重中场,但在两翼留有空当,所以我们确定了针对这些区域出击的战术。"

战胜两支南美劲旅——在决赛中击败阿根廷以及在半决赛中大胜东道主巴西,德国其实是有备而来。德国队与科隆一所体育大学合作,由该校约 50 名体育专业学生组成的研究团队对南美球队和球员的大量数据进行分析。比如,在对巴西队的分析中就包括了巴西球员在压力状态下擅长使用的路线,以及犯规后的反应等。德国队助理教练弗利克在巴西对当地媒体说,研究团队深入研究了对手球队的几乎所有相关细节,"这些数据分析帮助我们了解对手,制定比赛计划,对我们备战非常有利"。

我国山东鲁能足球队也是较早使用决策管理平台的职业体育俱乐部之一。鲁能与德国科隆体育大学等相关单位合作,目前已拥有一套集赛事分析、体能检测、疲劳监控、运营辅助等为一体的决策管理系统。该大数据决策管理系统主要围绕提升俱乐部竞赛成绩、提高运动员身体机能及竞技水平、辅助提升俱乐部运营管理水平等目标展开。同时,也全面开展了比赛技战术分析、运动员疲劳监控与伤病预警等大数据分析及应用。该系统构建了以比赛、球队、球员、训练、球探/评价、生理检测、伤病管理、运动营养、运动心理、运营辅助、教育、沟通交流等 12 个功能模块为主的功能架构,并以此架构为基础进行功能的深化应用和提升。

2. WhoScored

WhoScored 是一个提供足球数据的网络平台，拥有丰富的足球统计数据和分析，旨在帮助投注者、球迷和俱乐部工作人员。该公司提供洞察和分析，覆盖众多国家数百个联赛的实时比分、统计数据、实时评论以及球员评分。WhoScored 根据球员的进球、助攻、传球次数、传球成功率、关键球次数、抢断数、拦截数等综合指标来记录生涯数据，并进行汇总，如图 5-17 所示。

Premier League Player Statistics

Summary　Defensive　Offensive　Passing　Detailed

Overall　Home　Away　　Minimum apps　All players

Player	Apps	Mins	Goals	Assists	SpG	KeyP	Drb	Fouled	Off	Disp	UnsTch	Rating
1 Kevin De Bruyne Man City, 30, M(CLR),FW	25(5)	2205	15	8	2.6	2.9	1	0.9	0.1	0.7	1.3	7.64
2 Mohamed Salah Liverpool, 30, AM(CLR),...	30(5)	2763	23	13	4	1.8	1.5	0.7	0.3	2.3	2.8	7.54
3 Son Heung-Min Tottenham, 29, M(CLR),...	35	3021	23	7	2.5	2.1	1.5	1	0.5	1.3	2.1	7.52
4 Trent Alexander-Arnolc Liverpool, 23, D(R),M(R)	32	2854	2	12	1.6	2.8	0.6	0.2	0.3	0.6	1.3	7.51
5 Harry Kane Tottenham, 28, AM(C),FW	36(1)	3232	17	9	3.6	1.4	1.5	1.5	0.4	1.6	2.6	7.45
6 Rodri Man City, 25, DMC	33	2887	7	2	1.4	0.9	0.4	0.6	-	0.7	0.5	7.44
7 João Cancelo Man City, 28, D(LR),M(R)	36	3228	1	7	2.3	1.1	1.6	0.7	0.1	0.7	1.3	7.43
8 Joel Matip Liverpool, 30, D(C)	31	2790	3	3	1.1	0.4	0.3	0.4	-	0.2	0.4	7.35
9 Phil Foden Man City, 22, AM(CLR),...	24(4)	2133	9	5	2	1.4	1.3	0.8	0.5	1.2	1.7	7.30
10 Sadio Mané Liverpool, 30, AM(CLR),...	32(2)	2825	16	2	2.9	1.2	1.4	1.5	0.6	1.7	3.1	7.29

© WhoScored　Page 1/30 | Showing 1 - 10 of 299　first | prev | next | last

Mins: Minutes played　*Goals: Total goals*　*Assists: Total assists*
SpG: Shots per game　*KeyP: Key passes per game*　*Drb: Dribbles per game*
Fouled: Fouled per game　*Off: Offsides per game*　*Disp: Dispossessed per game*
UnsTch: Bad control per game　** Only players with total appearances greater than the average number of appearances in Premier League are displayed*

图 5-17　WhoScored 球员统计数据页面示例

WhoScored 是一家总部位于伦敦的专业足球数据处理机构，近年来发展迅猛。它拥有极快的更新速度和实用的数据统计。据 WhoScored 称，其系统内部会统计球员超过 200 项原始数据，但在网页上通常只显示几项实用的数据。例如，对于一般球员，会显示传球成功率、空中对抗成功率、触球次数、犯规次数、射门数、过人次数、抢断次数和总评分等 8 项数据；而对于门将，前 4 项数据相同，后几项则变为扑救次数、一对一扑救次数和没收传中球次数等。WhoScored.com 由位于伦敦市中心的足球分析师和软件开发人员组成的专门团队运营，他们具有该领域的背景。这个独特的网站是体育行业发展最快的网站之一，专门对详细的足球数据进行深入分析，并提供独特的统计数据。他们编译和创建对欧洲主要联赛的综合分析，并提供覆盖超过 500 个联赛和 15 000 支球队的数据。WhoScored 数据的主要特点包括以下 6 个方面。

(1)实时比分。覆盖超过 500 场锦标赛、15 000 支球队和 250 000 名球员；快速进球更新和实时比赛中心；提供实时表现评分、比赛评论和赛中统计。

(2)统计。提供欧洲前 5 名联赛的详细统计数据，并使用 Opta 的更多数据；统计最佳 XI，即每周、每月和每年的最佳 11 名球员。

（3）评分。球员评分基于比赛中记录的每个事件进行实时计算，使用我们自己的算法，其中包含 200 多个原始统计数据。所有事件的价值都基于对比赛结果影响的研究来确定。积极事件与消极事件进行比较。

（4）人物。球队/球员特征是相对于某些球队/球员统计数据的联赛平均值来计算的。一些统计数据被组合在一起，例如“偷球”，这相当于完成了铲球和拦截的组合。在球员角色方面，我们通过查看在相同位置上场的球员的平均表现来计算优势、劣势和风格。

（5）预览。可能的首发 11 名球员（包括伤病、停赛等）；球队新闻；专家预测等。

（6）文章。基于详细统计数据的专家文章，作家都是知名人士。他们曾为许多伟大的网站做出贡献，例如 Guardian.co.uk、ESPN.co.uk 等

该网站的数据涵盖英超联赛（英格兰）、意甲联赛（意大利）、西甲联赛（西班牙）、德甲联赛（德国）、法甲联赛（法国）、冠军联赛（英格兰）、荷甲联赛（荷兰）、英超联赛（俄罗斯）的详细统计数据（Opta），以及 MLS（美国）、Super Lig（土耳其）、Serie A（巴西）和 UEFA Champions League、Europa League 等。

在球队数据方面，WhoScored 提供了射门、射正、中门框、被封挡、越位数、犯规数、角球、界外球、盘带过人数、抢断数以及常规的控球率、传球成功率、空中对抗成功率等数据。另外，WhoScored 的射门图示制作得非常精致，每个射门点的得分都会详细地标出，同时还会标记出球员的位置以及不同能力上的优势和缺点，如图 5-18 所示。对于球迷大众而言，WhoScored 的数据的真正优点在于其更新快、服务器相对稳定且免费。它提供了非常详尽的比赛日志记录，为其他足球爱好者和分析师提供了完备的比赛信息。同时，它还是一个工具系统，更新速度极快，数据丰富全面。据说每个球员有多达 200 多项属性数据，球队数据方面也相当详尽。

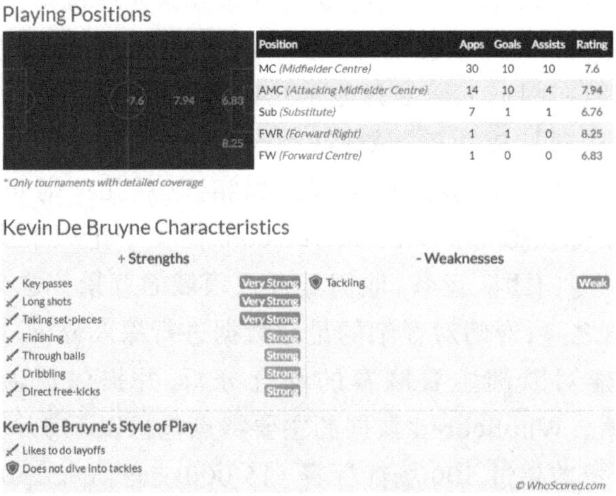

图 5-18　WhoScored 球员位置表现页面示例

在比赛分析和预测方面，WhoScored 自然具有一定的优势。以中超的上海德比为例，WhoScored 给出了赛前双方阵容和首发预测，以及预计首发的相关数据对比，如球员年龄、身高、争顶、抢断等数据。这些数据对比实际上反映了首发配置方面主力阵容的整齐程度。此外，WhoScored 还提供了球员伤病和缺阵情况，以及赛前新闻信息。例如，申花的头号射手伊哈洛因非洲杯缺阵，这势必会对申花的得分能力造成极大影响，如图 5-19 所示。WhoScored 还提供了一些过往信息，如上港过去 18 个主场赢了 16 场、过去 18 个主场至少进两个球的场次多达 17 场等。比较有意思的是，后面还给出了相关盘口的赔率，如图 5-20 所示。最后，网站还给出了比分预测和相关理由，如图 5-21 所示。

除此之外，WhoScored 还提供了比赛双方的一些近况和状态对比数据。这些数据清晰地描述了球队的优势和弱项，并为某些球队提供了比赛风格的评定。这为教练和球迷们提供了一些有价值的参考，如图 5-22 所示。

图 5-19　WhoScored 缺席球员信息

图 5-20　WhoScored 盘口信息

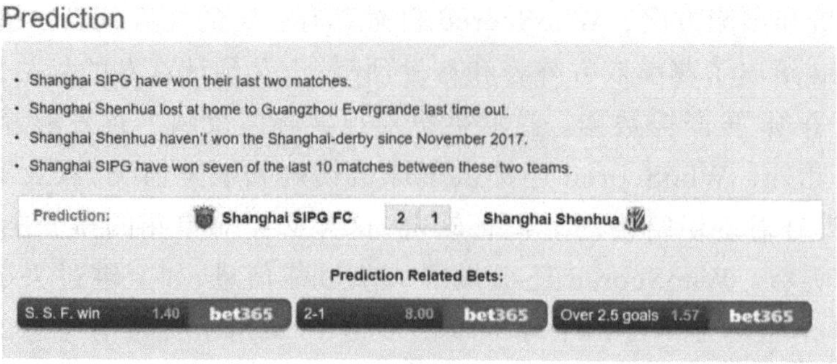

图 5-21　WhoScored 比赛结果预测信息

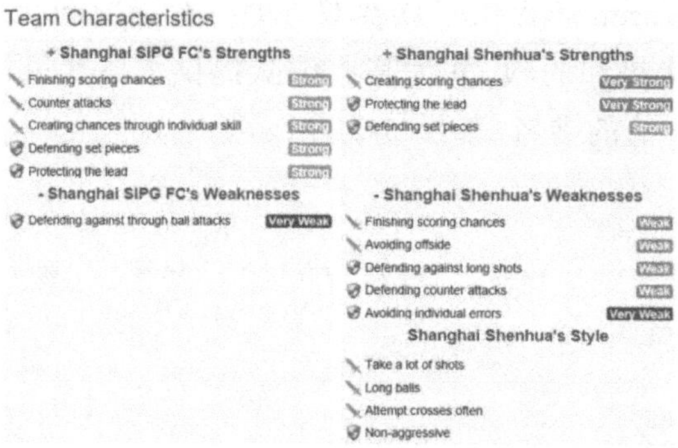

图 5-22　WhoScored 球队表现特点示例

尽管 WhoScored 有许多优点，但也存在一些不足之处。首先，其系统并不能完全精准地进行预测和评分，因为它只包含比赛中的事件数据，而无球跑动的内容并未涉及。其次，热区图和散点图的内容也仅限于触球信息，并非跑动数据。这两者之间需要有所区分。最后，在基础数据统计方面，该网站的数据来源于 opta 和 eNetPulse 两家数据公司，但其自身并没有对数据进行二次处理。这对于业余用户可能并不友好，与国内懂球帝等足球数据包的区别不大。在指标定义和数据解释方面存在一定的难度。总体而言，WhoScored 网站是一个足球数据信息非常全面的平台，能够为众多体育参与者提供所需的信息。然而，在使用数据时需要注意其局限性和不足之处。

3. 创冰 DATA

创冰 DATA 是上海创冰信息科技有限公司为广大球迷、记者及媒体朋友精心打造的数据查询平台。作为一家拥有独立自主产权的体育互联网公司，创冰集数据采集、数据发掘及数据产品化于一体，每场比赛能采集超过 15 000 项相关数据，并实时呈现在创冰 DATA 上。目前，该平台专注于国内赛事，以中超、中甲联赛的数据直播为主，同时密切关注国字号球队的表现。该平台主要具备以下五大功能。

（1）数据直播。特有的数据直播功能为球迷们增添了一个全新的观赛维度。

（2）个性化排行榜。提供主客场筛选、场均数据和总数据筛选、任意轮次筛选以及主力球员和所有球员的筛选，为球迷们打造极具个性化的排行榜。

（3）详细的赛后数据。包括进攻比例、热点图、平均触球、战术白板、传球分析等，从时间和空间两个维度深入解读比赛。

（4）海量的球队和球员数据。涵盖进攻方式、防守动作、传控比例等全方位数据，深入剖析球队和球员表现。

（5）创冰分析。由一群专业的数据分析师倾注心血打造，为球迷们提供真实、深入的数据分析。

创冰还为具备数据展现包装能力的门户网站、移动端 APP、微信订阅号等提供数据流服务。通过 API 数据接口，将海量数据精准推送给需求方。为球迷定制的球队、球员数据统计，赛前、赛时、赛后的数据对比，以及多维度的球员、球队排行榜等一应俱全。该网站拥有稳定的数据接口技术，支持有数据包装加工能力的团队自行决定展现形式，可将数据灵活嫁接在任何平台上，包括网站、APP、微信、车载系统、游戏等。

创冰足球大师系统作为国内顶尖的足球数据平台，采用世界领先的数据采集技术，构建球员、球队及比赛的庞大数据库，有效记录职业球员在比赛中的各项数据。为中国国家队及各级别职业联赛球队提供专业的数据和数据分析服务。该系统实时采集 40 大项、3 000 小项数据，场均收录实况数据条数达 7 500+，平均每场赛后产生数据条数高达 15 000+。丰富的数据项和数据挖掘能力使我们在数据广度和深度上都成为国内最权威的足球数据分析平台。

单赛季处理 3 500 000+比赛数据，覆盖 95%中超球员的单项统计，实现视频与数据的完美结合；基于云计算分析平台，秒级更新数据；利用分布式计算平台进行多维度数据统计；提供丰富的全平台视觉呈现和可定制的数据分析展示；具备强大的跨平台数据输出能力，以应对各种使用场景。

实况数据方面，我们采用图像识别技术实时采集比赛数据，强大的数据图表输出能力让球队随时随地在移动终端即时查看比赛数据及分析，并根据数据第一时间进行战术安排与调整。赛事数据方面，我们以单场比赛为颗粒度，记录场上 1 342 项比赛及球员相关数据，为球队的赛前准备与赛后分析提供有力支持。对手数据方面，我们提供对手球队的各项数据和分析报告，帮助教练团队针对性制定战术和安排训练。全新的视觉呈现方式让球队更了解自己也更了解对手。球员数据方面，我们记录与收集球员各项指标并进行追踪分析，丰富的球员个人数据使球队教练团队更好地了解和提高球员个人能力。多种数据模型为球队进行有针对性的球员交易提供数据支撑。球队数据方面，我们以进攻、防守等模型为基础对球队在整个赛季内的所有数据进行统计与分析。每场比赛以秒级数据进行切片处理为球队制定针对性的战术提供坚实的数据支撑。

该网站对于进攻数据的定义如下。

（1）射中（射正；有效射门）。包括所有满足以下条件的射门：①球射入网内的；②球本可以进入网内，但被守门员救出的；③球本可以进入网内，却被最后一名防守队员挡出的。

（2）助攻。射门进球前的最后一脚成功传球。

(3)控球时间。队员持球的时间总和。

(4)进攻主导率。前场控球时间与两队前场控球时间总和的百分比(前场控球时间/两队前场控球时间 ×100%)。

(5)左中右路攻势。在对手半场的左、中、右三路控球时间所占的比例。

(6)关键传球。未进球射门前的最后一脚成功传球。

(7)传中。在前场(进攻三区)禁区外边路起脚,且目的是传入禁区中间区域的传球。注:非被对方封堵情况下未能从边路传入禁区的传球,以及从球场中路传入禁区的传球,均不算作传中。

(8)突破(过人)。一次成功的带球过人,意味着这名队员在击败防守队员的同时保持控球权;失败的带球过人则意味着带球者被抢断。过人的方式多样,包括假动作、蹚球加速等。过人不仅限于向前,也可以是横向甚至背向进攻方向。如果攻方球员短暂失去对球的控制权,使双方进入争夺 1/2 球的状态,则根据对抗的结果判断是否突破成功。

(9)直传。向前传球,与边线平行线的夹角角度小于 15°。

(10)横传。向左或右侧的横向传球,与底线平行线的夹角小于等于 15°。

(11)斜传。斜向传球,其传球方向与边线平行线的夹角在(15°, 75°)、(-15°,-75°)、(105°,165°)、(-165°,-105°)范围内。

(12)回传。向后方传球,传球角度与边线平行线的夹角小于等于 75°。

该网站对于防守数据的定义如下。

(1)抢断。在对方持球且没有传球意图的情况下,防守队员主动上抢以解除对方球员控球权的动作。注:一般为近身对抗,且对方球员对球有控制权。

(2)拦截。防守队员主动在传球路线上阻截,以破坏对方准确传球,使接球球员无法获得球权。注:距离接球者较近。

(3)解围。在受到进攻威胁的情况下,以破坏方式有效地终止对方进攻。如果球被有目的地踢向队友的方向,则不算解围,而算作传球。注:在压迫下主动将球破坏出界外,或在无法判断身后情况下直接破坏出危险区域,均算解围。但如果防守球员在已控制球权的情况下,由于个人处理缓慢而在进攻方压迫下将球踢出,则不算解围。此外,守门员击出的球在统计全队解围次数时也应计入。

(4)封堵传球(阻断)。防守球员在传球路线上成功封堵,破坏了传球球员的传球。这通常发生在极近距离内,防守球员在传球一瞬间下意识或无意识的情况下封堵了对方传球。

(5)封堵射门。防守队员有效阻挡对方射门,使球落在门框及球门外区域。

(6)对抗。分为空中对抗和地面对抗。空中对抗也叫争顶,即双方用头争抢高于运动员肩部高度的球的对抗。地面对抗包括抢夺 1/2 球、突破和抢断。当发生多人争顶或抢夺地面 1/2 球时,双方离球最近的各一名队员记为对抗双方。对抗成功的判定标准包括:对抗后获得球权;对抗后将球传出或将球解围;攻方球员在对抗后能够让球继续推进，帮助球队继续进攻；对抗后使对方球员无法继续控球。

（7）守门员扑救。守门员用身体的任意部位阻止球进入球门。扑救次数等于对方有效射门次数减去进球数（不含乌龙球），再加上本方球员失误挡向球门的球数。

（8）守门员击出。守门员主动采取将球击出的动作（预期不是将球抱住）。

（9）守门员脱手。守门员用接球动作（预期是将球抱住），但碰到球后球却掉落脱手。

（10）守门员出击。守门员离开球门区，试图解除对方进攻威胁的行为。这包括跃起将对手传中球摘下、下地扑对手脚下球、出来封堵以减少对手射门角度，以及将 1/2 球解围等动作。

创冰 DATA 能够针对一场比赛提供包括阵容、球队、球员、进攻、热区、传球等数据信息的可视化报表，同时还将比赛中的重要事件，如进球、黄牌、红牌、换人等，以时间轴的形式清晰呈现给用户。在阵容界面，该网站通过直观的方式对球员位置和球员关键事件信息进行了可视化处理，使得即使对足球毫无了解的人也能轻松识别并理解其中的信息，如图 5-23 所示。而在战术白板界面，则涵盖了进球、射正、助攻、关键传球、传中、拦截、扑救等关键比赛信息的位置，通过图示展现不同球员在不同事件上的表现及其特点，如图 5-24 所示，为教练员、球迷等参与者提供了一个极具价值的可视化参考。

图 5-23　创冰 DATA 球队阵容示例

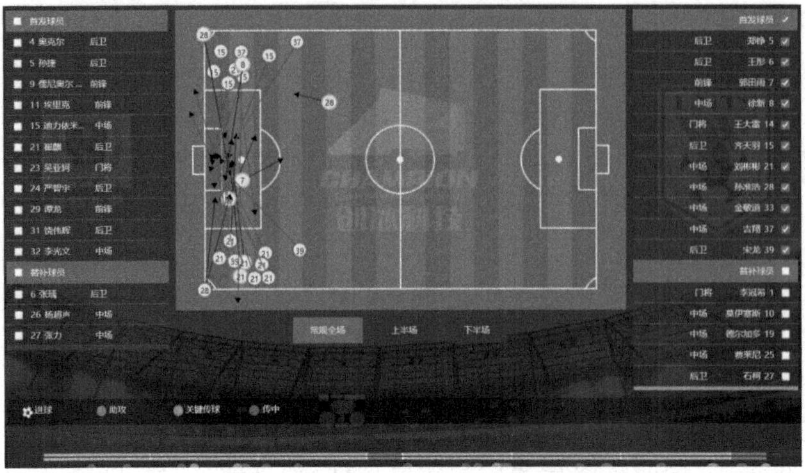

图 5-24 创冰 DATA 球队战术白板示例

5.4.2 篮球

1. NBA 联赛官网

(1)NBA 联赛官方网站数据查询系统分析。

作为全球顶级的篮球联赛，NBA 汇聚了世界最优秀的篮球运动员，并积累了极为详尽的数据统计记录，其历史数据的完整性尤为出色。目前，NBA 已成功构建了完备的数据分析体系和数据存储与查询系统。该系统借助尖端的高清摄像技术与强大的计算机技术，运用先进软件和科学分析方法，精准捕捉并转化球员在场上的每一个细微动作为有价值的信息。系统特别注重追踪数据、可视化数据、进阶数据及 Synergy 视频数据与基础数据的综合运用，并最终将这些丰富的数据呈现在 NBA 官方网站的数据统计板块。这不仅为 NBA 球队提供了设计、分析打法、赢得比赛、评估球员能力和优化攻防战术的坚实支撑，而且推动了全球篮球数据统计领域的根本性变革。

2012 年，NBA 联盟与德国领先的体育技术、数据和资讯公司思爱普(SAP)携手建立了战略伙伴关系。SAP 凭借自身的 SAP HANA 大数据平台，为 NBA 官方网站 NBA.com 带来了业界领先的实时数据搜索和分析能力，以简便高效的方式处理和展现海量的球场数据。

深入研究 NBA.com 的数据统计页面，其内容涵盖了：自 1946 年至今的历史数据、投篮分布图(投篮视图与攻防评估相结合)、球员阵容组合的技术统计、对球员/球队统计数据的深入分类、分析、对比以及专属的球员个人页面。该网站科学、针对性强且全面地分类整理了球员和球队的数据统计，如表 5-3 所示，其数据指标总数高达 277 项，成功实现了基础数据、进阶数据、追踪数据、投篮分布图以及 Svnergvy 视频的完美融合。此外，用户还能查询到球员和球队在关键时刻的表现数据、获胜场次的具体数据以及相应的视频片段，甚至可以追溯到 2008 年至今的裁判员数据，这为全面解析球员的攻防技术行为、影响力、球队数据管理、数据决策以及裁判员评价提供了不可或缺的依据。

表 5-3　美国篮球职业联赛官方网站数据统计类型与指标一览表

类型	指标	作用
传统数据	得分、篮板、助攻、封盖、抢断、失误、出手次数、罚球	球员攻防基础性描述
进阶数据	球员作用评估、攻/防效率、攻/防篮板率、净效率值、球权使用率、节奏	弥补基础数据的不足
追踪数据	速度/距离、投篮热力图、掩护、传球（方式/次数/距离/效果）、防守（间距/倾向/效果）、篮板（对抗/无对抗）、触球类型、进攻方式（单打/转换/掩护/策应/切入/定点投篮/补篮）	描述球员攻、防技战术行为
得分数据	2 分球/3 分球试投%、2 分球/3 分球/罚球/快攻/利用失误/限制区得分%、单打/利用助攻得分%	评价得分能力
区域投篮数据	球员区域投篮详情数据	衡量球员投篮范围和能力
防守数据	护筐率、防守效率、对位球员投篮出手次数、对位球员命中率/对位球员平时命中率/两者差值	描述球员的防守攻击性
对抗数据	防守综合指数、36 min 内防守指数、丢球后回抢次数、掩护助攻次数、制造进攻犯规次数、受迫性 2 分投篮次数、受迫性 3 分距离投篮次数	反映球员在防守时对位者受到的压力
Synergy 视频	球员攻防数据对应的视频片段（助攻视频、急停跳投视频、封盖视频等）	直观评价球员
裁判数据	执裁年限、赛季执裁场次、执裁主队胜率、执裁主客队总分/分差、吹罚主客队犯规数/差值	评价裁判

随着职业体育情报工作的迅猛发展，单纯的数据统计已难以满足现代篮球的需求。Synergy Sports Technology 技术成功地将球员的数据统计与视频分析相融合，从而构建了 Synergy 数据体系，这一创新揭示了隐藏在比赛深处的因果关系。

传统的数据分析存在局限性，而 Synergy 则通过数据与视频的紧密结合，验证了数据的准确性。借助这套系统，球队能够观察对手最后 5 分钟的进攻情况，研究对手在比赛关键时刻的习惯性打法。这不仅有助于球队在比赛中发挥优势、掩盖不足，还能针对性地攻击对手的弱点，抑制对手的长处。

Synergy 数据体系将篮球进攻手段细分为 200 多种类别，涵盖了所有进攻方式，甚至包括球员在场上的情绪和体能变化时的进攻策略。进攻手段附加值这一概念被引入，用于衡量某位球员每回合得分与联盟平均每回合得分的差值乘以场均回合数，从而深入挖掘球员创造的进攻价值。

Synergy 系统的价值不仅在于球员数据的对比，更在于它能将每一种进攻方式的数据统计与比赛视频相结合。这使得球队能够研究球员的投篮、抢断、助攻等一切数据发生的具体场景，从而帮助球队深刻剖析比赛的每一个细节。通过视频与数据的完美结合，Synergy 系统为球队数据分析提供了无限的可能性。

目前，美国 NBA 联赛、NCAA 联赛和 AUU 联赛的球队均已购买 Synergy 系统（年费约为 1.5 万美金)。值得一提的是, NCAA 联赛规定所有参赛队伍必须在赛后第二个中午之前将比赛视频上传至 Synergy 软件。如今, Synergy 系统的数据服务已覆盖美国各级别的篮球联赛,形成了宝贵的篮球资源,为美国篮球的迅猛发展提供了坚实的数据支撑。

(2)NBA 联赛官方网站数据技术。

尽管 NBA 的官网数据量看似庞大,但实际上,其传统历史数据的总体积还不到 1 TB,且主要是结构化数据。因此,过去 NBA 数据分析网站面临着一个巨大的技术挑战——并发查询。与网站 12 306 类似, NBA 官网每月的独立访客量高达 600 万,尽管实际分流到数据分析子站的访客流量会小很多,但 NBA 预计改版后仍会有 2 万并发查询用户。

除了并发查询外,NBA 数据分析网站还面临着分析技术的挑战。传统的 OLAP 只能为预先定义的查询条件提供分析结果,但 NBA 的数据分析需要满足球迷各种任意组合的查询分析需求——例如,谁是比赛最后两分钟的最佳绝杀者,球迷还可以自定义"绝杀时刻"的时间跨度。NBA 的副总裁兼 CEO Michael Gliedman 表示:"传统的数据仓库方法需要预设查询条件,无法应对球迷多样化的分析请求,而 Hana 则能满足我们的需求。"

在延迟方面, NBA 在新闻发布会上透露,比赛数据将在比赛结束 15 分钟后才可供访问,这并非实时数据。这一延迟是出于官方确认的需要,而非技术问题。尽管如此, 15 分钟的延迟仍比大多数企业动辄整晚的 ETL 批量处理速度要快得多。

同时,数据可视化也是 NBA 未来关注的重点。NBA 数据分析网站已提供多种数据可视化服务,如投篮点热力图和趋势图等。Gliedman 透露, NBA 还计划增加拖放式的数据可视化服务,将采用 SAP 的 BusinessObjects Explorer 和 Visual Intelligence 软件。未来,NBA 还打算在数据分析中整合相关的比赛视频片段。

(3)NBA 联赛可视化分析。

作为数据化程度最高的体育联盟之一, NBA 对每位球员的精细分析和数据可视化符合未来体育发展的大趋势。这不仅能帮助球队科学高效地分析球员的优劣,为球队的排兵布阵提供依据,还能提升职业篮球的商业价值。NBA 联赛球员投篮可视化分析分为投篮分布图和投篮热力图,如图 5-25 所示。通过高精度摄像机记录球员场上的每一次投篮区域和投篮结果,再经计算机软件计算后,以不同的颜色和形状进行可视化呈现。这些图像用来评价球员的投篮效率、习惯和倾向区域。投篮热力图作为一种可视化的分析工具,蕴含了球员和球队的大量投篮信息和战术信息。通过投篮热力图,可以发现球员在攻防两端的优势和劣势、阵容配备改变对投篮命中率的影响、球员不同赛季的投篮可视化对比以及篮球技战术的发展变化。在双方球队的对比报告中,可以清晰地看到库里作为超强得分手稳居得分首位;而维金斯、威廉、塔图姆也分别在篮板球、盖帽以及助攻上表现优异。综合对比而言,勇士队的获胜在很大程度上依赖于库里的三分球,如图 5-26 所示。从视觉表达上来看,柱状对比图和玫瑰图能够通过颜色、形状等要素将最关键以及球迷和教练们最关心的内容直观地展现出来。

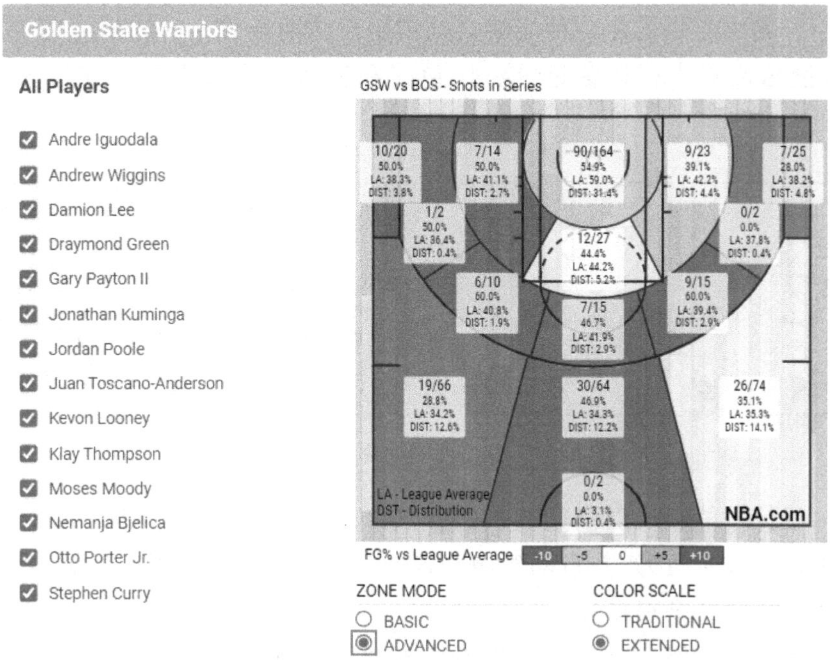

图 5-25　2021-22 赛季总决赛勇士队区域投篮表现报告

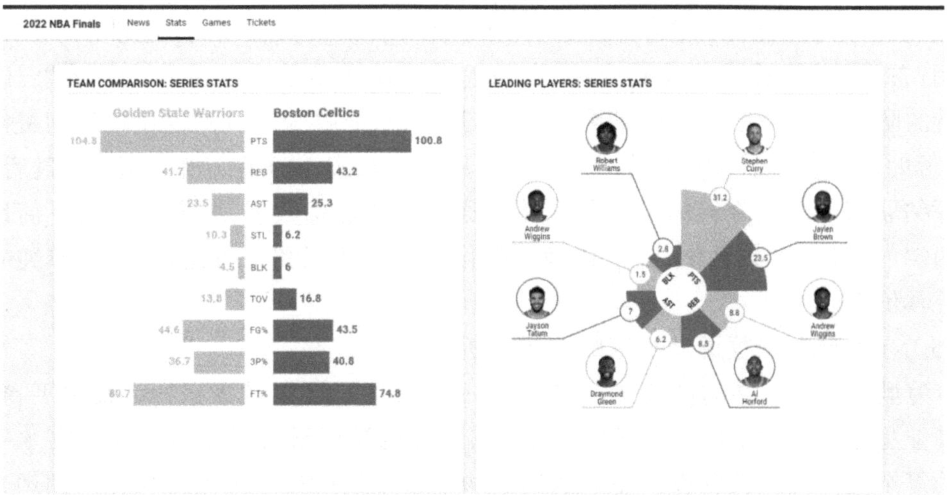

图 5-26　2021-22 赛季 NBA 总决赛勇士对阵凯尔特人对比报告

（4）NBA 联赛数据分析与追踪技术和机器学习技术的融合应用。

随着互联网技术的不断进步，追踪技术和机器学习技术开始渗透到 NBA 联赛的数据分析领域。追踪技术的核心在于时空模式识别，它能够通过视频、传感器和软件精确地追踪球员和球的运动轨迹。在软件中，球员和球的移动被转化为圆点的移动，这使得我们可以计算出球员的跑动速度、距离、投篮区域、传球次数、防守距离以及接球区域等一系列关键数据。更重要的是,它还能够揭示挡拆配合、无球掩护等复杂战术以及篮板球机会等潜在信息。与此同时,机器学习技术在 NBA 数据分析中也发挥着越来越重要的作用。其核心是构建一种能够自动识别攻防两端战术行为的应用程序。以防守挡拆为例,篮球比赛中存在穿过、绕过、包夹和换防等四种主要防守行为。如图 5-27 所示。

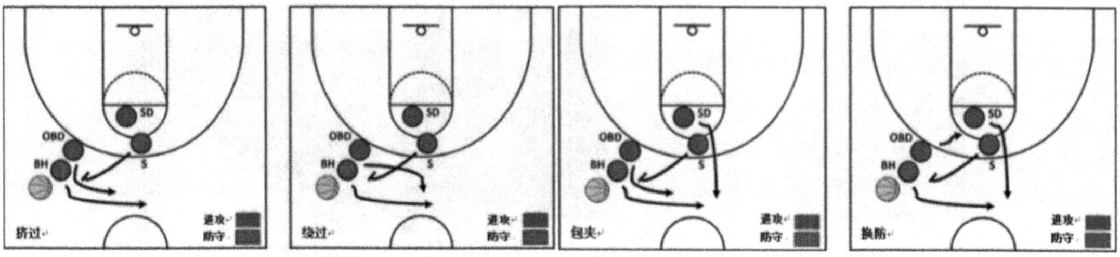

图 5-27　球员四类防守挡拆战术行为

机器学习技术能够通过高清摄像捕捉防守球员在防守挡拆时的战术行为数据段,智能地识别挡拆战术行为,并自动对防守人的防守策略进行分类。这样,我们就能够获取球员防守挡拆的详细追踪数据。

篮球数据分析的本质在于挖掘那些能够影响比赛胜负的细节。在现代篮球中,掩护几乎是最重要的战术之一。因此,了解如何使用和防守掩护配合往往成为决定比赛胜负的关键。球员追踪技术和机器学习技术与数据分析的有效融合,使我们能够更准确地捕捉防守挡拆行为。这不仅完善了对于防守挡拆的数据统计,还带来了三个方面的应用:首先,它能够帮助我们快速、自动地评估比赛中某些球员行为的效果,以及分析球员的防守能力对挡拆配合结果的影响;其次,它能够为球队制定策略计划提供有力支持,帮助球队快速找到防守的弱点,并利用这些信息来准备未来的比赛;最后,它还能够评估联盟球队防守策略的变化趋势。通过球员追踪数据,我们可以更平衡地评价攻防两端的表现,以数字化、细节化和全面化的方式认识和分析比赛,这比单纯的基础数据更具价值。

(5)NBA 联赛数据驱动决策的应用分析。

作为世界上最成功的商业体育联盟之一, NBA 联赛以其高超的竞技水平、独具前沿的商业思维、合理的制度构建以及科技与体育的深度融合而著称。现代高水平竞技篮球的复杂性和相互关联性使得球队的成功不再仅仅依赖于主教练和几个助理教练的人为决策方式。相反,高水平球队的运行已经离不开高科技产品的数据支持。球队需要运用大数据技术捕捉海量信息,如图 5-28 所示,并通过机器学习和专业的数据分析师来解读比赛、挖掘数据和深化分析。这些分析结果需要及时反馈给球队管理层和教练员,从而帮助球队做出更加科学、合理的决策。

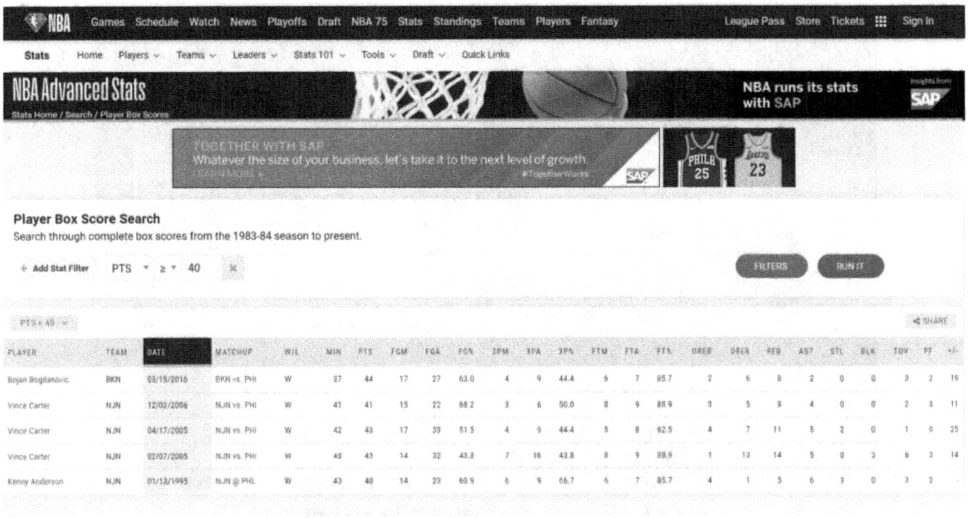

图 5-28　NBA 数据信息板块示例

2. Sportscode 视频技战术分析软件

Sportscode 视频技战术分析软件是由澳大利亚公司研发的，主要用于集体对抗性球类项目。它适用于赛前或赛中对己方或对手的个人或团队的技战术使用情况进行全方位的统计分析。一般而言，技战术分析应包括以下步骤：获取视频材料、设定软件操作编码、导出数据以及二次处理所需数据。通过这些定量的数据，可以得出一份定性的分析报告。

通过编码窗口，用户可以根据自己的实际需要创建自定义模板，例如，设定所需的技术指标，如某队中锋在高位策应成功的次数、从中路纵切上篮的次数、禁区内投篮使用前转身的次数等，从而制定出防守中锋所需采取的战术。通过分类窗口，用户可以随意对视频进行分类、编辑、加注标签和编码。统计窗口则允许用户以任何形式输出所需数据的统计结果。动态矩阵功能则能够进行数据细化，快速浏览统计数据，并实现强大的逻辑搜索功能。此外，它还能够以各种形式输出数据信息。教练员通过此软件可以获得对阵双方各方面的技术指标信息，从而布置相应的战术，达到克敌制胜的目的。

3. Cronus 软件

Cronus 软件实质上是一款专门用于管理篮球运动信息和资料的强大工具。它能够将复杂且混乱的运动员及团队资料整理成完整有序的体系。通过该软件，用户可以精确地掌握运动员及团队的基本状况，包括运动员的病历档案、团队变迁以及每个队员的训练和参赛情况。例如，用户可以轻松获取曾经收集的有关某个运动员的任何信息，从其俱乐部二三级梯队一直到退役的所有数据。此外，还可以获取运动员的医疗及营养档案、光片、参赛历史和伤病报告等，并可以对运动员的转会进行追踪。该软件的特点是拥有体系完整的资料信息，节省时间且操作简便。如图 5-29 所示。

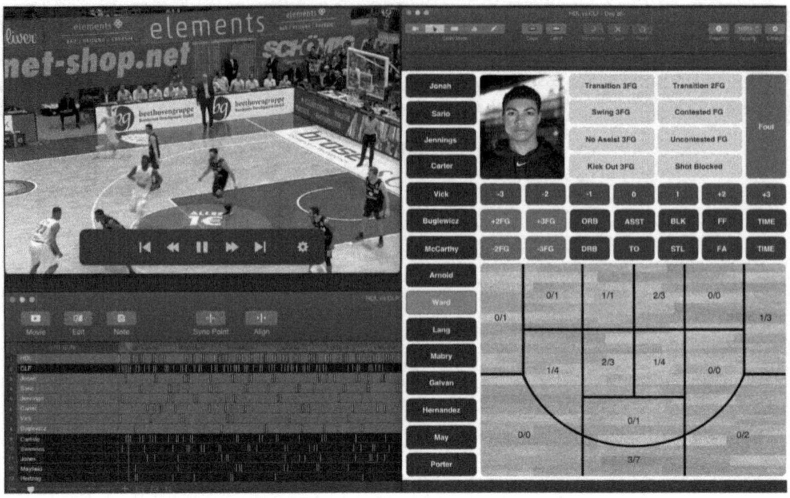

图 5-29 Sportscode 视频技战术分析示例

4. TrackPerformance 软件

TrackPerformance 软件通常不需要携带笨重的仪器,就可以实时监控和模拟跳跃、控球、投篮等每一个动作,无论是针对自己的运动员还是对方选手。教练员、康复专家及其他运动专家可以通过电脑对任何赛场和比赛进行实质性的分析,甚至可以精确而有针对性地了解运动员在任何赛场或训练中不断变化的体力需求。这款软件为运动训练和比赛分析提供了便捷、高效的工具。

5.4.3 网球

1. ATP 网球比赛分析系统

作为男子职业网球的全球管理机构, ATP 的使命是为网球运动服务。我们招待全球数十亿的球迷,在最负盛名的比赛中展示世界上最优秀的球员,并激励下一代球迷和球员。从澳大利亚的 ATP 杯,到欧洲、美洲和亚洲的各大赛事,明星球员们在 ATP 大师赛 1000、500 和 250 级别赛事以及大满贯赛事中争夺冠军和 Pepperstone ATP 排名积分。这些赛事都是通往享有盛誉的 Nitto ATP 总决赛的道路,该赛事在意大利都灵举行。只有世界排名前 8 位的单打选手和双打组合才有资格参赛,这也见证了年终 ATP 世界第一的正式加冕,这是网球界的终极荣誉。

ATP 官网提供了球员在比赛中的球速、得分、发球、接发球落点区域、得分百分比等多项数据指标,如图 5-30 所示。通过鹰眼系统的高速识别技术,我们能够捕捉到人眼难以识别和记录的信息,并以可视化的方式呈现在网页上。这些数据为球迷和专家提供了更深入的比赛分析和理解。

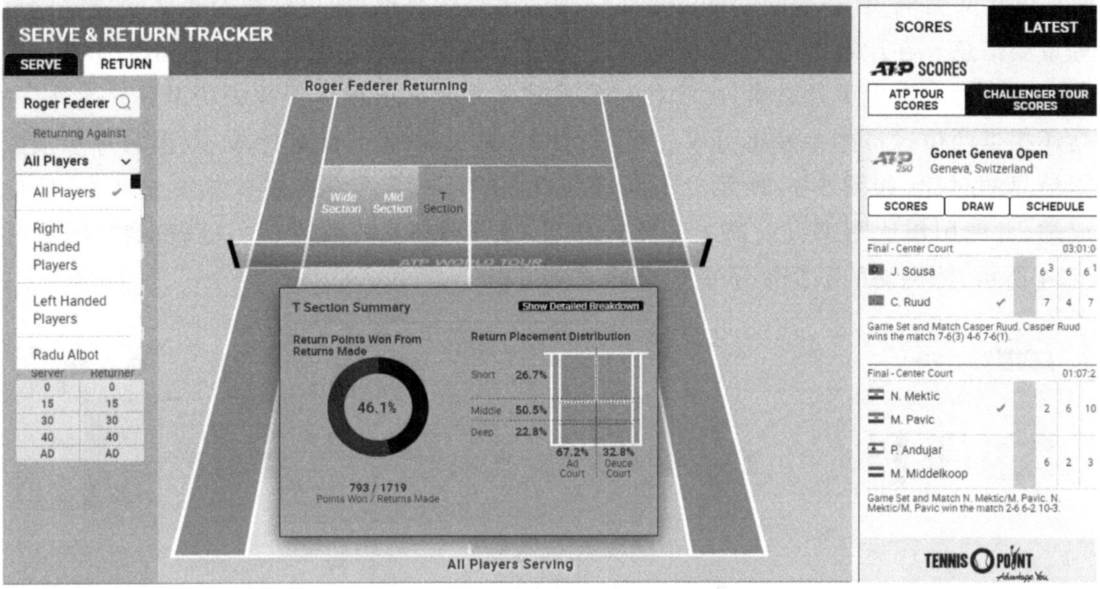

图 5-30　ATP 网球接发球分析示例

该平台的数据来源于多普勒雷达测速仪（IBM：Armonk，NY，USA）和鹰眼追踪系统（Hawk-Eye Innovations，Southampton，UK），上述设备和系统的信度和效度均已通过研究得到验证。为了验证所收集的数据，我们与 IBM SlamTracker 官方网站进行了比对。此外，ITF 网站和法网网站也提供了不同球员表现的对比数据。

2. 四大满贯数据平台

四大满贯，包括澳大利亚网球公开赛、温布尔登网球锦标赛、法国网球公开赛和美国网球公开赛，如图 5-31 所示，构成了全球最顶尖的四大网球赛事。它们的数据平台能够提供非常详尽的数据信息。

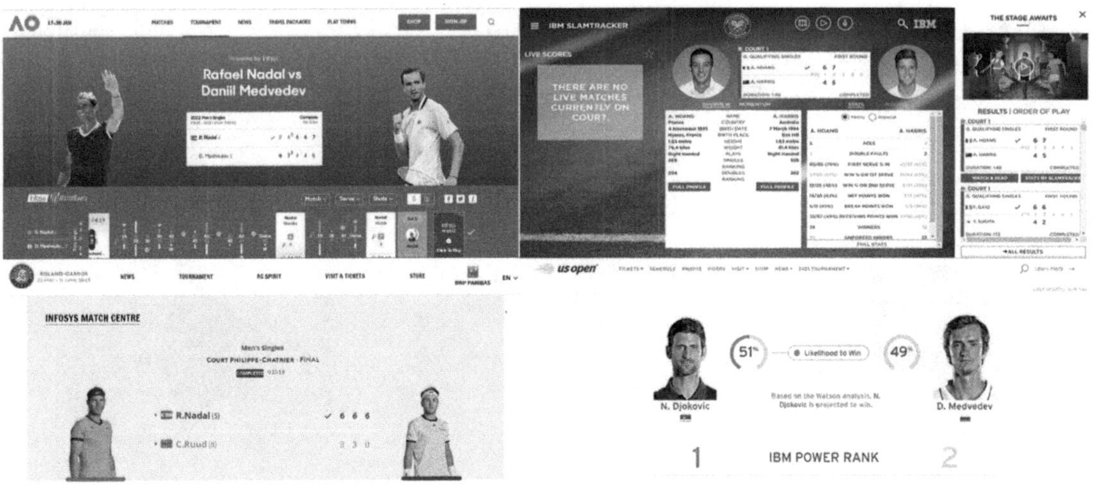

图 5-31　四大满贯界面示例

以法网为例，其官方网站能够提供详细的可视化赛程，涵盖球员的姓名、国籍、比分等重要信息。在比赛中心，观众可以实时查看详细的比赛过程信息，如图 5-32 所示，了解在某一时刻发生了什么事件，哪位球员发球或接发球出现失误或成功得分。此外，网站还提供两位球员的一发得分率、二发得分率、最大球速、ACE 球数、双误数等多项数据信息的对比，如图 5-33 所示。不同选项页面中还包含了球员的身体测量数据、历史成绩，并使用雷达图来直观描述球员的发球、接发球信息以及其他关键表现特征，如图 5-34 所示，使网站的数据展示更加全面。

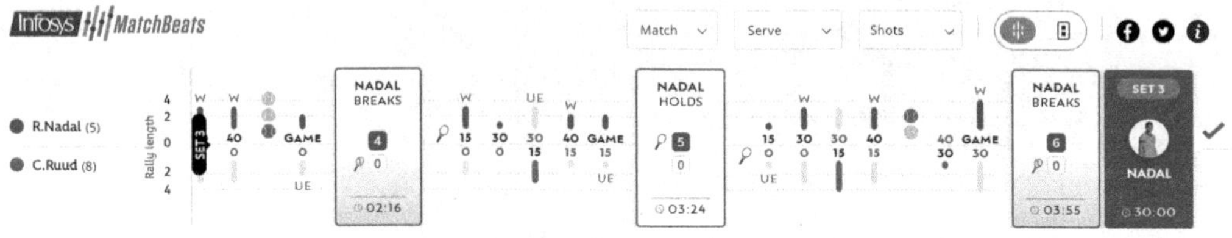

图 5-32 法网比赛过程信息示例

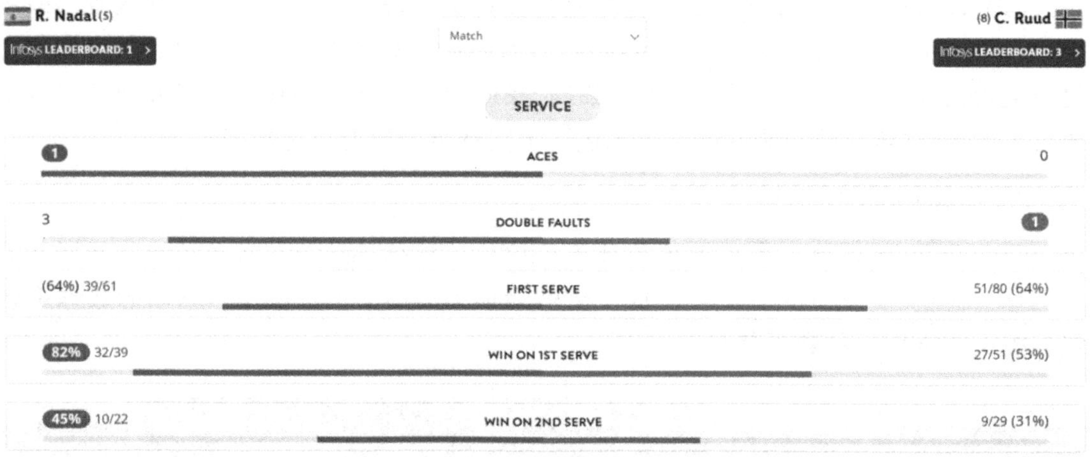

图 5-33 法网球员比赛技战术指标对比

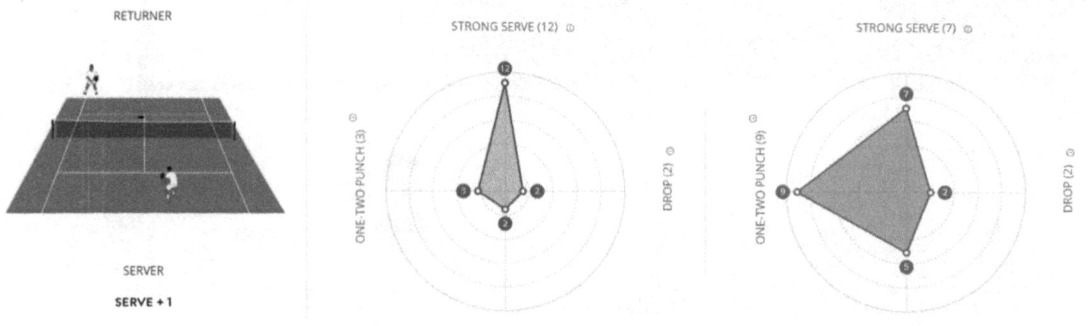

图 5-34 法网球员表现示例

除了基本数据信息的统计外，法网的数据可视化还具备 2D 和 3D 动画效果，如图 5-35 所示。这些动画能够完整记录并描述球员在场上的所有发球情况，同时提供 360° 环绕视角的变换，使用户能够非常直观、清晰地获取球员发球的信息、球落地区域的信息以及最终发球是否得分等重要信息。这样的数据展示方式不仅丰富了用户的观赛体验，也为球员和教练团队提供了宝贵的比赛分析和训练参考。

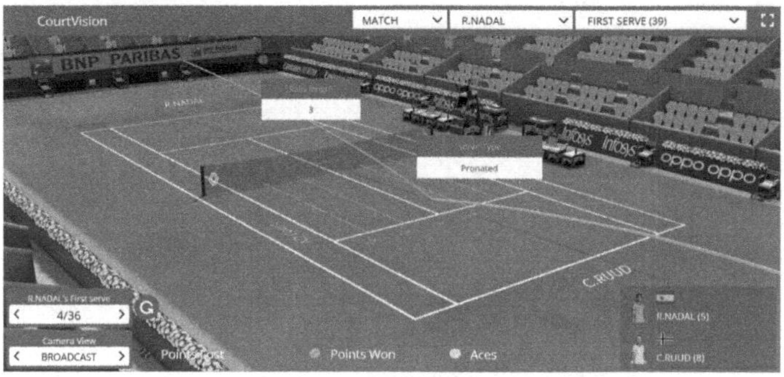

图 5-35　法网接发球 3D 动画示例

5.4.4　其他项目的数据网站

1. 国际雪联（FIS）官方网站

国际雪联官方网站提供了基础数据和球员表现榜单，如图 5-36 所示。在它的数据查询页面中，用户可以根据不同联赛（如大洲杯、世界杯、欧洲杯、北美系列、澳大利亚—新西兰杯、远东杯等）、滑雪子项目（如滑板跳雪、北欧两项、高山滑雪、自由式滑雪等）以及赛季和性别等分类查询关键信息。每个排名表单都详细列出了比赛日期、地点、运动员的姓名、性别和国籍，以及前三名的成绩。在详情页面中，还可以查看运动员的出生年份、不同距离下的得分、每回合的总距离以及各评委的评分。此外，网站还提供了不同赛事的 PDF 结果下载，方便分析人员获取比赛信息。

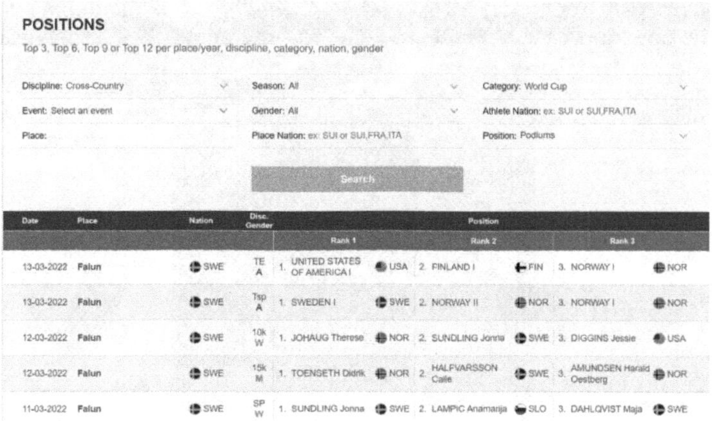

图 5-36　国际雪联运动员榜单

网站在球员信息方面提供了多个模块。其中,球员对比选项允许用户对 2-10 名球员的国际雪联积分和其他数据项进行对比。同时,还提供了全球注册的国际雪联运动员的交互式统计数据表单,如图 5-37 所示。在个人球员页面,用户可以查看球员的基础信息、各类比赛结果、杯赛成绩、统计数据以及生涯数据。

图 5-37 国际雪联全球运动员分布界面

2. 棒球联盟(MLB)官方网站

美国职业棒球大联盟 MLB 的官方网站提供了全面的球员、球队和联赛排名榜单。对于投手、接球手和击球手等不同角色的数据收集也相当完备。球队比赛数据部分提供了球场球员位置的可视化交互图,用户可以根据进攻和防守球员进行选择,如图 5-38 所示。同时,还包含了每场比赛的击球、接球和投球数据。球员的个人信息介绍涵盖了基础人口统计学信息、数据表单、获奖情况以及生涯数据。

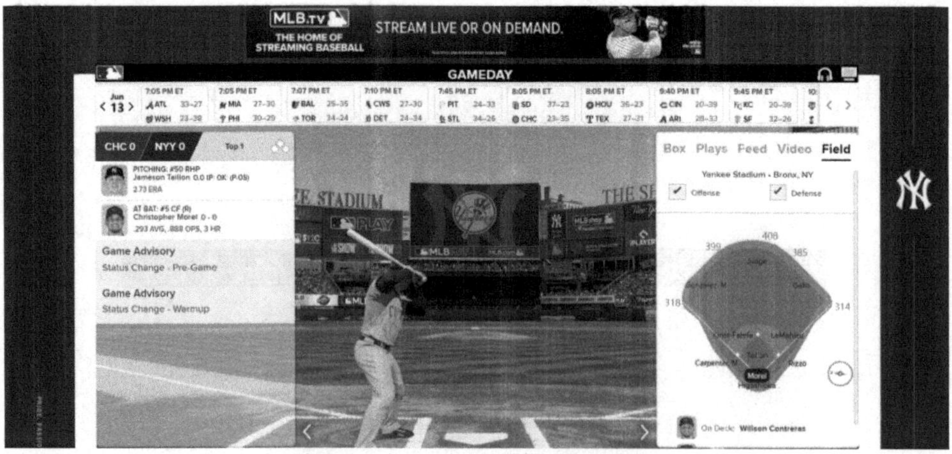

图 5-38 MLB 网站界面示例

值得一提的是，其官网所附的 Savant 页面提供了丰富的可视化交互信息，包括二十多项交互式动画和大量表单信息，如图 5-39 所示。这为专家和业余爱好者获取和理解数据信息提供了极大便利。Savant 网页还支持 CSV 表单导出功能，方便用户获取相应表单的信息。这些表单中包含了如甜点率（Sweet Spot %，SwSp%）、桶击球（Barrels）、发球速度（Exit Velocity，EV）、击球距离（Batted Ball Distance，DST）、预计本垒打距离（Projected Home Run Distance，HR-DST）、发射角度（Launch Angle，LA）和击球事件（Batted Ball Events，BBE）等基本统计信息。词汇表（Glossary）中提供了这些指标的详细定义，便于业余爱好者查询和理解。

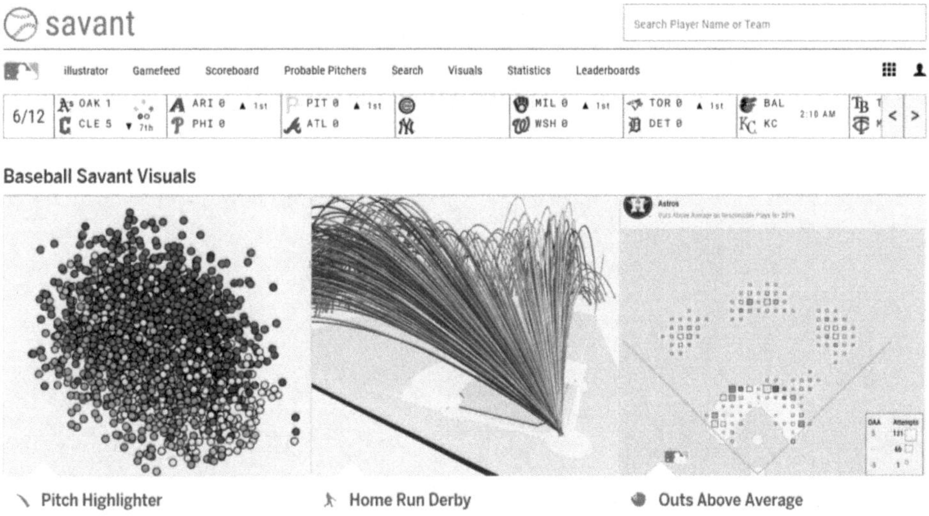

图 5-39　Savant 可视化网站

3. 北美职业冰球联赛（NHL）官方网站

在冰球比赛中，每支队伍通常由 6 名球员组成（3 名前锋、2 名后卫和 1 名守门员），在规定的 60 分钟（分为 3 节，每节 20 分钟）内进行比赛。球员们需穿戴护具、头盔和冰鞋，并手持球杆在滑行中击球。北美职业冰球联赛 NHL 的官方网站提供了冰球比赛的基础统计数据。球员与球队的比赛统计信息主要以表单形式呈现，如图 5-40 所示，并新增了球员、球队关键词搜索功能。虽然与其他几大联盟相比，其数据交互性稍差，但仍能满足基本统计信息的获取和分析需求。描述指标类型包括基础、高阶、守门员、选秀和比赛等，数据库中可实现数据的查询与对比。

对于冰球项目而言，基础指标主要涵盖球员位置、惯用手、得分、助攻、效率值、判罚数、封盖数、合理冲撞数、截抄数、射正数、命中率以及上场时间等。高级指标则包括 SAT 值和 USAT 值，用于描述有无封盖情况下的射门尝试表现。此外，还有多打少上场时间、少打多上场时间以及多打少进球机会和少打多次数等指标，用于评估球队在人数不均等情况下的比赛表现，同时也能从侧面反映出球员在顺风或逆风局势下把握机会和抗击压力的能力。

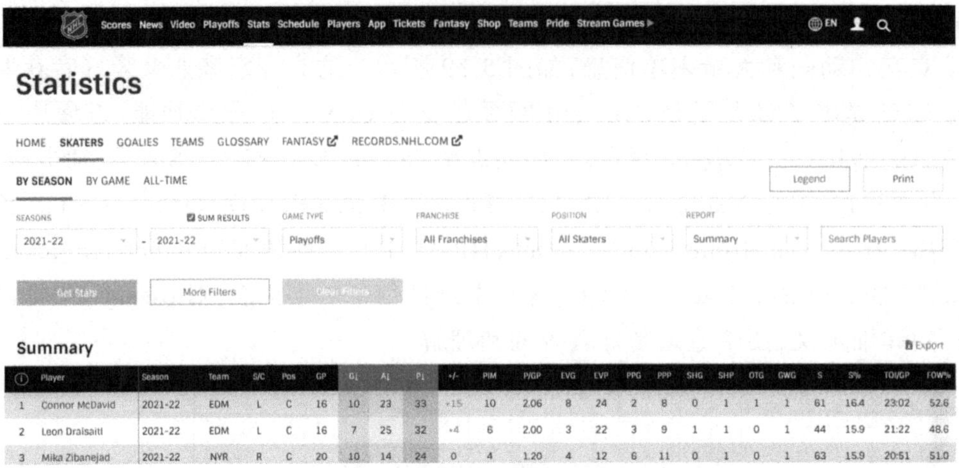

图 5-40　国际雪联全球运动员分布界面

第 6 章　智能体育运动的未来发展

6.1　新材料的使用

对于现代社会而言，利用新材料技术发展体育运动是一种能从根源上提升体育运动发展水平的方法。由于这种方法的历史和事实已经证明了其有效性，因此，现在越来越多的人选择使用新材料技术来促进体育运动的便利化发展。

6.1.1　新材料技术对运动训练的影响

在专业体育运动员的日常用品及运动器材的生产制造中，新材料技术可以被直接融合进去。目前，现有的非金属纤维、碳纤维、硼纤维以及新型陶瓷材料等科技新材料都已经被广泛应用于体育用品的生产制造中。化学新材料帮助体育装备的性能实现了大幅度的提升，主要体现在材料的多功能化、材质的轻薄化以及结构的稳定化，这使得运动装备的实际应用更加贴近运动员的需求。例如，在运动器械中的自行车、跳高杆、球杆、羽毛球拍等都有广泛的应用。

以羽毛球拍为例，它经过了四个时期的发展变化，依次为木质拍、金属拍、钛合金拍以及碳材料拍。目前，实际应用较多的主要为钛合金拍和碳材料球拍（后文简称为碳拍）。碳拍的整体结构为中空结构，其外框架主要使用的材料为树脂基增强碳纤维、多层石墨烯增强树脂等复合型材料，其中碳纤维的等级为 T200~T300 级。框架内则主要使用发泡聚烯烃材料进行填充，以增强球拍整体框架的韧性及弹性。碳拍的拍柄和拍杆与框架所使用的化学新材料较为相似，手胶部分则大量使用了聚氨酯弹性体，以提升碳拍使用过程中的舒适度并增加摩擦力。化学新材料的应用实现了羽毛球拍的轻质化。关于碳拍中所应用的化工新材料，如图 6-1 所示。

碳纤维增强塑料复合材料不仅被用于制作羽毛球拍和网球拍，还广泛应用于其他体育用品，如高尔夫球杆、自行车架、钓鱼竿，以及复合材料赛车、游艇等。

在足球、篮球和排球这三大球类运动中，我们也能发现塑料复合材料的身影。以足球为例，1978 年，足球设计经历了一场重大的改革。当时，著名的“探戈（Tango）”设计已经问世，而阿迪达斯再次呈现了一款“足球设计经典”的作品。尽管 1982 年探戈的设计只有细微的改变，但“西班牙探戈”却实现了一项重要的技术创新：尽管它仍然是皮制的，却采用了革命性的防水密封接缝技术，这在当时是一项突破性的进展。这种惊人的革新减少了足球的水分吸收，从而减轻了球的重量。

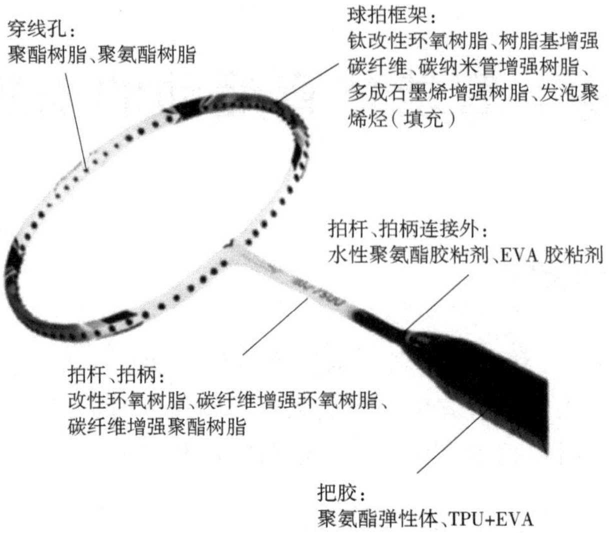

图 6-1　碳拍中应用的化工新材料

2002 年世界杯的指定用球——“飞火流星”，采用了拜耳公司研制的聚氨酯合成泡沫制作，如图 6-2 所示。这种合成泡沫由大小相同、具有高弹性和特别耐久性的微型单元组成。当球员触球后，能量会均匀地被整个球体吸收，从而改善了球体的减振特性，提高了足球的可控性，使得球速更快、飞行路线也更准确。此外，球体的外层采用了一种特别耐磨的聚氨酯材料制成，使得球体能够在特别恶劣的条件下使用。“飞火流星（Fevernova）”的设计超越了过去的概念，它的外形设计以白色为底，四个镶嵌着金色和红色的富有动感的飞镖形状图案环绕在足球表面，可以让球员更好地看清足球的旋转情况。

图 6-2　2002、2010、2018 年与 2022 年世界杯比赛用球对比（从左至右）

2010 年的“普天同庆（Jabulani）”采用了阿迪达斯全新研发的“Grip’n’Groove”球面，突破性地仅由八块表皮组成。阿迪达斯首次采用球形制模的方法，使每一块表皮都实现三维立体结构，然后以热黏合技术拼接完成。这使得新球比以往更圆、运行更精准。

2018 年的“电视之星 18”这款用球向 1970 年墨西哥世界杯致敬，被命名为 Telstar18（电视之星 18）。球面印有金色的俄罗斯世界杯图标，周身伴有从黑色到灰色的渐变图案（也有红色到黑色的渐变图案）。这款足球仅有 6 块拼接面料，这些面料通过无缝粘接技术组成一个完整的足球。

2022 年卡塔尔世界杯用球名为“Al Rihla”，在阿拉伯语中意为“旅程”。据悉，此用球的设计灵感来源于卡塔尔的文化、建筑、标志性船只和国旗。Al Rihla 球面由 20 个拼块组成，通过纹理大小和表面内嵌式的设计细节，提升了足球的精确度、飞行稳定性和弧线运动表现。值得一提的是，Al Rihla 的设计十分注重环境可持续发展，所有零件均经过检验，被认证为首款仅采用水性油墨和水基胶的世界杯用球。Al Rihla 具有出色的形状记忆力、气密性和反弹准确度。国际足联表示，这款用球在空中的飞行速度将是世界杯历史上最快的，并拥有最高的飞行准确性和稳定性。

此外，新型科技材料在体育场及体育设备中的应用也间接推动了体育运动的发展。例如，游泳池消毒设备对水质监控有一定的需求，在与新型科技材料融合后，其性能和质量得到了大幅提升，同时也提高了运动员在使用时的安全系数。这不仅促进了运动员潜力的发挥，还增强了运动员的自我认同感，有助于他们取得更好的运动成绩。

目前，在全球范围内，各种化工新材料已经逐渐被应用于各类体育设备中。其应用已经历了十几年的发展历程，形成了独立的产业体系。当前，我国化工新材料的生产应用也在逐步提升。2017 年，在体育领域，我国共消费各类化工新材料约 130 万吨(不包含场馆建设类)，其中体育装备在化工新材料的消费中占据重要地位。化工新材料在体育装备中的应用可以划分为金字塔结构，如图 6-3 所示。位于金字塔底层的是大众体育中普及的化工新材料；位于金字塔中间部分的是在大众体育装备中逐步推广的材料；而位于金字塔顶端的则是价格较高、仅用于高端体育设备的材料。随着时间的推移，位于金字塔顶端的部分材料可能会逐渐下沉到中间层，而位于金字塔中间层的材料则可能移动到低端，呈现出逐渐下沉的趋势。因此，可以判断金字塔中间层的材料具有较好的成长空间，而位于金字塔顶端的化工新材料在短期内可能不会有显著的发展空间。

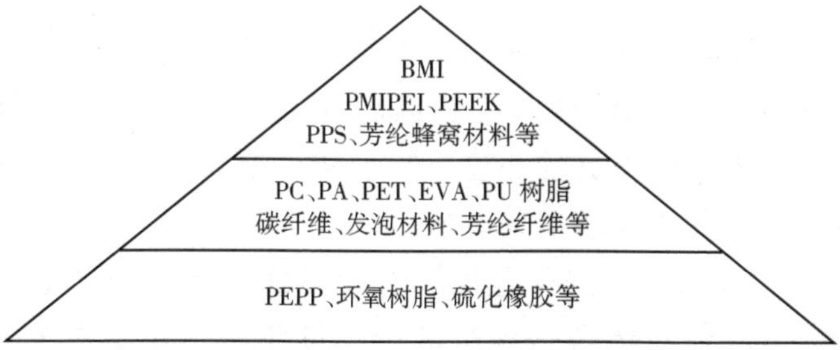

图 6-3　体育装备用化工新材料“金字塔”示意

当前，我国体育装备生产中已经大量运用了金字塔底部的化工新材料，中层的一些化工新材料目前正处于推广阶段，而金字塔顶端的高端化工新材料，我国产能很少甚至不能生产，基本依赖进口。这些进口的高端化工新材料主要集中应用于国防、军事等重大领域，体育生产装备中几乎未有应用。然而，随着科技的不断发展，我国的化工新材料生产和使用性能也在逐步提升，预计未来在我国的国产体育装备中也会逐渐应用到金字塔顶端的高端化工新材料。展望未来,化工新材料在我国的体育生产装备中将有巨大的成长空间。预计到2025年, PE、聚碳酸酯、聚甲基丙烯酸甲酯等材料将能够成熟运用,同时,金字塔顶端的高端化工新材料也将逐步应用于体育生产装备中,进一步优化材料的应用结构,从而促进新材料的消费增长。

另外,有科学家提出,未来可以开发一种能够植入皮下的微型生物芯片,以模拟人体的葡萄糖监测系统。这种生物芯片的主要作用是平衡血糖水平,根据人体需要适时释放糖等物质,以维持人体在运动过程中的血糖稳定,从而提高身体机能和运动员的运动能力。如果这一设想能够成为现实,那么这些能够监测人体健康状态的微型生物芯片,就能够及时反映人体的各项身体指标。无论是运动性疲劳还是过度疲劳等情况,都可以得到有效避免。这种生物芯片将能够帮助教练员为运动员制定适当的训练计划,以及让运动员在最适合其自身发展需求的强度上进行运动对策的制定。

在体育运动中,运动员的运动损伤是不可避免的。在一定程度上,如何休养护理以使运动员的身体机能更快恢复,比预防风险发生更为重要。因此,在未来发展的过程中,人们还应把重点放在新技术、新材料的发展使用与修复受伤机体之间的关系上。例如,纳米材料就可以促进药物穿过皮肤屏障,快速透过皮肤进入血液循环,从而达到药物治疗的效果。

6.1.2 新材料的使用与竞技体育的发展

现代竞技体育的发展与新材料技术之间有着密切的联系。正因为体育运动进步发展的需要,人们才将新材料技术广泛地运用于现代竞技体育方面;同时,新材料技术的优秀性能也使得体育竞技运动得到了前所未有的提升。因此,现代体育的发展和新材料技术之间的关系是相辅相成的。新材料技术与竞技体育的结合必将日益密切,因为新材料技术能够让竞技体育的发展达到传统材料制品所无法达到的水准,科技的发展必将推动体育运动的发展。

在未来,我们对体育运动方面发展的要求是尽可能提高自身科研能力,不遗余力地将各种高新技术和材料应用到体育训练和运动器材方面。因为实践已经证明,要想提高运动员的成绩,仅仅锻炼运动员的心理素质和体质是不够的,必须通过新材料和新技术的运用,才能够让运动员的成绩实现突破。

从最早的奥林匹克运动会至今,竞技体育发展的时间已经有数千年之久。在这个过程中我们可以感受到,竞技体育运动员的运动场所条件在不断改善。这种改善并不是偶然,而是科技进步所带来的必然结果。无论是上述讲到的滑雪靴还是田径跑道,都体现了体育运动安全性的提升,这种安全性提升背后所蕴含的真相就是竞技体育运动环境的改善。对于运动员而言,当他们的运动安全系数得到了提升,他们自然也就会以更高的热情和激情投入竞技体育的训练和竞赛过程中,这对于竞技体育本身的发展也有极大的促进作用。

新材料技术和竞技体育之间的联系与作用,最重要的表现就在于新材料技术的应用有利于增强运动员运动时的安全性,保障运动员的身体安全。各种器材的设计和使用,可减轻外在环境对运动员身体机能的损耗,从而保证他们的身体机能和状态始终处在一个较好的水平。新材料技术的使用还可以节省竞技体育在外设环境方面的成本,让更多的资源得以运用到增强运动员的身体机能方面。这些都是新材料技术对于保护运动员的表现。除了这些间接影响外,新材料技术的应用对竞技体育运动员安全性保障的直接影响还在于运动员的运动装备更加贴合运动员自身情况,使得运动员在运动时不会由于不熟悉运动装备而导致出现问题。因此,新技术、新材料运用于竞技体育对运动本身而言是一件受益极大的事情。

6.1.3 新材料在我国体育产业中的发展瓶颈分析

虽然新材料技术对于体育竞技运动的发展的确做出了不可磨灭的贡献,但是当下体育运动的发展仍然有许多不可忽视的问题。我国的体育装备业起步比较晚,与发达国家相比较,我国体育装备中应用化工新材料比较滞后,因此,应用和推广化工新材料在体育生产装备中依然比较困难。

首先,我国销售的体育装备中,国产产品的产量低,进口产品占比大,这就导致化工新材料的使用受到一定程度的影响。例如,在我国畅销的十大羽毛球拍中,我国自主品牌仅占两家,其销售额更是少得可怜;在冰雪运动装备中,也只有冰鞋、滑雪板和头盔的自主化程度比较高,其他的还是依赖于进口。其次,消费结构受产品价格的影响严重,而体育装备的价格受化工新材料价格的影响,所以这就导致大众体育消费水平比较低,而应用化工新材料比较多的高端运动装备的消费也比较低。我国目前消费结构总体偏低,高端产品的消费更是比较低,这就更不利于化工新材料在体育装备上的应用和推广。最后,目前我国化工新材料在体育装备中应用困难的另一个因素是科技实力欠缺。目前存在的问题是我国还没有形成化工材料在体育装备应用中的有效体系,研发和应用没有实现一体化,企业没有专门的生产研发团队,要将材料研发交给研究院和高等院校,可能导致研发的材料和应用需求不太相符,应用上就会存在困难。目前自给自足还是一个问题,所以一些装备材料依然需要从国外进口。

目前,就化工材料的生产和体育装备的生产而言,我国还没有形成一种直供模式。但是在发达国家,化工企业和体育装备专业企业已经具有比较成熟的供应模式。我国的化工新材料想要自给自足,也需要去建立这种供应模式,才更有利于化工新材料的研发和推广。

另外,在 21 世纪,新材料和新科技的发展不能仅仅满足于对运动装备、机械设备等方面的探索。当下,新科技应从分子水平研究人体机能,尝试促进竞技体育科学化、人性化和个性化发展,研发出适用于提高竞技体育成绩的微型生物芯片、传感器、生物材料等产品。要使这些问题得到根本上的解决,在未来的发展过程中还需要更多的尝试与努力,才能真正实现新材料技术和体育运动的完美结合。

6.2 多元数据融合

多元数据涵盖多种分辨率数据、多维数据以及各类不同类型的数据。这些数据在形式(如格式、单位、分辨率、精度)和内部特征(如属性、内容)等方面均存在差异。数据融合过程中,多个传感器获取的信息相互联系并处理,通过计算机技术对按时间顺序得到的多个传感器观测数据在相关准则下进行自动分析、综合,以实现决策、估计任务及信息处理。

6.2.1 信息融合系统

信息融合系统是一个以传感器获取信息为处理对象的系统。该系统中的信息主要来源于传感器,最终由计算机软件系统对数据进行分析,从而有效提供系统决策、估计任务过程中所需的信息。因此,传感器在信息融合系统的设计中占据尤为重要的地位。此外,传感器还具备一些共同属性和行为。由此可见,我们可以将传感器抽象为一个类,而具体的传感器则是这个类的对象。在信息融合系统中,其他环节也可以利用面向对象的思想进行分析,即将每个环节都视为对象,这些对象之间能够相互通信。通过这种方式,我们可以使用面向对象的方法来设计信息融合系统。

以传感器为基础,我们来分析信息融合系统中对象模型的创建方法。图 6-4 展示了某系统传感器的对象模型。在这个模型中,不同途径和类型的传感器都可以归为传感器类,而每个具体的传感器则是这个类的一个实例。这个类还可以进一步细分为多个子类。每个实例都具有其所属类的行为和特征,也就是说,每个实例都是这个特定类所描述的具体对象。对象也具有一定的行为和属性,对象与传感器类之间的关系属于归纳关系。

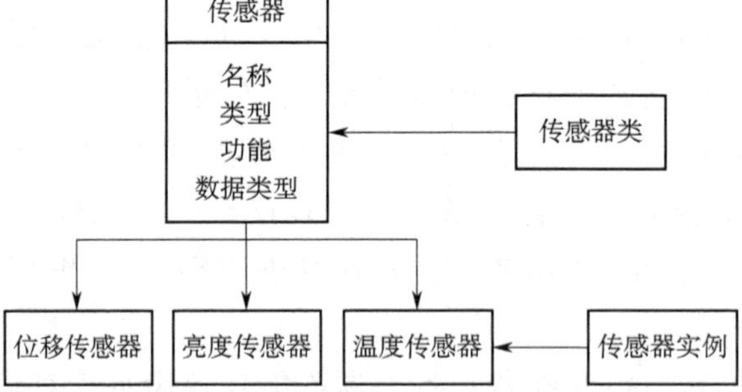

图 6-4 某系统传感器的对象模型

6.2.2 运动员训练信息融合

以运动员的抓举动作为例进行分析。抓举是运动员迅速且连续地将杠铃从举重台上提起,随后上举并支撑的一系列动作。在有效确定运动员的运动序列后,我们构建了抓举动作的力信息传递关系。结合图像解析的结果与人体惯性参数,我们对运动员抓举杠铃的整个过程进行了建模,从而获取了运动员训练的全过程信息。图 6-5 展示了运动员抓举动作中的力信息传递关系。从图 6-5 可以看出,模型创建过程中的信息流主要流向为:模型输入包括地面反力参数、杠铃重量、体重等,而输出则为关节角的位移量。在模型输入过程中需要进行测试,具体步骤为:利用摄像机获取图像,通过图像解析得到肢体运动学参数;地面的反力数据则通过测力平台求得。在有效明确力信息传递的信息后,我们就能得出测试数据,进而实现动力学的建模。为了能在模型中充分展现我国运动员的身体特征,我们采用了中国男性人体模型,并通过回归方程进行描述。

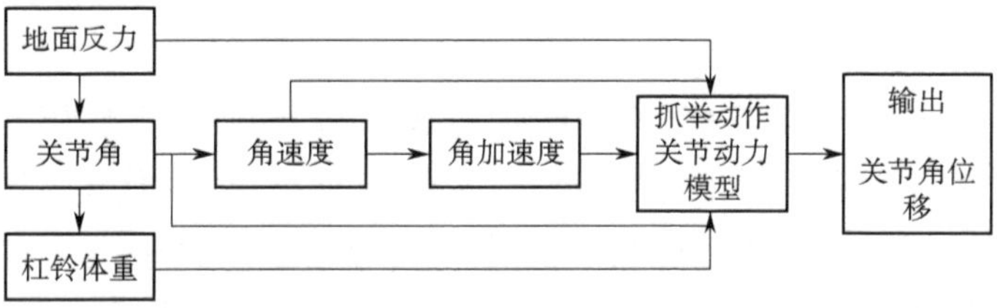

图 6-5　运动员抓举动作力信息的传递关系(调整自上而下流程图)

人体在运动时,肌肉活动能充分展现出神经控制的效应特点,如肌电、表面硬度、形态等参数。因此,数据信息的综合有效获取需以实际情况为基础。由于获取人体运动力信息的过程较为复杂,单一获取方法已无法满足需求,故可采用多传感器实现,如加速度计、表面肌电仪、超声波传感器等。同时,还需以图像解析相关关节信息位置为基础,将多输入通道的信息进行融合,以有效提高力矩估算的精度。图 6-6 为运动员训练信息融合分析系统的估计模型。

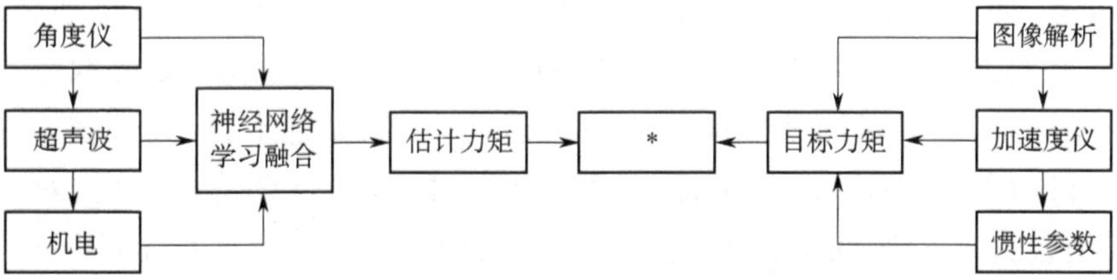

图 6-6　运动员训练信息融合分析系统的估计模型

此系统的设计思路是在运动员各关节部位设置高精度传感器,如超声波肌肉力传感器、光纤肢体角度仪、肌电仪、加速度传感器等。并且,通过立体高速摄像系统收集运动员运动过程中的信息并进行融合,从而解析图像得到信息,直接从传感器中获得肢体的加速度信息。这种与人体惯性参数相结合的人体动力学模型精度较高,并且能降低误差。

6.2.3 现代训练监控数据分析

运动训练监控是指在运动训练过程中，运用特定的测量指标对训练计划、训练效果和训练质量进行分析与评价，以辅助教练员实施训练控制的方法。研究发现，现代训练监控体系的指标类型主要分为两种：运动人体监控指标和人体运动监控指标。运动人体监控指标主要通过生物学检测手段获得，旨在分析、诊断或评定运动员的机体机能现状，为教练员合理安排运动负荷、选择训练手段等提供科学的训练依据。人体运动监控指标则主要通过训练学检测方法获得，用于分析、诊断或评定运动员的素质、技术、战术等竞技能力发展状态。从监控角度来看，对于体能类周期性项目的训练监控，采用生物学的监控指标更为重要；而对于技能类对抗性项目的训练监控，采用训练学的监控指标则相对重要。

以足球项目"训练/比赛监控"为例，运动数据分析师需要分析心率强度、心率负荷、最高心率、最高心率强度等心率因素，确定代谢负荷、最高代谢、平均代谢等身体负荷指标，以及训练和比赛中的跳跃次数、身体平衡等情况。这些数据有助于判断运动员在训练和比赛过程中的训练效果以及对训练量、强度的适应情况，从而有针对性地制定训练计划。

对现有运动训练监控指标进行分析后发现，大部分生理生化指标只能反映机体对训练刺激的生理应答状况，无法完整反映运动员在运动训练过程中所承受的即时内部负荷。此外，如血乳酸、红细胞、肌酸激酶等指标都需要通过创伤性采样获得，可能会影响运动员的训练。同时，这些生理生化指标对资金、仪器和场地有较高的要求，无法在训练实践中广泛应用。

当前市场上的智能可穿戴设备能够较好地记录运动表现数据，但难以获得运动技术的相关信息，如步频、步长、垂直振荡等指标。事实上，要计算这些运动技术指标，需要采集更丰富的人体运动信息，尤其是跑步的动作姿态。动作捕捉技术是获取这些信息的有效方法。在一些以周期性动作为主的运动中，例如跑步，研究较多。获取动作捕捉数据后，可以很快计算出这些指标，从而对运动技术进行评价。然而，对于大量运动项目，尤其是包含非周期性动作的运动，往往缺乏有效描述运动技术的指标。因此，在获取动作捕捉数据后，还需要进一步提炼运动技术指标，加深对运动技术的认识。在这个过程中，人工智能技术将发挥重要作用。

科技创新带来的新兴训练工具和方法层出不穷，许多最新的体育科技装备和训练方法被应用到训练团队中，不断丰富着教练员的训练"工具箱"。同时，教练员也以更开放的态度拥抱先进的体育科技，以期达到事半功倍的效果。每个项目都能从运动科学中获益，即便是同样的科学技术，以不同的方式加以应用也可能会获得不同的效果。事实上，如何将诸多体育新科技优化组合使用以发挥其最大效用也是目前许多运动科学家和教练员所高度关注的问题。由于涉及多学科多领域的知识和技术，要做到这一点往往需要集体智慧和科技集成。

6.3　比赛感知与推演

6.3.1　运动训练中的感知技术

2009 年 8 月，国家提出了“感知中国”的概念，将物联网正式列为国家五大新兴战略性产业之一，并写入《政府工作报告》。这标志着信息化的发展进入了以物联网为标志的新阶段。2011 年初，国家“十二五”规划纲要明确提出“推动物联网关键技术研发和在重点领域的应用示范”，感知中国成为我国物联网技术研发与应用的重要战略思想。感知中国的目标是通过物联网无处不在的末端感知设备，全面感知中国各个行业、社会生活各个方面的信息。经过网络可靠传输获取信息后，通过智能计算从大量信息中挖掘、升华知识，使我们在建设中国现代化的过程中具有更高的智慧。

感知中国全面覆盖中国各个行业，自然也涵盖了体育行业。这使得感知体育成为感知中国的重要组成部分之一。依据感知中国的思想，感知体育是利用物联网相关技术对体育资源进行广度和深度的开发利用，从而对体育系统实现有效的智慧管理和监控。其最终目的是进一步提升全民身体健康水平，改善人民的生活质量，促进竞技体育、群众体育、体育产业等体育事业的可持续发展，有效保障体育强国战略的实施。

感知体育的基本要求是实现体育领域物联网技术的有效应用，或者说是在构建“体育物联网”基础上的感知应用。体育物联网是通过传感设备和通信协议将体育因子相连，实现体育系统内部的识别、定位、跟踪、监控和管理，以便进行体育信息交流的一种网络。感知体育不仅仅是构建体育物联网，更是物联网技术在体育领域的应用。

物联网技术是面向应用并以需求为发展导向的新兴技术。其体系结构可以分为感知层、网络层和应用层，包括泛在化末端感知网络、融合化网络通信基础设施与普适化应用服务支撑体系。物联网技术在体育领域的应用应以体育系统中具有“物”属性的主体以及逐渐成熟起来的现有数字化、信息化体系为结构基础。辅以物联网的核心技术的应用，并遵循需求导向的原则，最终服务于体育事业的各项服务与管理工作。

“物”是体育领域应用物联网技术的基础。这一基础可从两个层面理解。其一，体育场地设施、体育器材、运动装备、体育环境、体育服务等体育相关资源及其属性都属于“物”的范畴。这其中还应包括虚拟的体育资源和体育活动中的人。其二，体育“物”必须具有数字化、信息化、智能化的身份属性。仅仅“物”及其属性本身还不能形成物联网技术应用的基础。“物”必须具有可使用的智能接口才能与信息感知层相结合。因此，面向应用的体育数字化、信息化与智能化是实现体育物联网技术应用的重要前提。图 6-7 展示了物联网技术的体育应用体系。

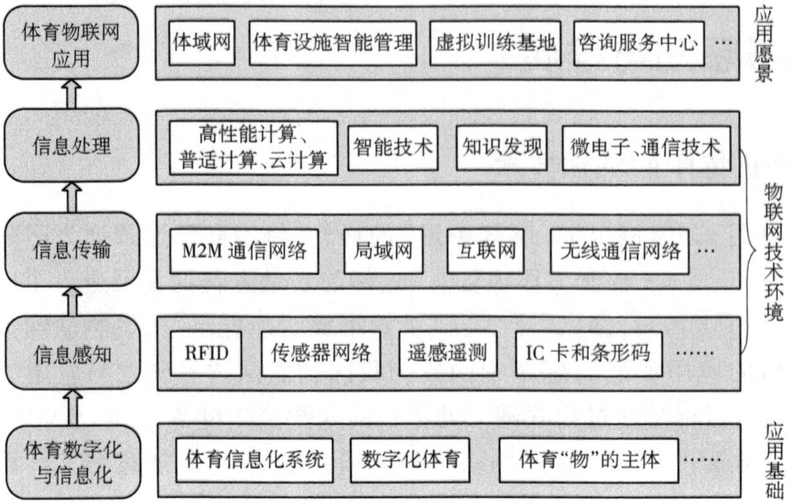

图 6-7 物联网技术的体育应用体系

通过物联网感知层技术，我们可以随时随地感知、测量和捕获体育信息，进而实现体育信息的传输、分析与体育资源的智能化管理。传统的 IC 卡与条形码等技术，虽然可以实现体育信息的采集，如比赛门票信息的采集、传输与分析，服务于比赛观众的管理，但仍有其局限性。遥感技术则能在大范围内、不同时间尺度上获取实时数据，通过遥感影像详细反映物体的各方面性质，使人们在短时间内获得自然与非自然环境的基本信息，从而全方位了解比赛环境。

然而，随着信息技术的飞速发展，射频识别、传感器等新一代信息感知技术逐渐展现出其优势。这些技术具有对“物”的使能作用，使得物联网技术在体育领域的进一步应用成为可能。例如，RFID(Radio Frequency Identification)射频识别技术对于体育场馆、体育器材等的管理具有良好的适应性，能够快捷有效地实现器材的追踪、定位和场馆的安保工作等。传感器技术则能够感知被测量信息，并按一定规律变换成为电信号或其他所需形式的信息输出，以满足信息的传输、处理、存储、显示、记录和控制等要求。在北京奥运会的场馆管理与安保工作中，传感器技术已得到部分应用。

局域网、互联网、M2M(Machine to Machine)通信网络等通信技术则将用户电子设备、体育资源和信息服务机构中收集、储存的分散信息及数据连接起来，进行多方交互和共享，以实现体育物联网的数据传输。随着各种通信技术从平行、独立地发展逐步走向融合，如电信网、电视网、计算机网、卫星通信网络的融合，形成了新一代技术——M2M(Machine to Machine)技术，以实现人与人、人与机器、机器与机器之间畅通无阻、随时随地的通信。

以 RFID 技术为例，德国曾研制出一套应用于足球比赛的 RFID 技术系统。在足球内部和球员身上粘贴 RFID 电子芯片，读写器以 2000 次/min 的速率对全场进行扫描，精确测定场上球员和球的位置，从而有效地解决了裁判员有争议进球和出界判罚的问题。现在较高水准的田赛中主要是运用激光测距仪来进行距离的测定，要求裁判员能够在球落地的第一时间找到落地点，这样难免会出现人为误差。如果在网球及排球等球体内部设置多个电子标签，也能够更好地了解和分析球的飞行线路及变化，精确判断球的落地点；同时还能够帮助教练员更好地分析球队和对手的战略战术。

众所周知，在体育竞技比赛中难免会涉及器材、设备的管理工作。经研究发现，在器材的管理中利用 RFID 技术能够实现对其进行智能化的管理以及出库入库流程的全程监控。具体实现方式是将体育设备贴上电子标签，利用物联网感知技术对其发放、使用、存储、回收和报修过程进行全程跟踪。这样一来，不仅可以提高管理效率，还能确保器材使用的安全性和准确性。

6.3.2　应用愿景

欧冠决赛前的公开训练中，《太阳报》拍到了阿诺德头戴满是电极的“传感头套”的照片，如图 6-8 所示，这一场景引发了英国媒体和球迷的浓厚兴趣。这并非弗兰肯斯坦的“科学怪人”实验，而是德国神经学专家豪斯勒博士针对顶尖职业球员心理训练的最新科技产品。这套全新的高科技设备被戴在阿诺德和茨米卡斯的头上，而设备公司的技术人员则在旁边通过收集到的数据，在特定显示器上进行观察和分析。

图 6-8　阿诺德头戴满是电极的“传感头套”

头套上的电极可以提供个性化的特定数据，这些数据根据球员在主罚定位球或点球时的脑电波反应得出，有助于俱乐部针对每个人调整训练计划。通过这种训练，像阿诺德这样的定位球高手可以在主罚时将精神状态，尤其是专注度和自信心提升到最佳状态。目前来看，这种“传感头套”的效果相当不错。本赛季，利物浦已经攻入 19 个定位球，比上赛季多出 7 个，排名英超第一。此外，在联赛杯和足总杯决赛中连续赢得两场点球大战也是很好的证明。

过去 20 年里，旨在提升顶尖球员运动表现的高科技几乎都集中在如何帮助球员突破生理极限上，比如增强肌纤维、骨骼力量、速度，或者加快球员受伤后的恢复速度等，本质上都是从肌体生理着手。而在改善球员心理素质方面，基本上还是依赖聘请心理学专业人士来进行辅导。然而，德国神经学专家豪斯勒博士认为，训练球员的肌肉和骨骼已经过时，运动科技的未来在于直接训练球员的大脑：“这是我们经过科学验证后得出的结论，并且已经取得了一定的成果。”或许在不久的将来，我们可以看到更多职业球员接受更直接的“大脑训练”，以更好地提高运动表现。

马拉松作为一项专业和休闲体育活动，在全世界范围内都备受欢迎。美国每年约有 200 万跑步者参加长跑比赛。心脏骤停（SCA）被定义为与跑步相关的心脏骤停和心脏性猝死的复合体，由于马拉松运动的普及，它已经引起了人们的广泛关注。尽管长跑期间的心脏骤停相对罕见（每 10 万名参与者中有 0.54 例），但这些病例中有高达 70%的致死率。现有的预防策略，如沿途部署医务人员和自动体外除颤仪，仅在一定程度上有效，而心脏筛查的可行性和成本效益仍存在争议。

最近，智能可穿戴设备的出现为这一问题提供了新的解决方案。这些设备可以监测心电活动、脉搏、体温和血氧饱和度等生物信号。其中一种名为 hitoe®（TOREI，日本）的心电图（ECG）传感器嵌入式穿戴设备与发射器（NTT TechnoCross，日本）相结合，为马拉松运动员提供了实时监测的可能性。这种设备由离子导电聚合物与丝纤维束结合构成，能够实现生物电信号的传输。它的开发目的不仅在于在医疗环境中获取生物信息，还包括与工人安全相关的环境。hitoe® 由四部分组成：与智能手机通信的发射器、心电传感器、跑步型服装以及存储 ECG 数据的标准智能手机，如图 6-9 所示。嵌入心电图传感器的设备能够连续记录数据，然后通过发射器通过蓝牙传输并存储到智能手机中。东京组委会之前使用无线贴片式心电图监测系统（Duranta®，ImageONE Co.，Ltd.，东京，日本）的经验使他们确信，它在全程马拉松比赛中的应用是可行的。这种技术的运用有望为马拉松运动员提供更加全面和及时的健康监测保障。

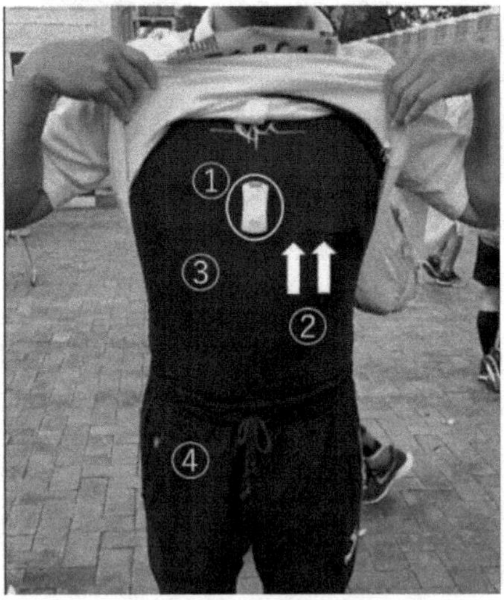

图 6-9　hitoe® 的四个部分组成

尽管全程马拉松期间的心电图数据采集已被确认可行，但仍存在一些问题，如性别差异和与跑步阶段相关的误差。未来，我们还需要进一步提高传感器的灵敏度和优化软件的复杂性，以完善这项技术。

在赛艇比赛中，胜负之差往往微乎其微，因此赛艇传感器的作用至关重要。人们借助电脑等科技手段不断探索最佳的训练方法，以帮助桨手们以最小的体能消耗达到最快的速度。赛艇功率传感器便是一项能够测量桨手划桨频率、振幅和运动状态的重要技术。具体来说，它是一个安装在赛艇上的仪表，利用该技术可以在比赛或训练过程中实时测量每次划水的各项技术参数，包括功率、速度、桨的入水和出水角度以及赛艇的移动情况等。这样，教练就能获得准确的反馈，如图 6-10 所示，并利用这些信息指导桨手提高划桨的精准度，避免不必要的体力浪费。如今，为了让奥运会竞技水平更上一层楼，我们迫切需要科技的助力来实现更为精准的训练。只有确保训练质量达到极高标准，运动员才能在比赛中取得最佳成绩。

图 6-10　赛艇比赛中的功率传感器

在橄榄球比赛中，场面时常混乱，有时犯规行为的判断变得异常困难。现在，一家英国公司推出了一款全新的智能橄榄球，如图 6-11 所示，球内嵌有能记录其运动的传感器。这些传感器包括惯性测量单元(由加速度计、陀螺仪和磁力计组合而成)以及温度传感器。通过这些工具和其他技术的支持，我们能够获取到关于球的各种数据，如球的位置、行进方向、移动距离、飞行高度、加速度以及最高 600 转/分钟的转数等。这些信息是通过射频识别(RFID)技术从球上实时传输的，由场地侧的接收器负责接收。由于每位球员也都佩戴有 RFID 标签，他们的运动和位置信息同样可以得到有效跟踪。这样一来，我们便能迅速且准确地判断是否发生了诸如越位等犯规行为。

尽管物联网感知技术本身尚处于快速发展阶段，在体育领域的应用也必将面临技术、标准以及伦理等各种挑战。但正如互联网技术的广泛应用一样，物联网技术在体育领域也具有广阔的应用前景。从理论上讲，可以预见的体育物联网应用主要包括以下 4 个方面。

图 6-11 智能橄榄球

（1）体域网。体域网是“一种基于无线传感器网络的，由人体上的生理参数收集传感器或移植到人体内的生物传感器共同构成的无线网络”。它不仅是普适医疗保健、疾病监控和预防的新型解决方案，还是物联网的重要感知组成部分。体域网主要应用于健康监测、远程医疗、交互娱乐、随身视听等领域，可为泛在化的体质健康监测系统提供有效的信息通信解决方案。可穿戴的体域网体质监视系统能够通过生物传感器元件监测、收集并分析人体生理学参数，实时地监控和反馈人体的健康信号。此外，它还可以连接远距离体质监测研究中心系统，为被监测者提供身体危机预警与解决方案，从而帮助人体保持最佳身体状态。在运动医学、竞技体育训练、体育工程学等领域，体域网均可发挥重要作用。

（2）体育场馆设施智能管理。BMS（Building Management System，楼宇智能管理系统）是当前体育场馆设施管理的重要技术方向，而物联网技术则能够有效促进智能体育场馆的实现。通过电力、照明、安保、监控等物联网子系统，既可以对场馆设施内的环境及其监控设备的运行状况进行控制和管理，又可以对各种机电设备的运行情况进行监控。系统能够采集各处现场数据，自动进行处理、制表或报警，并按预置程序和随机指令进行监控，从而有效地防范和处理各种突发事件。可以预见，随着各种 DDC（Direct Digital Control，直接数字控制器）、各类传感器、智能识别元件等的应用，智能场馆系统将更加高效地完成多种体育场馆控制与管理任务，提升场馆设施的智能化程度。

（3）虚拟训练基地。物联网技术可实现体育场馆设施、体育环境、体育人才资源等的有效互联，使得竞技体育训练工作可以减少对地域空间的依赖性。理论上讲，任何人、任何时间、任何地点的竞技训练工作都可以通过虚拟训练基地（中心）进行有效实施和管理。虚拟训练基地利用物联网的感知、传输和处理技术，将运动员、教练员、训练场馆、器材等紧密联系起来。通过体域网等技术实时采集运动员训练相关技术数据，传输到虚拟训练基地进行处理。管理者和教练员在基地即可实施训练计划的管理、训练场地的安排以及运动员训练的指导等业务工作，从而在时间和空间上大大提升竞技训练的有效性。

（4）体育信息服务中心和知识基地。随着知识经济时代的到来，教育、文化和研究开发成为社会发展的先导产业。教育和研究开发是知识经济时代最主要的部门，而知识和高素质的人力资源则成为最重要的资源。体育事业的快速发展更加突显出体育教育与科研的重要性。物联网技术的应用能够有效提高体育科研过程中知识增长的效率。体育教育与科研部门的核心业务有望从传统的日常事务转向知识创新、信息咨询等知识文明服务。通过物联网相关的高性能计算、普适计算、云计算以及人工智能知识发现技术，体育教学科研部门在原有职能的基础上有望成为体育信息服务和知识创新中心，从而更好地服务于体育强国事业的发展并实现全社会体育资源的更优化配置。

6.4　数据与设备使用安全性

6.4.1　运动员数据处理及其基本原则

1. 数据处理的重要性与数据分类

在当今社会，除了体育领域外，数据处理已经逐渐形成了一套理论和实践相互影响的框架和模型。体育作为社会生活的重要组成部分，在数字化背景下产生了与传统体育不同的新环节和新问题，涉及运动员个体数据的生成、收集、使用、传输等。在“数据驱动经济”的社会背景下，竞技体育领域在数据竞争和数据合作的对立统一中寻求平衡，运动员个体数据的处理已成为各方关注的焦点。体育领域，作为社会的一个特殊领域，对于一般社会领域中的数据处理理论和模型，既需要借鉴其一般化原则，又需要针对具体情况进行具体化发展，以确保运动员个人数据的妥善处理。

运动主体主动提供个人相关数据，或者以明示同意、默示许可等方式允许相关机构对其个人数据、行为数据、生理数据等进行采集和存储。这些数据经过整合，形成个人运动画像。运动数据记录运动主体的行为动作，是运动行为的电子化再现，与运动主体的实际行为具有一致性。运动员个人数据是指与运动员相关的体育事实和活动的数字化记录，包括但不限于运动员身份信息、生物识别信息、技术动作信息和健康生理信息等。在运动员数据的分类上，一些较为常态化的数据，如年龄、身高、体重，以及较为暂定化的数据，如比赛成绩、训练成绩，可归入一般数据类别。而具有明显隐私性和敏感性的数据，如生物识别数据、健康生理数据等，则被归类为特殊数据类别。

2. 运动员数据处理的具体行为

运动员数据处理涉及多个具体行为，包括数据的收集、存储、传输和使用等。一方面，实施这些行为的主体之间可能存在交叉。例如，俱乐部可能负责收集运动员数据，并对这些数据进行存储、传输和使用。另一方面，这些主体之间也可能存在区别。例如，俱乐部可能委托第三方体育数据收集机构进行数据采集，然后将数据转交给俱乐部进行存储。在特定时候，俱乐部可能将数据传输给第三方数据分析公司（如赞助企业等）进行分析和使用。又如世界反兴奋剂机构（WADA）可能委托国际兴奋剂检查管理公司（IDTM）提供兴奋剂检查服务，而 IDTM 则承担包括运动员个人数据收集、保存、运输、分析等在内的行为。

尽管在不同情境下涉及的具体主体可能有所不同，但大体上可以将运动员数据处理过程涉及的主体分为数据主体和数据控制者两类。数据主体是指相关个人数据所指向的运动员个人，他们是数据的提供者或被收集者，是相关数据可以识别的具体对象。数据控制者则是指可以决定如何以及为什么处理个人数据的主体，具有实际意义上的数据控制权。广义上的数据控制者包括除了数据主体之外的其他对数据施加行为的主体，如进行数据的收集、存储、使用、加工、传输、公开等具体行为的主体。在不同情境下，运动员个人数据控制者的范围可能涵盖体育俱乐部、体育行政管理机构、国际或国内单项体育协会（如国际田径联合会、中国足球协会等）、国际体育组织（如国际奥林匹克委员会、世界反兴奋剂机构等）、体育博彩公司，甚至是体育市场开发领域的体育设备供应商、体育游戏设计方等。如图 6-12 所示。

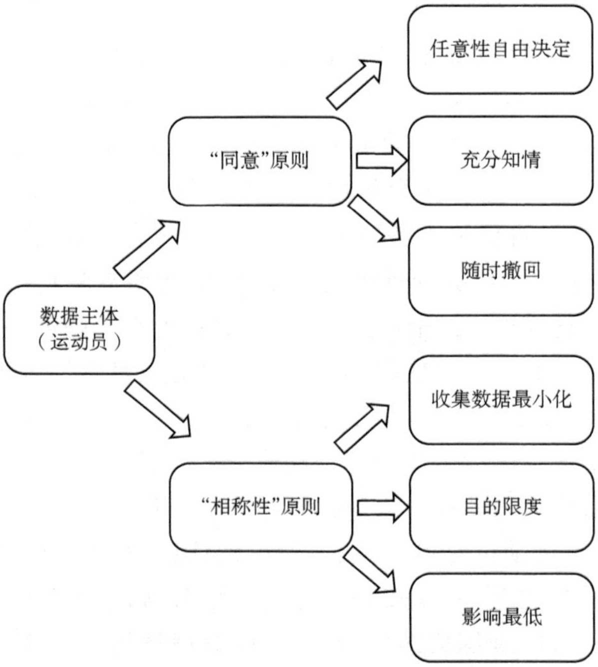

图 6-12　作为数据主体的运动员应遵循的原则

3. 运动员数据处理中的主体与权利

作为数据主体的运动员，负有在规定时间内提供符合要求的相关个人数据的义务。例如，"行踪规则"作为"飞行检查"的前提和基础，要求运动员上报自己真实的住宅数据、作息数据、行踪数据等，以便兴奋剂检查服务机构能够及时、准确地收集血液样本和尿液样本。

对于数据控制者而言，在处理运动员个人数据的过程中，必须满足相应的合理性要求，并承担一系列合规义务。同时，运动员也享有作为数据主体而被赋予的相应权利。

例如，WADA 制定的《保护隐私和个人信息国际标准》(ISPPPI)第 5.4 条要求反兴奋剂组织应公平、准确和完整地处理个人数据信息，并承担相应义务。

无论是欧洲法下基于人格尊严的个人数据保护理论，还是美国法下基于自治自由的个人数据保护理论，都强调“个人数据是人的延伸，应当由个人支配或控制，个人享有个人数据的处理决定权，包括是否允许他人处理以及如何处理”。这体现在个人数据保护制度中，通常将“同意”作为处理个人数据的最基础要件。例如，1970 年欧洲第一部个人数据保护立法《德国黑森州数据法》就将“同意”原则作为个人数据处理的最基本原则予以规定，要求数据处理者在处理个人数据时，应充分告知数据主体有关个人数据处理的情况，并征得信息主体明确的同意。我国新近出台的《个人信息保护法(草案)》第 13 条也规定了除公共利益等例外情况外，个人数据处理需要取得个人的同意。

考虑到体育分析中涉及大量运动员的个人敏感信息，特别是运动员的生理生化监控、伤病及康复等信息一旦泄露或滥用，极易导致运动员人身和财产受到损害。因此，在处理这类数据时，本应采取更为严格的“同意”标准。然而，在体育分析中，运动员的“同意”却往往缺失。这种情况需要引起高度重视，并采取有效措施加以改进。

首先，个人数据保护意义上的“同意”要求数据主体在无任何胁迫、欺诈的状态下自由做出决定。然而，在体育领域，运动员与体育组织或俱乐部之间往往存在不平等的关系，导致运动员的同意带有强制性色彩。为了参加如奥运会、世界杯等大型国际赛事，运动员常常别无选择，只能同意提供个人数据。这种情况下，运动员的同意自由很难得到保障。

其次，有效的“同意”还要求运动员充分知情，包括了解数据控制者的身份和联系方式，以及处理个人数据的目的、范围、方式、保障措施和数据储存期限等细节。但在体育分析中，相关数据处理方往往对数据处理的范围、方式、存储时限等信息的提供非常有限。以 2018 年平昌冬奥会参赛报名表为例，其中关于个人数据处理的条款表述笼统，信息透明度不足，使得非专业的运动员很难全面理解数据处理的规则和方针。

此外，个人数据保护意义上的“同意”还应保证主体可以随时撤回同意。一旦数据主体撤回同意，数据控制者应停止处理相关数据并予以删除。但在体育分析领域，由于运动员个人数据的采集形式多为“一对多”，即使运动员反对处理其个人数据，数据控制者也很难将其数据从整个数据集中删除。因为这样做会对数据集的有效性和结论产生重大负面影响。

除了同意问题外，相称性是个人数据保护的另一重要原则。它要求从数据收集到留存、处理和披露的整个过程都保持合理且必要的最小限度。然而，在体育分析领域，随着可穿戴设备、视频动作捕捉等技术的广泛应用，运动员个人数据的采集维度日益丰富，颗粒度越来越细，导致严重的数据过度收集问题。例如，一些国家队的训练数据采集就包括运动员的生理生化监控数据、不同训练阶段的具体安排以及训练负荷量和强度的记录等详尽信息。

相称性原则还要求个人数据处理遵循目的限度原则，即数据处理应具有明确且符合个人合理预期的目的，并且后续处理不得违反该目的。但在体育分析中，数据处理的目的往往不够明确，甚至被用于与原始目的不符的场合。例如，以预防运动员伤病为目的收集的数据可能被用于体育博彩，以提高运动员技战术为目的收集的数据可能被用于运动员的合同谈判等。

最后，相称性原则还要求个人数据处理的影响应尽可能降低。然而，在体育数据分析中，运动员的信息往往被全方位捕捉和处理，如通过光学追踪摄像头系统和数据追踪设备等手段对运动员进行全天候监控。部分俱乐部还通过 COOKIES 等技术收集运动员的网络信息以分析其行为倾向。这些做法不仅侵犯了运动员的隐私权，也给其日常生活带来了极大干扰，使其仿佛生活在"数据画像"之中。因此，在体育分析中应更加注重运动员的个人数据保护，确保他们的权益得到充分保障。

6.4.2 运动员数据处理中的问题

随着大数据技术的不断发展和应用，数据采集在体育赛事领域的应用越来越广泛，包括提高运动员竞技水平、预防运动伤病、衡量运动员价值、开发球迷服务、兴奋剂查处以及辅助裁判判罚等方面。然而，对于运动员数据的采集，目前尚缺乏详尽的规则和安排。受利益驱动，运动员被迫不断暴露在采集技术下，即使是生理隐私和私人交往轨迹也难以保护，这不仅侵害了运动员的权益，还引发了国家数据权力冲突等问题。

近年来，体育领域的数据安全事件频发。例如，世界反兴奋剂机构的数据库运营管理系统（ADAMS）多次遭到俄罗斯黑客组织的入侵，国际奥委会的数据库也频繁遭受攻击。在职业体育领域，类似美国职业棒球联盟圣路易斯红雀队球探总监通过黑客技术侵入对手休斯敦太空人队的机密数据库的事件也在不断发生。英国国家网络安全中心（National Cyber Security Centre）2020 年 7 月发布的《体育组织网络风险报告》显示，在接受调查的 57 个国家的体育机构和特定俱乐部中，有 70%的体育组织在过去一年中至少经历了一次网络安全事件，有 30%的体育组织遭到了 5 次以上的网络攻击。

尽管许多体育组织声称已采取措施保障网络和数据安全，但运动员个人数据安全仍存在很大问题。一方面，运动员个人数据难以匿名化。一般而言，"匿名化"是指利用特定技术程序对个人数据进行处理，使其不再具有直接或间接识别性。虽然"匿名化"技术通过"去识别化"降低了个人数据的安全风险，并被广泛应用于互联网企业对个人数据的处理中，但对于运动员个人数据而言，"匿名化"技术难以适用。因为运动员个人数据之所以有价值，就在于其属于特定知名运动员，一旦"去识别化"，其分析价值将大大减弱。

另一方面，在体育分析中，体育组织通常与外部数据服务商合作建立数据库或授权/委托外部数据服务商采集数据。这意味着体育组织需要与第三方共享部分体育数据以完成数据挖掘与分析。然而，外部数据服务商的数据保护义务往往仅通过合同加以约束，对其访问权限和数据留存并没有硬性要求，事实上也难以有效控制，因为技术手段掌握在服务商手中。同时，运动员数据涉及频繁的全球范围跨境传输，相比本地化部署,跨境传输过程中的数据安全最为薄弱,很容易遭受第三方网络攻击和截取。特别是部分国家设置了跨境数据审查制度,运动员个人数据需要经过国家相关机构的审查后才能出境,因此运动员的数据安全难以得到有效保障。

此外,许多数据采集并未获得运动员的同意。特别是在利用人工智能和计算机视觉技术通过直播录像自动获取运动员比赛追踪数据以及数据二次利用时,并未征求任何运动员的同意。例如,体育数据公司 Skill Corner 基于赛事直播视频使用机器学习模型抓取了 23 个联赛的运动员的实时追踪数据。另一方面,即使体育组织/俱乐部在处理运动员数据时通过参赛报名表或告知书等相关协议在形式上获得了运动员的同意,但这种同意并非个人数据保护意义上的真正同意。

侵犯数据信息隐私和平台经济垄断已逐渐成为数字经济发展的重点问题。数字体育、智能体育和智慧体育的发展都离不开对各类数据的采集运用和对数据平台的依赖。若在其发展过程中忽视对各类体育数据信息的安全保护,则极有可能出现违规采集、利用数据以及滥用平台垄断地位等行为。这将大幅降低资本、消费者等各方对数字体育、智能体育和智慧体育的发展信心,不利于体育产业的高质量发展。因此,在支持数字体育、智能体育和智慧体育发展的同时,必须对数据信息安全保护给予足够重视。

在宏观层面,数据隐私和平台垄断问题并非体育领域独有。体育部门应联合市场监管、大数据等相关部门构建协同监管机制;在微观层面,应结合数字体育、智能体育和智慧体育的特征以及各类数据采集的规律,根据《中华人民共和国个人信息保护法》和《中华人民共和国民法典》等涉及个人信息保护的法律法规,制定符合体育发展规律的规章制度。明确数字体育、智能体育和智慧体育在数据采集、汇集、应用等各个环节的原则,并对滥用平台垄断地位的行为进行解释说明,以推动数字体育、智能体育和智慧体育健康有序发展。

6.4.3　数据处理与设备安全使用的经验策略

在人工智能的时代背景下,体育分析无疑能最大限度地解放"体育生产力",在体育领域发挥着越来越重要的作用。然而,这也带来了如何保护运动员个人数据的难题。运动员的个人数据关乎其人性尊严和人格自由发展。如果运动员不能自主决定个人数据是否被他人收集和处理,或者无法禁止他人在违背自己意志的情况下获取并利用这些数据,那么不仅其个人数据权利得不到保障,还会波及其他一系列基本权利的实现。

在国际体育赛事中,数据采集主体通常在报名和比赛期间收集运动员数据,并承担相应的法律义务。然而,采集主体的范围、利用权限以及行使权力的限度并不明确,这导致了侵犯运动员人格权、隐私权、参赛权以及跨境数据流动冲突等问题。

在赛事筹备阶段,主办方通常会通过报名表或申请书收集运动员的基本个人信息,如年龄、联系地址等身份数据,以及身体素质等健康生理数据。作为数据采集的组织者,主办方有责任保障运动员数据的安全和正当利用。同时,体育组织作为报名表或申请书的传递者或知情者,也应严格遵守保密义务。

传感器的使用使得摄像和照明等场馆设备成为采集运动员数据的重要途径。通过这些设备,可以获取大量的运动员生物识别数据、技术动作数据和生活数据。例如,自2009年起,美国职业篮球联赛(NBA)逐步引入了Sport VU技术,通过在球馆天花板上悬挂带有各种传感器的3D高清摄像头,并直接连接计算机分析系统,以捕捉、分析和处理数据。在2016年里约奥运会上,美国通用电气公司(GE)在多个场馆的LED灯内嵌入了生物传感器,用于跟踪运动员的运动轨迹和加速度。对于场馆设备的设计和使用,主办方应承担以下3点责任。

(1)把控体育赛事期间运动员数据采集的整体环境,审慎决定使用数据采集装置,并严格禁止使用未经批准的采集设备;

(2)限制利用目的,确保通过设备采集的运动员数据主要用于日后工作指导和赛事推广工作;

(3)保障采集数据中涉及的运动员隐私内容,确保采集设备的安全性、工作人员的保密性以及数据保管的完备性等。

利用可佩戴设备采集运动员数据是当前最常用的手段之一。这些设备如"黑色小马甲"、智能手环、智能鞋、智能芯片等,具有小巧、轻便的特点,能够24小时监控运动员的身体状态,并快速记录和分析运动员在赛场上的动作和技巧。由此,可以获取丰富的运动员生活数据、生物识别数据、技术动作数据和健康生理数据,为教练员和运动员提供最直观的竞赛和训练建议。在2016年里约奥运会上,Visa支付手环、Solo智能眼镜、Whoop Strap 2.0智能手环以及Halo Sports运动耳机等设备为运动员的比赛、训练和生活带来了便利与保障,同时也获取了大量的运动员数据。可佩戴设备通常依托运动员与体育组织之间的数据采集协议得以运用。例如,自美国国家橄榄球联盟(NFL)允许球队在与球员的协议中加入数据采集条款后,在2018-2019赛季中,所有球队都通过RFID技术进行了数据采集。在合同关系下,体育组织作为采集主体应承担以下5点义务。

(1)在采集数据前告知运动员并征得其同意;

(2)向运动员充分解读合同内容,并披露可能存在的风险和威胁;

(3)按照合同约定正当利用运动员数据;

(4)审慎选择技术服务商作为采集商,并明确其责任和义务;

(5)确保运动员数据的流转符合合同约定。

此外,主办方还应协调和约束可佩戴设备的使用行为,监测设备的安全性,并确保各体育组织不会越界采集未经同意的运动员数据。采集商的行为也应受到合同的约束,按要求采集和处理运动员数据、保护数据安全、及时披露风险和不良影响,并禁止擅自流转数据。对于数据损坏、泄漏以及超出权限使用等行为,采集商均应承担相应的法律责任。

尽管针对不同的采集方法已经从法律和技术角度对采集方和服务商设定了权利保护的要求和约束,但从根本上说,数据采集和利用的范围及权限仍然不够明确。形式上强调“运动员同意”往往难以使运动员获得真正平等的协商地位。例如，国际体育赛事的参赛规则通常直接要求运动员同意主办方认可的数据采集及利用方式，否则可能会影响其参赛资格。这使得体育组织在数据采集方面拥有话语权。而在所采集数据的内容方面，目前尚未对运动员数据进行类型和级别的划分，这间接剥夺了运动员对与赛事无关信息和敏感信息的控制权，从而对其权利造成损害。因此，在未来的实践中，应进一步明确数据采集和利用的范围及权限，并加强对运动员数据权利的保护。

目前，针对运动员数据采集所引发的法律问题，尽管尚未形成专门的规定，但已经引起了各方的广泛关注，并普遍将其纳入个人数据采集的规范范畴进行考虑。欧盟和美国主要从数据保护的角度出发，对数据采集进行了规制。同时，相关国际组织也通过制定行业规范或自治规范，形成了国际规则和指引。然而，在实际应用中，保护路径、采集同意机制以及采集范围等方面仍有待进一步协调和完善。

从当前各个领域的数据规制现状来看，制定专门的行业规范或内部规范是制度体系中不可或缺的组成部分。目前，部分职业体育联盟已经采取了积极措施。例如，美国职业篮球协会与球员工会协商，在2017年版的新劳资协议中增加了一条有关运动员数据追踪的保护条款。该条款旨在保护运动员免受数据追踪的负面影响，明确规定了球员有自愿决定是否佩戴可穿戴设备的权利，并禁止球队利用运动员的生物识别数据进行合同谈判。

首先，在体育组织内部设立独立、专门的数据保护委员会。该委员会应由运动员代表、体育组织代表以及医疗、法律、技术等领域的外部专家共同组成，并确保运动员代表在决策中拥有否决权。数据保护委员会负责制定体育数据分析的内部规范，首先明确运动员数据的收集和使用范围。例如，可以设定数据分析的禁区，规定不允许在比赛之外对运动员进行全天候追踪；为了维护体育比赛的公平性，禁止在赛场上使用部分体育分析设备；以及禁止将运动员数据分析的结果用于工作合同的谈判等。

其次，内部规范应明确要求体育分析方在数据采集之初就建立安全保障措施，并将这些措施贯穿于数据的全生命周期。这包括防止运动员个人数据在存储和传输过程中被篡改、滥用、盗窃或遭遇未经授权的访问和披露。特别是当用于特定目的的运动员数据需要提供给第三方时，必须制定明确的安全措施以确保数据的安全。

再次，体育组织或俱乐部等应建立事先和事后的审查制度。这包括数据审查和算法审查两个方面。数据审查要求数据控制者在数据分析前对训练数据的准确性进行审查，以防止带有错误或偏见的数据进入算法模型。而算法审查则针对算法可能对运动员造成的不利影响进行预防性自查，旨在排除算法中可能存在的侵害运动员劳动权、健康权的情况。

最后，建立惩罚和问责机制也是必不可少的。可以参照欧盟《一般数据保护条例》等文件，设定体育组织内部违规处理数据的惩罚赔偿等制度，以确保规范的有效执行。

经过多年的探索和发展，英国政府在数据治理领域已经形成了一套完整的政策体系和治理结构。从政策演进和机构变迁中可以看出，早期英国政府将绩效、透明和责任作为政府数据治理的重点任务。通过数据保护、数据开放和信息公开等手段推动政府的透明度议程，旨在让公众拥有更多的知情权、建立政府与公众之间的信任机制以及监督提升政府工作的绩效和责任。自 2010 年以后，数据治理政策领域开始由内向外拓展。法案和政策的制定遵循国际通用标准和规则，加强数据基础设施建设以确保数据能够跨境流动和再利用，从而有效支撑数字经济的发展。

英国政府数据治理政策及其治理结构的发展变迁对我国政府数据治理具有一定的借鉴和参考意义。首先，在法律法规方面，英国的数据治理相关法律法规体系相对健全，并能够根据欧盟的相关指令及时起草适用于本国的法律法规，从而保证了数据的自由流动。相比之下，我国在数据治理领域的基础法律尚不健全，尤其是在个人隐私保护、数据权属等方面存在滞后现象，这制约了政府数据的开放、流动和再利用进程。因此，我国需要加快完善相关法律法规体系以推动政府数据治理的发展。

其次，在数据流动性方面，英国政府致力于推进数据基础设施建设、建立政府数据清单并全面提高数据质量，为数据的流动和再利用奠定了坚实基础。目前，我国政府在数据治理领域更加关注政府数据的互联共享和开放，但在数据基础设施建设方面进展相对缓慢。虽然由国家发展改革委牵头正在推进政府信息资源目录体系建设，但仍需进一步完善建设标准和协调机制以促进数据的流动和再利用。

再次，在政策与机构设置方面，英国政府经历了多次机构调整形成了与数据治理政策相匹配的、较为清晰的治理结构，其中以直接服务于首相的行政机构为核心。这一治理结构有助于确保政策的有效实施和监管的到位。目前，我国地方政府正在创新专门化的数据治理相关机构，但这些机构的职能、职责等尚需进一步调整和优化以更好地服务于政府数据治理的需求。

最后，在专业咨询机构方面，英国政府设置了专门机构负责协调政府部门、民间组织、私营部门等多边机构参与推进数据治理工作。同时组建了专业咨询委员会和指导小组并建立独立审查机制为政策、标准的制定和执行提供智力支持和意见反馈。这些经验可以为我国在推动政府、企业、专家学者和社会公众共同参与政府数据治理方面提供有益的参考和借鉴。通过借鉴英国等先进国家的经验并结合我国实际情况，我们可以不断完善政府数据治理体系并提高治理能力水平，以更好地服务于经济社会发展需求和人民群众的利益诉求。

6.5 我国智能体育的未来展望

6.5.1 我国智能体育发展趋势

面对新时期体育发展的紧迫需求，我们必须清醒地认识到，我国体育科技的整体水平还有待提高，特别是在解决运动训练中关键问题的能力上还需加强。同时，不同地区、不同学科以及不同运动项目之间的发展存在不平衡现象。因此，体育科技改革需要进一步深化和完善，对体育科技工作的重要性以及体育科技发展规律的认识也需要进一步提高。

在信息飞速发展的今天，运用信息化手段发现和解决问题已成为体育科研未来发展的必然趋势。以计算机为载体，运用大数据思维和可视化手段进行科学研究，将引领体育科学研究的新变革。计算机技术在体育竞技录像分析中的应用非常广泛，它用科学量化手段对录像进行分析，使体育爱好者、专业人士、体育评论员等都能够使用计算机来获取所需的分析结果。未来，计算机技术无疑将推动传统训练迈上新台阶，通过更精确的动作捕捉和人体运动测量分析，帮助教练员有效提升训练效果。同时，基于计算机分析对手的技术特点以及人体运动模拟与仿真来总结具体数据，将为竞技体育运动提供有力支持。此外，计算机技术还能在裁判仲裁过程中确保竞技体育运动的公正性，促进体育运动向正确方向发展。

然而，我们需要明确的是，智能体育并非简单的技术应用，而是面向体育强国建设的战略目标，创新体育发展新理念、新模式、新动能、新机制的全新实践。智能体育不仅涉及某个领域、少数场景或特定流程的技术改进，更是覆盖体育发展全领域、全场景、全流程的再造与创新，是推动体育事业高质量发展的核心引擎。因此，在提高认识的基础上，我们应制定并实施《数字体育行动计划》，推动认知的落地和实践，并在实践中进一步强化新的认知和实践。

鉴于当前我国在水上、田径、游泳等基础大项以及集体球类项目（尤其是足、篮、排三大球）整体发展水平与欧美强国存在明显差距，以信息化、数字化、智能化技术驱动竞技体育高质量发展势在必行。为推动竞技体育数字变革，我们应以训练需求为导向，打造一批“训、科、教、医、服”智能化集成的科学训练基地。同时，利用跨学科、跨地域、跨行业、跨部门的科研资源，建设一批智能备战创新实验室，加快智能化体育装备、训练器材、体育专用芯片的研发进程，以支撑科学选材、训练、竞赛、管理等体育全过程的数字化升级。此外，我们还应整合现有训练、人才、竞赛、服务保障等信息系统资源，拓展运动队管理服务功能，深入挖掘并分析竞技体育相关数据，打造数据驱动的精准训练模式。这将有助于科学指导竞技体育备战工作、促进训练理念和技战术水平的提升以及辅助备战指挥决策。同时，全面提升竞赛组织管理、运动选材、情报信息、选育培养以及退役运动员安置等方面的数字化和智能化水平也是至关重要的。此外，创新数字化赛事监管与服务手段也是确保赛事安全、促进公平开放办赛的关键所在。

中国体育产业的主要任务是深化供给侧结构性改革和实施创新驱动战略，努力消除体育产业发展中存在的不平衡问题，并从产业和市场发展角度出发，积极应对智能体育市场呈现出的稳步增长趋势。这将有助于拓宽创新创业领域、打造国际一流的产业聚集平台、部署全球产业链以及不断推进体制、管理和科技创新。通过这些举措，我们将构建我国人工智能发展的先发优势并使智能体育蓄势待发。然而，在筹划、建设、运营智能体育的过程中，我们也将面临诸多问题和挑战。因此，在长期规划中，“体育科技”行业也需要有新的发现与思考以应对未来的挑战和机遇。

1. 体育产品国际化

在经济全球化的浪潮中，各行各业的产品都需要在全球市场流通，尤其是智能体育产品。只有当其在国际市场形成闭环产业链，才能打造国际化智能民族品牌，这也是当下品牌的发展趋势。纵观当前世界优秀企业的发展历程，国际化水平是其不容忽视的一大战略布局。随着体育产业实力的不断发展壮大，应对市场多重风险的能力也在不断提高。市场资源得到整合和优化，以适应市场的竞争与变化，并能够积极应变提出相应措施。然而，目前我国体育产业相关的企业整体发展规模都相对较小，产业体系的格局和视野相较于其他国家略显不足。虽然国内落地项目较多，但企业应对市场风险的能力仍显不足。借鉴各国体育产业发展经验，我国体育产业的发展和成长应走国际化道路，提升核心品质，以增强我国体育产品在国际产业链中的竞争力，打造多样化智能体育的发展抓手，推动整个国家体育产业的蓬勃发展。

2. 体育设备规范化

将智能设备引入运动系统，添加智能成分，可以采集运动员的身体成分信息和运动成分指标等数据，将众多运动信息汇成信息资源库。如此大量的数据通过信息系统进行储存、分析、共享，不仅可以追踪运动员的成材轨迹，还可以体现优秀运动员的人格特质和共同品质。

作为连接人与智能设备的关键，目前我国智能体育用品发展势头强劲，主要以可穿戴设备为主。然而，技术方面仍存在诸多问题和漏洞，且市场内仍没有统一的产品标准，导致智能体育产品标签化现象愈发严重。各类设备功能评价标准不统一，消费者个人信息泄露也构成极大的安全隐患。同时，缺乏智能化水平、科学运动处方等软件层面的监督，产品差异化程度低、同质化严重、低价低质等问题突出，与进口产品相比缺乏竞争力，使得产业始终处于生态链底端。可穿戴设备作为云服务之间数据交流的中介，数据泄露是其中最大的安全隐患。因此，应聚焦可穿戴技术和物联网（Internet of Things，IoT）衔接过程存在的潜在风险，全方位评估并制定安全策略，降低数据监测、动作识别、运动处方等各个方面的误差风险。

智能产品具有效益不确定性和风险性，收益和风险并存。市场应不断提高可穿戴智能体育产品的技术水平，注重产品的多元化和生活化，贯穿安全策略进行创新和发展；同时明确政府职责，加强对智能体育市场的管理，制定智能产品监管规范，严格监控智能体育产品，规范市场环境，提高消费者对智能体育产品的认知度并保护其权益。通过最大限度地规避风险并防患于未然，致力于形成相对成熟的具有我国特色的智能化体育用品产业链。

3. 体育产业融合化

坚持体育产业与制造业、旅游业等产业之间的纵向有机融合是我国体育产业发展的前景与方向。要顺利实施“体育+AI”产业项目，仅有国家政策支撑还远远不够；还需要不断拓展核心技术的创新能力并使技术壁垒渗透到多个产业领域以形成优势竞争力。

要实现体育产业的可持续发展离不开其他产业的支撑和辅助。在产业交叉融合的过程中应形成良性互动以弥补分散产业中的诸如淡季、旺季等问题。以全民健身为基本框架构建智能化产品研发服务平台并因地制宜打造“体育+”的品牌路线。同时大力引进互联网技术、云计算技术以及电子技术等方面的专业人才以建立专业化技术团队并组建高层次技术专家队伍。通过寻求各行业之间的契合点共同推进体育产业智能化进程。

6.5.2　我国智能体育发展逻辑与策略

体育与科技的融合发展，既为赶超提供了机遇，也带来了转型的挑战。尽管国家已明确将加强科技引领和创新作为体育产业高质量发展的核心任务之一，但目前在政策层面，体育界仍缺乏体育与科技融合发展的专项规划。具体的发展目标、创新方向、重点布局和项目支撑尚不明朗，同时在体制机制上也未能完全适应体育与科技融合的客观发展要求。因此，我们需要从以下三个方面切入，为体育与科技的深度融合铺平道路。

1. 宏观层面

在宏观层面，必须为体育与科技的融合提供制度保障和政策扶持。这具体表现为深化制度设计、强化法律建设以及细化市场引导。

(1)科学制定战略规划，创新体育科技融合的管理制度。

高新技术的基础支撑和应用场景广泛，这就要求各级领导增强科技意识，善于用科学的方法论分析问题和解决问题。应从战略层面引导体育与科技融合的优先发展，为体育产业注入科技内涵，推动其高质量发展。具体而言，一是要在充分调研和论证的基础上，出台相应的专项规划，并设立整合推进机制；二是在体育产业的发展规划和各类政策文件中，明确将“促进体育与科技融合发展”作为重要内容。

此外，应建立与体育和科技融合相适应的新型体育管理体制。形成体育、科技、财政、金融等多部门共同参与的协同管理机制，打破政府主导和部门分割的传统模式。构建体育与科技融合发展的全面支持体系，包括完善面向体育科技企业的服务体系，引导建立信息服务中心和技术创新中介机构，为这些企业提供信息咨询、技术开发、技术标准及知识产权保护等全方位服务。同时，要为体育科技企业搭建包括版权交易、数字化技术、5G 通信信息技术等在内的公共技术服务平台和创业平台，加速体育与科技融合成果的商业化转化。

(2)完善法律法规，加快体育与科技融合政策的集成。

体育与科技的融合发展涉及众多模糊边界，高新技术在体育领域的应用也可能带来伦理困境、数据安全和算法歧视等风险。因此，在发展过程中需要不断完善相关法规制度，以应对这些新业态带来的不确定性和风险。具体而言，一是要制定体育与科技融合发展的专门法律法规和道德框架，特别要加强对信息安全、人机一体、无人自动系统等新兴领域的规范；二是确立体育科学技术标准和知识产权体系，加快推动应用领域和行业协会制定相关标准，建立专利保护机制以及健全的知识产权维权援助体系；三是建立针对体育科技产品的安全监管和评估体系，明确监管主体和职责，并针对技术的复杂性、风险性和不确定性等问题构建预警机制和风险管控体系。同时，还需要进行监管技术创新，以防止用户隐私泄漏和不符合主流价值观的体育产品出现。

当前体育产业和科技创新的促进政策之间缺乏有效的协同和衔接。科技支撑体育产业发展的政策体系尚不系统和完善，相关政策往往只是以条款的形式出现在政策文本中。政府在市场规范管理、税费优惠、投融资政策等方面对体育与科技融合的引导和扶持力度也略显不足。因此，在政策层面应立足于体育产业的供给侧结构性改革。一方面要促进体育资源与科学技术在商业和社会领域的广泛应用和共享，革新体育与科技融合模式下的产业发展导向；另一方面要通过制度创新积极推动体育与科技融合的应用体系建设，并从金融政策、标准制定、技术创新、土地政策、财税政策等多个方面培育健康的发展环境并形成组合政策体系。同时，在产业政策的实施过程中应注重持续性和协同性，确保体育与科技融合政策能够形成国家、省市和地方多级联动的“组合拳”。

2. 中观层面

在中观层面，体育与科技的融合需要相关主体积极探索多方合作、资源集聚、信息共享的发展模式。借助平台载体，各方可以协同与集成多元社会场域的资源优势，从而加速推进体育与科技融合的深化发展。

（1）聚焦产学研协同发展，加强体育与科技创新合作。

在体育与科技融合的过程中，科研机构与体育企业之间的脱节是一个普遍现象。由于缺乏有效的沟通协作机制，科研机构的科技成果转化率低，而体育企业则往往缺乏自主创新能力，奉行“拿来主义”，并且高端人才匮乏。因此，以企业为主体、市场为导向、“产学研”相结合的体育科技创新体系尚未形成。

为改变这一现状，一方面，企业、高校和科研机构应针对体育产业高质量发展过程中的重大现实需求和重要技术，共同参与研发攻关。同时，应加强体育科技基础科学研究和体育科技基础条件平台建设，以及体育领域战略性前沿技术的布局。长期以来，我国的体育科研主要聚焦于运动生理和社会学等领域，并主要服务于国家政府。然而，体育产业作为科技应用的“蓝海”，需要通过跨学科合作来拓宽领域，并更多地服务于市场和产业。

另一方面，应高度重视体育科技成果的有效转化。鼓励研发机构、高等院校与体育企业相结合，共同推动科技成果转化。同时，促进各类研发主体优化成果转化流程，引导科技成果转化服务机构通过转让、许可或作价投资等方式向体育企业转移技术。此外，应鼓励体育科技中介机构发挥更大的作用，并打造体育科技成果信息推广平台，为成果的"落地"转化搭建桥梁。在连接产学研的过程中，还应强化智力支撑，培养多学科和高科技的复合型人才队伍。通过凝聚整合国内外研究人才和力量，建设体育与科技融合的人才智库。同时，搭建跨领域创新平台，如创建国家级和区域性体育科技协同创新中心、体育科技重点实验室等。

（2）打造体育与科技融合平台，促进体育科技空间融合。

平台建设是体育与科技融合的重要抓手，对于促进产业集群发展、优化体育科技资源配置、实现信息共享以及推动企业互联互通等方面具有重要作用。体育与科技融合平台包括基于地理分布的集聚体育空间平台和基于网络分布的虚拟体育空间平台。这两个平台共同加速了体育与科技的渗透、交叉和重组。基于地理分布的集聚体育空间平台主要是利用相对成熟的体育产业基础和环境，建立体育科技企业主体合作互动的共生单元。这些共生单元以体育科技园、体育科技融合示范基地、体育科技孵化器等为代表，为体育与科技的深度融合提供了有力的支撑。

3. 微观层面

在微观层面，体育与科技的融合发展过程中，主体要素的主观能动性、创新能力以及发展导向对体育产业的转型升级与高质量发展具有决定性影响。因此，我们需要从技术研发、企业培育和产品消费三个维度强化创新，以深化体育产业供给侧结构性改革和需求侧管理。

（1）完善体育基础设施，加强体育产业核心技术研发。

完善的信息基础设施是体育和科技融合的前提。首先，我们需要紧跟国家"新型基础设施建设"的步伐，积极布局体育领域的基础设施，推动 5G、大数据、人工智能、新一代信息技术、物联网等在体育领域的广泛应用。其次，要强化体育领域基础设施的互联互通，提升基础设施的网络化、智慧化水平，以优化基础设施的系统功能。此外，推进体育产业大数据中心建设，实施体育产业数字化战略，实现数据共享也至关重要。数据是体育科技创新的基础，针对当前我国体育大数据存在的数据采集不均衡、初级化以及系统间相互隔离等问题，我们需要在革新数据收集方式、扩大覆盖面、加强数据采集软硬件设施发展等方面持续努力。最后，鼓励体育企业引入新技术、改良生产工艺，并加强核心技术研发。与西方发达国家相比，我国在体育核心技术和关键技术创新能力方面仍存在较大差距，需要瞄准体育产业发展中的薄弱环节，加强对体育产业核心技术的研发。以冰雪装备制造业为例，当前滑雪板等重要组成部分的市场份额几乎被国外品牌占领，因此我们需要在这方面进行重点突破。

（2）培育体育科技企业主体，强化企业自主创新能力。

一方面，我们需要大力支持体育企业向集团化方向发展，促进体育企业与科技企业的资产重组，逐步将经营活动扩散到不同的资源系统中。这样不仅可以提升链接体育资源和科技资源的能力，还可以突破现有单一的生产经营格局，向经营规模化、产品业务多样化、资源利用集约化方向发展。通过这种方式,可以实现体育与科技的快速融合,形成若干大型体育科技企业,改变当前我国体育科技企业普遍弱小的局面。

另一方面,强化体育科技企业的自主创新能力也至关重要。我们需要加快部署一批具有颠覆性的技术研究,这些技术能够改变体育生产和制造的方式。同时,以科研机构和高等院校为主体建立体育科技自主创新平台,开展自主核心技术、前沿引导技术、集成传播技术等的研发工作。这样可以实现体育与科技融合的技术前移,为体育产业的高质量发展提供技术保障。此外,还需要以体育集团、科技企业为主体建立体育科技应用研发平台,开展技术集成创新、引进消化吸收再创新等工作,逐步提高体育产业关键技术与装备的自给率。重点开发量子信息、人工智能、智能制造、智能交互、物联网、虚拟现实、增强现实、认知计算等技术,发挥现代科技在体育产业发展中的引领作用。

(3)注重体育的需求侧管理,促进体育科技产品消费。

体育科技产品消费的不断扩大是体育与科技加速融合的基石。就目前的市场情况而言,体育科技产品的消费概念尚未真正普及,受众基础不佳。要想真正促进体育与科技融合,需求管理和消费驱动是关键。

首先,体育科技企业需巧妙运用科技手段,深入挖掘消费者的实际需求与潜在需求。借助互联网、人工智能等尖端技术,精准地识别、预测并分析体育消费者的偏好、需求和趋势。这将引导体育供给提前布局需求变化,发掘“长尾效应”下的个性化体育消费及创新性体育产品的消费潜力、特点和走向。基于此,企业可生产出更符合消费者个性化偏好的体育产品和服务。

其次,应把握科技应用所带来的体育产品与服务生产方式、新产品形态、消费及营销模式等全方位的创新机遇。这有助于创造有效的体育需求,并引领体育消费的新潮流。

再次,需强化数字化时代体育消费的高度针对性和定制化特色,为消费者创造流畅的消费体验,从而形成稳定的消费黏性。

此外,扩大受众群体也是关键。除了挖掘年轻群体对科技和时尚的需求外,还应关注幼儿、老年人、残疾人等群体的特殊需求。通过把握“银发经济”和“她经济”的机遇,生产出能真正解决痛点的体育科技产品。

最后,体育科技服务同样不容忽视。将科技元素融入场馆、赛事、健身等领域,不仅能为消费者带来便利,还能增强其体验感。

在体育科研与服务方面,要讲求实效,突出实用价值,充分发挥科技的先导作用,提高体育科技成果转化率,提升我国体育科技的竞争实力。

在服务竞技体育实践方面,要深入竞技体育训练实践一线,增强科技助力的服务意识,推动训练、科研和保障“三位一体”的训练模式,以智能训练场馆为主要抓手,加强对训练场馆的科研、医疗、保障等方面的支持;推动运动员、教练员和管理人员训练理念更新,使其认识到科技助力的重要性,主动参与科技助力。

在科技助力能力提升方面,要注重开源、开放式发展,引入国内外、行业内外的科技助力要素，建立国际化、跨行业的科技助力平台；打造包含多项教练员（体能、康复和技术）与多学科科研人员（生物力学、生理学、心理学和营养学）的复合型科技助力团队，形成跨学科、跨国界的科技助力人才队伍。

在体能训练、运动员评估、训练监控、技术分析诊断等方面提供及时、有效的科研保障，如图 6-13 所示。

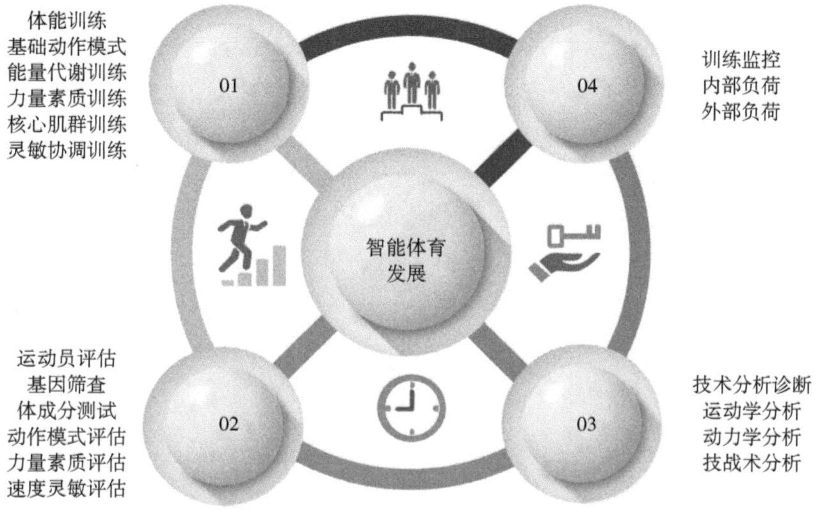

图 6-13　智能体育发展的科研保障

重视训练比赛的数据积累，将数字化的理念应用在个体项目的专项技术中以及对抗性项目与集体球类项目的技战术训练中，形成综合的数字化训练系统。进一步应用卫星定位、人工智能、视频识别、云计算等高科技技术，对运动员多维度的训练数据进行采集、管理、综合分析和应用，实现对运动员长期训练负荷适应、竞技状态、运动损伤风险等方面的发展趋势的预测和监控，加强对运动员数据的规范和管理。

创建线上线下整合发展的高科技现代化实验室体系，打造以实验室为主的科技创新引领力量；加强训练参赛的关键技术攻关和基础研究，鼓励自主创新；创新人才使用机制，尤其是重视高水平、高层次的专业人才培养，不断壮大科技创新人才队伍，强化科研诚信和作风建设。

党的十八大以来，我国积极参与并引领全球治理体系改革，创造性地提出了“一带一路”倡议、推动“构建人类命运共同体”，为中国进一步参与、融入、推动、引领全球体育治理实践和理论发展指明了方向。我国也需要在不断适应国际体育发展规则和调整自身规则的过程中，提升引领全球体育发展的能力。欧美国家在全球体育治理体系中仍占据着领先地位，这预示着新型全球体育治理秩序建构是一个长期过程，也预示着新型全球体育治理规则主导权的较量将十分激烈，需要从战略和实践等多维度共同推进。在科技全球化背景下，体育科技全球化是必然的趋势。这一趋势向我国体育科技整体能力、基础条件和体制提出了挑战，同时也给我国体育科技实现赶超的目标带来了新机遇。我国应继续以负责任大国形象,坚定地维护和完善全球体育治理体系,以世界眼光和战略思维积极参与全球体育治理体系改革和建设,不断贡献中国智慧、中国方案和中国力量。

结　　语

重视体育科学的发展和体育科技的应用,已成为竞技体育界的共识。我们不难发现,对于运动科学和体育科技,需要回答的不仅仅是一个"有没有"的问题,更是一个"如何用得好"的问题。在国际上,商业化、市场化、公司化的运作方式被广泛采用,这些方式促进了多学科专业的交叉配合与跨界合作,发挥了各领域的主观能动性,切实解决了运动员和教练员团队的实际问题,提高了运动表现。

运动科学和体育科技服务在商业化和市场化后所展现出的巨大活力和能量,形成了一个良性的循环,使得其中每一个环节的价值都得到了体现和放大。这样的思路和模式,对于我们建设体育强国的道路来说,具有重要的借鉴意义,值得我们深入思考和探索。

要实现科技的有效助力,必须确保先进的体育科技能够真正落实到运动员和教练员的实践中。这要求我们始终以运动员和教练员的需求为核心,以先进技术为工具,全心全意地为他们服务,做到想运动员所想、急运动员所急。在现有举国体制的大框架下,如果我们能够积极调动社会资源,发挥市场和商业的活力和主观能动性,那么体育科技保障服务工作就有可能进一步精细化,更具服务精神,从而拉近体育科研与运动员之间的距离,实现真正的无缝对接。

参考文献

[1] 郭喜亭. 简析国内外体育科研的发展趋势[J]. 新西部，2007(01)：229.

[2] 高英华. 国内外体育科研的发展趋势[J]. 和田师范专科学校学报，2007(01)：196-197.

[3] 陈俊钦，黄汉升，朱昌义，等. 科技全球化背景下我国体育科技发展面临的挑战、机遇及对策[J]. 中国体育科技，2005(01)：7-10.

[4] 黄海燕，刘蔚宇，陈雯雯，等. 高质量发展背景下对数字体育、智能体育、智慧体育创新发展的思考[J]. 体育科研，2022，43(01)：1-7.

[5] 冯连世. 体育科技：全球新趋势，中国新机遇[J]. 清华金融评论，2020(03)：23-25.

[6] 黄荔生，朱家新，吴丽芳. 新时期我国体育科技发展回顾与展望[J]. 吉林体育学院学报，2009，25(05)：21-23.

[7] 张雷，陈小平，冯连世. 科技助力：新时代引领我国竞技体育高质量发展的主要驱动力[J]. 中国体育科技，2020，56(01)：3-11.

[8] 鲍明晓. "十四五"时期我国体育发展内外部环境分析与应对[J]. 体育科学，2020，40(06)：3-8.

[9] 郑芳，徐伟康. 我国智能体育：兴起、发展与对策研究[J]. 体育科学，2019，39(12)：14-24.

[10] 鲍明晓. 数字体育：体育高质量发展的关键引擎[J]. 体育科研，2021，42(05)：1-5.

[11] 韩靓. 我国体育科技产业发展趋势研究[J]. 山东体育科技，2018，40(02)：11-14.

[12] 钟亚平，吴彰忠，陈小平. 数据驱动精准训练：理论内涵、实现框架与推进路径[J]. 体育科学，2021，41(12)：48-61.

[13] 王开元，刘宇. 科技助力奥运：新科技与挑战[J]. 中国体育科技，2019，55(01)：5-12.

[14] 康露，黄海燕. 体育与科技融合助推体育产业高质量发展：逻辑、机制及路径[J]. 体育学研究，2021，35(05)：39-47.

[15] 周静芝，彭玉鑫，郑芳，等. 智能体育发展研究[J]. 浙江体育科学，2020，42(01)：25-31.

[16] 杨振兴，杨军，白洁，等. 基于大数据技术对美国职业篮球联赛的研究[J]. 中国体育科技，2016，52(01)：96-104.

[17] 侯洪丽，张霄霞，王福明. ZigBee 无线传输技术综述[J]. 山西电子技术，2011

(04): 84-86.
[18] 曹露露,张朝旭,于欣怡,等. 基于 UWB 室内定位系统应用与研究[J]. 工业控制计算机, 2022, 35(01): 72-74.
[19] 胡宇航. 浅谈大数据概念及大数据的运行与解析[J]. 科技资讯, 2018, 16(05): 32.
[20] 张启辰. 大数据概念、技术和隐私保护[J]. 数字通信世界, 2018(01): 123-124.
[21] 胡斐. 数据挖掘在体育领域中的应用研究综述[J]. 科技创新导报, 2010 (27): 211-212.
[22] 赵蕾. 基于数据挖掘技术的体育训练模式研究 [J]. 内蒙古师范大学学报, 2022, 51(02): 202-206.
[23] 刘锦伟. 基于数据挖掘技术的体育训练模式探究 [J]. 微型电脑应用, 2020, 36 (06): 151-153.
[24] 杨振兴,杨军,白洁,等. 基于大数据技术对美国职业篮球联赛的研究 [J]. 中国体育科技, 2016, 52(01): 96-104.
[25] 张伟. 论人工智能与现代体育教育技术[J]. 赤峰学院学报, 2014, 30(12): 139-140.
[26] 刘昊扬. 基于人工智能的运动教练系统分析与展望[J]. 北京体育大学学报, 2018, 41(04): 55-60.
[27] 马昱欣,曹震东,陈为. 可视化驱动的交互式数据挖掘方法综述[J]. 计算机辅助设计与图形学学报, 2016, 28(01): 1-8.
[28] 郭秋红. 信息可视化中数据可视化的多样化[J]. 计算机产品与流通, 2020(07): 103.
[29] 邹小江. 人工智能技术在体育中应用的现状综述[J]. 科技资讯, 2019, 17(08): 119-120.
[30] 申晨. 计算机视觉中的增强现实技术[J]. 计算机光盘软件与应用, 2012, 15 (19): 56-57.
[31] 叶强,徐凯,钱纪云,等. 儿童体育活动课程中增强现实体育游戏的设计与应用[J]. 电化教育研究, 2018, 39(01): 122-128.
[32] 王宏. 新材料对运动竞技水平的提升及其在体育装备产业中的发展研究[J]. 粘接, 2021, 45(01): 146-150.
[33] 李尚锦. 面向新材料技术推动体育运动水平发展研究[J]. 中国多媒体与网络教学学报, 2021(02): 188-191.
[34] 董雪娇. 现代新材料技术在体育领域的应用[J]. 当代体育科技, 2013, 3(03): 120-121.
[35] 王思. 基于多传感器的运动员训练信息融合分析系统设计[J]. 计算技术与自动化, 2020, 39(03): 140-146.

[36] 郑晓鸿. 运动训练监控释义及其目的意义与内容的理论探析[J]. 吉林体育学院学报，2008，(05)：39-41.

[37] 胡琳. 物联网感知技术在体育竞技中的应用分析[J]. 电子测试，2014(21)：71-72.

[38] 胡旭忠，徐伟康. 体育分析中运动员个人数据保护的研究[J]. 体育与科学，2021，42(02)：89-93.

[39] 李智，黄琳芳. 国际体育赛事中运动员数据采集的法律规制[J]. 体育科学，2020，40(09)：44-52.

[40] 李海鹏，陈小平，何卫，等. 科技助力竞技体育：运动训练中可穿戴设备的应用与发展[J]. 成都体育学院学报，2020，46(03)：19-25.

[41] 闫琪，廖婷，张雨佳. 数字化体能训练的理念、进展与实践[J]. 体育科学，2018，38(11)：3-16.

[42] 陈林会，刘青. 全球体育治理变局中的中国战略选择与实现路径[J]. 体育与科学，2022，43(03)：71-79.

[43] COOK G，BURTON L，HOOGENBOOM B，et al. Functional movement screening：The use of fundamental movements as an assessment of Function-Part 2 [J]. Int J Sports Phys Ther，2014，9(4)：549-63.

[44] 刘鸿优，崔一雄，张绍良，等. 运动表现分析的发展及展望[J]. 体育学刊，2016，23(02)：112-117.

[45] 林德辉. 运动训练监控在实际训练中的改进[J]. 当代体育科技，2020，10(20)：239-241.

[46] 刘彦琴. 基于多传感器数据融合的运动训练监控系统设计[J]. 自动化与仪器仪表，2021(08)：160-163.

[47] 乔克满，王归然，孙卫. 感知体育：物联网技术在体育领域的应用体系架构[J]. 武汉体育学院学报，2012，46(01)：72-75.

[48] 彭官棋. 大数据时代智慧体育场所运动数据的权属配置[J]. 成都体育学院学报，2022，48(02)：38-42.

[49] 徐伟康. 数字体育时代赛事组织者数据权益的保护[J]. 体育科学，2021，41(07)：79-87.

[50] 刘韵. 权利义务关系视角下运动员个人数据的处理及其基本原则：基于《中华人民共和国民法典》《通用数据保护条例》的分析[J]. 体育科学，2021，41(01)：21-28.

[51] 王明. 数字时代运动员隐私权保护的困境与创新路径[J]. 体育学刊，2022，29(03)：83-88.

[52] 李重照，黄璜. 英国政府数据治理的政策与治理结构[J]. 电子政务，2019(01)：20-31.

[53] 尹伊. 惯性传感器在体育运动中的应用探究[J]. 电子测试，2014(18)：138-140.
[54] 李海鹏，陈小平，何卫. 科技助力竞技体育:运动训练中可穿戴设备的应用与发展[J]. 成都体育学院学报，2020，46(03)：19-25.
[55] 闫琪，廖婷，张雨佳. 数字化体能训练的理念、进展与实践[J]. 体育科学，2018，38(11)：13-16.
[56] 陈林会，刘青. 全球体育治理变局中的中国战略选择与实现路径[J]. 体育与科学，2022，43(03)：73-79.